权威·前沿·原创

皮书系列为

“十二五”“十三五”国家重点图书出版规划项目

BLUE BOOK

智库成果出版与传播平台

上海蓝皮书
BLUE BOOK OF SHANGHAI

总编／张道根　于信汇

上海法治发展报告（2020）

ANNUAL REPORT ON DEVELOPMENT OF THE RULE OF LAW IN SHANGHAI (2020)

主　编／杜文俊
副主编／王海峰　孟祥沛

社会科学文献出版社
SOCIAL SCIENCES ACADEMIC PRESS (CHINA)

图书在版编目(CIP)数据

上海法治发展报告. 2020 / 杜文俊主编. -- 北京:
社会科学文献出版社, 2020.9
(上海蓝皮书)
ISBN 978-7-5201-6667-6

Ⅰ. ①上… Ⅱ. ①杜… Ⅲ. ①社会主义法治-研究报告-上海-2020 Ⅳ. ①D927.51

中国版本图书馆 CIP 数据核字(2020)第 083343 号

上海蓝皮书
上海法治发展报告(2020)

主　　编 / 杜文俊
副 主 编 / 王海峰　孟祥沛

出 版 人 / 谢寿光
责任编辑 / 张　媛

出　　版 / 社会科学文献出版社 · 皮书出版分社(010)59367127
地址: 北京市北三环中路甲 29 号院华龙大厦　邮编: 100029
网址: www.ssap.com.cn
发　　行 / 市场营销中心(010)59367081　59367083
印　　装 / 天津千鹤文化传播有限公司

规　　格 / 开 本: 787mm × 1092mm　1/16
印 张: 21.5　字 数: 319 千字
版　　次 / 2020 年 9 月第 1 版　2020 年 9 月第 1 次印刷
书　　号 / ISBN 978-7-5201-6667-6
定　　价 / 128.00 元

主编简介

杜文俊 法学博士，日本广岛大学访问学者，上海社会科学院法学研究所副所长，研究员，硕士研究生导师。兼任上海市人民检察院第三分院特约检察员；中国法学会立法学研究会理事、中国法学会行为法学研究会理事、上海市法学会司法研究会副秘书长。2011～2013 年挂职任上海市闸北区人民检察院副检察长。

主要从事经济刑法、职务犯罪、财产犯罪、金融犯罪研究，以及刑法学理论的司法化研究。已发表论文 60 多篇，其中在法学类核心期刊发表论文 20 多篇，出版专著及编著 5 部。近五年（2014～2019 年）主持国家社科基金项目两项，参与国家级和省部级项目 10 项。2016 年获上海社会科学院优秀教学奖、上海社会科学院张仲礼学术奖（应用类）、上海市法学会第三届“上海市法学优秀成果奖”论文类二等奖。

摘　要

《上海法治发展报告（2020）》对2019年上海法治建设在人大工作、法治政府、司法体制综合配套改革等三个方面进行综合回顾，在此基础上，同时，对2020年上海法治建设宏伟蓝图进行展望。

全书由五大部分组成。

总报告集中于对2019年上海法治建设工作重点亮点的全面展示：立足治理体系现代化，强化法治制度供给，着眼法治政府建设，依法行政提质增效，服务国家战略落实，助推城市治理现代化，坚定把握职责定位，开创依法治市新局面。同时，对2020年上海法治建设进行了前瞻性的展望。

评估篇主要内容是对年度上海法学法律人才学术活跃度进行测评，并以辖区静安区为例，对依法治区的综合情况作分析评估。专题篇则是对人大立法、法院的审判权力运行、检察院的穿透式监督和监管，以及两院的司法服务保障新发展、新方向，提出了探索和研究的新思路，对于上海市“五个中心”建设、生活垃圾管理、P2P金融、法治专员制度等话题，也有专文讨论。热点篇主要对年度热点上海国际金融中心建设及上海自贸区金融法治环境进行研究，关于“互联网+”模式下非正规就业服务管理的法律问题，也有专家解读。案例篇有基层社区治理、“小型住宿”规范管理等探讨文章，均从上海的经典案例出发，还有以黄浦区为例的城市更新法治路径的讨论。

目 录

Ⅰ 总报告

Ⅱ 评估篇

Ⅲ 专题篇

Ⅳ　热点篇

Ⅴ　案例篇

皮书数据库阅读**使用指南**

总　报　告

General Report

B.1

2019年上海法治建设状况与2020年展望

杜文俊　张　亮　孙　波　谢佳文　张咏莹　陈　超*

摘　要： 2019年上海法治建设在人大工作、法治政府、司法体制综合配套改革等三个方面均有重大推进。人大工作守正创新服务大局，努力做到立法前瞻、问题导向、畅通民意、制度创新，在优化营商环境，打造上海“1+2+X”模式；聚焦“老小旧远”，增进民生福祉；创新生态监督方式，强化生活垃圾分类等多方面取得突破。法治政府建设稳健推进，全面履行政府职能，大力强化法治政府自身建设；优化法治化营商环境，着力对接国际轨道；聚焦社会需求，扎实推进立法各项进程；严格规范公正文明执法，不断优化执法体制；强化行政权力制约，全面完善救济机制。对食药品安全、生态环保、法治

* 总报告课题组组长：杜文俊，上海社会科学院法学研究所副所长，研究员；课题组成员：张亮、孙波、谢佳文、张咏莹、陈超。

营商环境等重点领域开展全面督察，突出服务长三角区域一体化发展、上海自贸区临港片区、进博会等国家战略。法检系统全面深化司法体制综合配套改革，法院积极推动审判体系现代化、严格履行审判职能、完善服务保障机制、创新司法便民措施、强化高素质人才队伍建设、自觉接受各方监督，成立上海破产法庭、创新分案模式、全面推进“迁网上云”等各项工作。检察院着力发挥监督职能、聚焦民生检察工作、推进公共利益保障、强化检察监督职能和业务能力，有力推动长三角区域一体化检察合作、性侵害违法犯罪人员从业限制制度，设立上海金融检察研究中心。2020年上海法治建设将再攀高峰，立足治理体系现代化，强化法治制度供给，着眼法治政府建设，依法行政提质增效，服务国家战略落实，助推城市治理现代化，坚定把握职责定位，开创依法治市新局面。本文在回顾2019年法治建设工作重点亮点的基础上，对2020年法治建设宏伟蓝图进行展望。

关键词： 人大工作　法治政府建设　全面深化司法体制综合配套改革

一　人大工作守正创新服务大局

2019年，上海市人大常委会贯彻党的十九大和十九届二中、三中、四中全会精神，落实习近平总书记考察上海重要讲话精神，将上海发展需求与发展方向融入全国发展的大局，在服务全国中发展上海，守正创新。这一年，上海市人大常委会聚焦完成“三项新的重大任务”，聚焦优化营商环境，关切家政服务、“老小旧远”等民生问题及生态环保问题，注重治理体系和治理能力创新，更加注重高质量高水平开放与改革开放纵深发展，将人民代表大会制度的优势转化为城市治理现代化的效能。

本年度，上海市人大共召开了常委会会议7次，审议法规和法律性问题14件，其中已经表决通过9件，听取专项工作报告11项，开展执法检查4项，听取审议计划预算报告4项，审查规范性文件85件，听取、讨论重大事项报告5项，任免国家机关工作人员409人次，基本完成了既定的各项任务。

（一）2019年上海市人大工作回顾

2019年，上海市人大常委会紧紧围绕习近平总书记提出的“五个方面的工作要求”，通过各项职能的履行，不断推动经济高质量发展，更好地为全国改革发展大局服务，推动改革开放向纵深发展，深化社会治理创新，提高党的建设质量和水平，成效显著。

1. 立法前瞻，加强法制供给

上海市人大常委会按照国家统一规划与部署，立足为长江经济带一体化发展、“一带一路”建设等国家战略及重大改革任务落实提供法制支撑，用立法引领重大改革，前瞻立法、科学立法、民主立法、依法立法，做到制度保障、固定改革经验与赋予制度空间并重，发挥立法主导作用，不断提升立法质量及效率。

（1）服务全国改革发展大局，落实“三项新的重大任务”

习近平总书记考察上海重要讲话中交给上海“三项新的重大任务”：增设上海自由贸易试验区新片区、在上海证券交易所设立科创板并试点注册、实施长江三角洲区域一体化发展国家战略。2019年上海市人大及其常委会聚焦“三项新的重大任务”，立足全局、前瞻立法，为浦东新区改革开放再出发提供法治保障，通过地方立法为科创中心建设营造更具竞争力的法治环境，多次组织赴示范区调研，围绕实现长三角一体化发展开展重大课题研究，为立法做好准备。

浦东开发开放是我国目前现代化建设关键时期中的一项重大战略决策，2019年是浦东改革开放30周年，上海市人大常委会为保障这一“新的重大任务”落地，开展自贸试验区条例修法调研和临港新片区法治需求研究，通过《上海市人民代表大会常务委员会关于促进和保障浦东新区改革开放再出发实现新时代高质量发展的决定》，赋权浦东，鼓励浦东以制度创新为核心，在深化改革方面先行先试。文件将浦东发展的改革举措在法治的框架内加以保障，将浦东新区在全面深化改革过程中的有效措施及可复制的优秀成果，以地方立法的形式进行巩固。一定期限内在浦东新区暂时调整或者暂时停止适用上海市地方性法规的部分规定，同时根据国家推进浦东新区改革开放的有关法律、行政法规或者规范性文件，自动调整。用法律制度保障浦东率先落实国家重大开放举措，打造全方位开放的前沿窗口，增创国际竞争新优势，建设具有国际竞争力的产业新高地，建设具有全球影响力的科创中心核心承载区，让浦东当好全面深化改革的探路者。

近年来，上海市积极推进创新驱动发展战略，先后出台科创“22条”、科改“25条”等文件，加快建设具有全球影响力的科技创新中心。2019年，上海市人大常委会总结固化科创改革实践经验，起草通过《上海市推进科技创新中心建设条例》作为年度重点立法项目。这是国内首部科创中心建设的基本法、保障法、促进法，以地方性法规的方式保障科创中心建设，对打造科创中心建设法规群、制度群起到总纲作用。《上海市推进科技创新中心建设条例》聚焦赋予科研事业单位更大的人财物自主权，聚焦让科研人员敢啃“硬骨头”、勇闯“无人区”，将“金融环境建设”“知识产权保护”独立成章，促进科技创新中心建设与其他“四个中心”建设、自贸试验区建设、长三角一体化建设等联动发展，提升创新策源能力，激发创新主体活力。这也标志着上海市“五个中心”建设法治保障框架基本形成。

为推动上海在长三角更高质量一体化发展中进一步发挥龙头带动作用，构筑新时代上海发展的战略优势，上海市人大常委会听取市政府《长三角一体化发展体制机制建设情况报告》，三次赴示范区调研并向全国人大常委会专题报告，落实长三角区域一体化发展国家战略。围绕跨区域组织机构设置，示范区打破行政壁垒，就长三角一体化发展开展重大课题研究，固化改革经验，注重制度创新，为长三角地区人大协同立法做好准备。

（2）推动高质量高水平开放，促进改革开放纵深发展

为推动全方位、高质量、高水平开放，上海市承担试点任务，积累开放经验，提升城市能级和核心竞争力，强化高端产业引领功能，将重大机遇和制度创新红利转化为发展动力和现实效益，促进改革开放纵深发展。

为了进一步扩大对外开放，优化营商环境法治保障工作机制，上海市积极落实“扩大开放100条”行动方案，废止《上海市外商投资企业审批条例》，上海市人大常委会在《外商投资法》框架下积极作为，通过全国首部贯彻实施《外商投资法》的决定——《关于贯彻实施〈外商投资法〉若干问题的决定》。该决定实行内外资一致策略，开展内外资公平竞争，促进外商投资，优化营商环境、市场环境和政策环境。

此外，为完善上海市标准制定程序，为上海市高质量发展提供标准和技术支撑，服务上海市长三角区域一体化发展国家战略和“四大品牌”“五个中心”建设，上海市人大常委会组织修改《上海市标准化条例》。该条例推行“上海标准”标识制度，制定上海市地方标准、团体标准、企业标准，经自愿申请，第三方机构评价，符合要求，可以在标准文本中使用“上海标准”标识。此举对于推动主导或参与国际标准制定，提升上海市标准国际化工作能级，服务城市高质量发展具有重大意义。

着眼建设国际会展之都，上海市以中国国际进口博览会等其他多年会展工作经验做法为依托，对标国际一流、开放创新包容会展业发展体制机制，创制性通过《上海市会展业条例》。该条例规定政府部门的职能分工，优化服务保障，明确建立会展活动“一网通办”和信息备案制度，为会展业发展赋能，支持具有国际竞争力的会展项目和办展主体在上海市健康发展。

（3）共建共享关切民生，推进社会治理创新

这一年，上海市人大常委会继续推进社会治理社会化、法治化、智能化、专业化，不断提高基本公共服务水平和质量，是攻坚突破民生保障和城市管理的重要一环。2019 年，上海市人大常委会注重精细化管理，坚持共建共治共享，着力解决家政服务、教育、医疗、养老等与民生相关的突出问题。

民生层面，创制性通过《上海市家政服务条例》，促进发展与规范管理并重，推动上海家政服务行业高质量发展；审议《上海市实施〈中华人民共和国农民专业合作社法〉办法》，健全合作社管理机制，鼓励、支持、引导农民专业合作社高质量发展。为解决家政服务市场尚不规范、供需不对称等问题，推动家政服务行业规范发展，匹配上海市民家庭家政服务需求，上海市人大集中视察、代表多次调研，由常委会主导起草审议并通过全国首部《上海市家政服务条例》。该条例旨在建设上海市统一的家政管理服务平台，与“一网通办”平台等实现互联互通，归集家政行业信息，并提供公共服务，明确家政服务机构、家政服务人员、家政服务用户三方的权利和义务。立法导向，对于落实家政服务业发展的赋能措施具有重要意义。为实施上海市乡村振兴战略，完善农民专业合作社运行机制，规范农民专业合作社设立及日常管理，审议《上海市实施〈中华人民共和国农民专业合作社法〉办法》，落实农民专业合作社各项赋能发展措施，强化合作社经营能力，发挥引领产业发展、促进农民增收的作用。

社会治理层面，针对司法鉴定及地方金融等暴露出的问题，制定《上海市司法鉴定管理条例》、审议《上海市地方金融监督管理条例》，用制度供给和制度保障优化社会治理，保障人民权益。针对司法鉴定中暴露出的不规范侵害社会公平正义的问题，上海市人大常委会在2017年国家出台《关于健全统一司法鉴定管理体制的实施意见》的基础上，总结上海市司法鉴定工作中的积极经验，制定《上海市司法鉴定管理条例》，建立统一的司法鉴定管理平台，扩大司法鉴定规范范围，进一步明确司法鉴定的流程、行为规范及司法鉴定违法违规行为查处，健全司法鉴定退出机制，提升司法鉴定质量和公信力。针对地方金融行业的法律法规尚不健全，现有行业监管制度法律位阶不高等问题，上海市人大常委会根据相关法律、行政法规和国家有关规定，结合上海市实际，审议《上海市地方金融监督管理条例》，确立审慎经营、重大风险事件报告等制度，明确市区两级监管体制，加强对地方金融组织的监管。维护金融消费者和投资者合法权益，防范化解金融风险，规范地方金融组织行为，促进上海市金融健康发展。

城市管理层面，上海市人大常委会坚持“人民城市人民建设、人民城市为人民”理念，统筹城市风貌保护、居民居住条件改善与公民社会责任感提升等任务，修改《上海市历史文化风貌区和优秀历史建筑保护条例》《上海市志愿服务条例》，制定《上海市航道条例》《上海市排水与污水处理条例》，提升上海市在全球城市体系中的影响力。在城市风貌保护上，《上海市历史文化风貌区和优秀历史建筑保护条例》扩大保护范围，新增具有历史风貌价值的街坊、道路、河道等，强化所有人和使用人的保护责任，推进历史建筑活化利用，彰显上海市城市底蕴；在居民居住条件改善上，制定《上海市航道条例》《上海市排水与污水处理条例》，将沿海航道与内河航道一并纳入法规调整范围，将排水法规调整范围从城镇拓展到农村，增加污水污泥处置等制度规范，强化政府责任、完善保护措施，推进城市治理的现代化；在提升公民社会责任感上，《上海市志愿服务条例》建立统一的志愿服务信息平台，民政部门配合推出了三大“公益”系列——创建“公益基地”、申领“公益护照”、推广“公益上海”，着力推进志愿服务普法常态化开展，促进志愿服务健康发展。

2. 问题导向，落实监督实效

2019 年上海市人大常委会监督工作着眼提升城市能级，聚焦经济发展、生态文明以及“老小旧远”、乡村振兴等民生关切的问题，坚持依法监督、正确监督、有效监督，不断增强监督实效，行使宪法法律赋予的监督职责，基本完成《2019 年度监督工作计划》。

（1）多措并举，打好营商环境监督组合拳

为了打通营商环境的痛点、堵点，上海市人大常委会广泛了解本地和外省（区、市）国有企业、民营企业和外资企业的发展情况。通过司法保障、法规实施情况专项监督、执法检查等措施，对优化营商环境相关问题进行监督。听取和审议市高级人民法院、市人民检察院关于加强司法保障优化营商环境情况的报告，了解知识产权司法保护、维护市场交易主体合法权益、优化营商环境等方面的情况。开展“实体经济 50 条”和“民营经济 27 条”实施情况专项监督，部门自查与第三方机构评估相结合，督促政府切入难点，完善解决方案，激发企业创新活力，推动经济高质量发展。开展《上海市社会信用条例》整改情况跟踪监督执法检查，在大量调研的基础上，梳理重点问题，分别与相关政府部门、社会部门进行对话，要求政府增强信用体系建设的紧迫感，更加重视信用修复，加快构建以社会信用为核心的现代市场经济体制，完善具有更高效率的社会治理机制，大力营造经济社会发展的良好环境。开展《上海市台湾同胞投资权益保护规定》执法检查，建立和完善工作机制，对新时期台湾同胞在上海的投资、创业、办企业进行监督检查。

（2）多方联动，打好生态监督攻坚战

生态监督方面，上海市人大常委会听取和审议《上海市2018年度环境状况和环境保护目标完成情况的报告》《2019年城乡规划制定和实施情况的报告》《上海市推进生活垃圾全程分类管理情况的报告》，同步开展《水污染防治法》执法检查和《上海市水资源管理若干规定》跟踪监督，继续加强生态环境保护工作，打好污染防治攻坚战。《上海市生活垃圾管理条例》实施以来，上海市人大常委会进行了70余次调研，联合16个区人大进行联动监督，启动了生活垃圾分类管理专项监督，抓住面向社会的硬件设施建设、单位分类先行、年度刚性指标等六大问题，对垃圾分类达标率、垃圾末端处置情况、市民满意度进行深入调研。组织各级人大代表13000余人次参与，查看各类场所150多个，随机抽查与暗访抽查相结合，同时引入第三方机构开展实效测评和立法后评估，准确切入问题重点，确保监督质量。生态宜居是乡村振兴的目标任务，也是补齐农业农村发展短板的突破口，聚焦实施乡村振兴战略，常委会就推进生态宜居情况开展专项监督，在示范村之外进行随机抽样，深入农民家庭了解意见和建议。发放1600余份农村生态宜居满意度测评表，列出问题清单，加强统筹、整合资源，督促政府加快速度高质量编制乡村规划，加快推进乡村产业发展，改善农村人居环境，治理农业面源污染，促进农业绿色发展，助力生态之城建设。

（3）多向聚合，着力财政资金监督规范化

近两年，上海市人大常委会听取上海市人民政府国资综合报告、专项报告的基本规范初步形成。2019年，上海市人大常委会听取和审议上海市人民政府关于2018年市级决算及2019年上半年预算执行情况的报告，审查和批准2018年市级决算；听取和审议上海市人民政府关于2019年上半年国民经济和社会发展计划执行情况的报告；听取和审议上海市人民政府关于2018年度市级预算执行情况和其他财政收支的审计工作报告以及整改情况的报告。编制《国有资产报告五年规划》，促进国资管理体制进一步完善，为提升国企核心竞争力创造更有利的政策环境。此外，上海市人大常委会开展专项监督、专题询问，以财政科技资金投入及使用情况为切入点，重点听取和审议了上海市人民政府关于上海市财政科技资金投入和使用管理情况的报告，建议政府加大科技投入政策科学制定和供给力度，探索符合科技创新规律的资金使用机制，改进财政科技资金投入管理使用模式，进一步发挥政府资金投入对社会资金的引领和聚力效应，优化财政资金投入的结构，管好用好政府的科技投入，管好人民的钱袋子。

3. 民意畅通，保障代表履职

上海市人大常委会支持和保障代表履职，注重代表履职能力的提升，更加注重发挥闭会期间人大代表作用，促进各级人大代表守初心、担使命，不断提升人大代表的工作效能，切实发挥人民代表大会制度优势。

（1）密切联系群众，发挥闭会期间代表作用

本年度，上海市更加注重代表与群众密切联系，全市已建立“代表之家”“代表联系点”“代表联络站”等平台共5356个，其中“代表之家”250个、“代表联络站”940个、“代表联系点”4166个，基层代表活动阵地网络布局已基本形成，实现了代表联系群众网络平台建设的全覆盖，人大代表通过定期接待、进社区走访等形式，和基层选民进行面对面地交流，为代表密切联系群众尤其是闭会期间人大代表和群众联系的常态化，提供了有力的阵地保障。一年来，主任、副主任召开代表座谈会14次，整理形成意见400余条；共有340余人次代表列席常委会会议，5000多人次代表参与立法监督调研，970多人次市人大代表和5400多人次区、乡镇人大代表通过“家、站、点”，两次进社区，听取27000多位市民群众的建议意见，积极反映和推动解决群众关心的各类问题，有效发挥了人大代表接地气、察民

情、聚民智、惠民生的作用，为上海市集聚民间智慧，立良法、出善治。

本年度，上海市充分发挥人大政务微信平台作用，在原有基础上，增设代表互动交流区，将代表视察周期延长到2个月，改进代表集中视察方式，确定39个视察点、18条视察线路、10个视察主题，为代表充分密切联系群众、了解市民生活及经济社会新情况提供最大便利，为代表履职提供更加精准的服务。本年度，代表共提出40件议案和971件建议。40件议案中，立法议案29件，目前已经审议通过3件，17件议案涉及的立法项目已列入人大立法规划或年度立法计划，部分列入了政府规章制定计划，9件议案中涉及的立法项目已经在调研过程中；监督议案11件，所有涉及的监督项目均已交由政府部门自查或开展相应调研。本年度，971件代表建议全部办理完毕，“解决采纳”688件，占比70.9%，较上一年度有所提升；“正在解决”59件，占比6.1%；“计划解决”42件，占比4.3%；“留作参考”182件，占比18.7%。代表们关注的民生相关问题，如改善人居住宅工程质量、减征文化建设事业费、优化轨道交通规划、改善未成年人身份证办理、完善加装电梯政策等问题同步推进和落实中。

（2）强化履职培训，提升履职能力和加强履职保障

代表的履职培训与履职保障是上海市人大常委会的一项重要工作。一年来，上海市人大常委会不断加强代表思想作风建设，加强对代表专题调研、代表进社区活动、小组活动的指导和服务，改进代表议案和建议的办理机制，推进议案办理进程和结果的全流程公开。一年来，上海市人大常委会围绕代表职责及履职需求、监督权行使等方面，以增强专业履职能力为重点，共举办7期市人大代表专题学习研讨班7期，协助举办区、镇人大代表培训班16期，举办12期“上海人大代表论坛”，上海制造、区块链、城市更新等主题吸引了上海市1300多位市人大代表参加学习，有效拓展了代表视野，增进了代表交流；协助举办38期基层人大代表专题培训班，3600多人次区、镇人大代表参加学习；精心组织上海市全国人大代表和市人大代表开展专题调研等活动，形成24个专题调研报告，为推进相关工作提出更多建设性意见和建议。

本年度，代表提出的议案数量大幅增加，议案内容丰富，且紧紧围绕长

三角一体化发展国家战略、优化营商环境、城市精细化管理、生态环境保护、民生问题等国家和上海市重点工作，紧贴地方人大及其常委会的立法、监督等职权；议案质量稳步提升，提交采纳率继续高位运行。议案在形式要件、实质要件上均符合法定要求。这在一定程度上也是人大代表履职能力提升的表现。

4. 制度创新，强化自身建设

2019 年是地方人大设立常委会 40 周年，上海市人大学习贯彻习近平总书记关于坚持和完善人民代表大会制度重要精神，落实党的十八大以来关于人大工作的一系列文件精神，守初心、担使命，把握新时代人大工作的特点和规律，强化理论学习、强化队伍建设、扩大新闻宣传，不断健全和完善党领导下的人大工作体制机制。

（1）加强政治领导，完善人大制度自身建设

党的领导是人民代表大会制度建设的政治保证，上海市人大常委会建立党组会议学习传达制度、中央关于人大工作文件的落实机制，修改向上海市市委请示报告制度，完善党组讨论重大事项、重大问题、重要工作的制度，及时传达贯彻党的会议、文件及领导重要讲话精神，及时部署并督促各项措施落实，确保地方立法和人大履职体现党的主张，反映人民意志，保证人大各项工作正确的政治方向。

此外，上海市人大常委会贯彻习近平总书记考察基层立法联系点时的重要讲话，贯彻全国人大地方立法工作交流精神，引入立法智能辅助系统，加强立法人才队伍建设，加强长三角地区立法协同，不断加强人大自身建设，致力于建设一个学习型、创新型、担当型人大机关，进一步发挥人民代表大会制度优势。上海市人大常委会召开上海市基层立法联系点工作推进会，提出完善联系点建设、畅通立法民意直通车的思路举措，本年度各基层立法联系点已经反映近 400 条意见措施，联系点成为加强法制宣传、提升公众法治意识的重要窗口。此外，进一步明确地方立法定位，完善立法起草工作机制，加强人大立法主导地位，注重高质量立法。注重分类指导和事前沟通，完善市区两级人大联动监督机制，将加强人大信访和发挥代表作用结合起

来，形成监督合力。

（2）加强制度宣传，推动人大制度深入人心

上海市人大常委会注重“讲好人大故事、展现代表风采”，召开人大新闻宣传工作会议，出台《关于加强新时代人大新闻宣传工作的若干意见》，形成人大新闻宣传工作的合力。召开纪念上海市人大设立常委会40周年座谈会，举办长三角地区三省一市纪念地方人大设立常委会40周年研讨会，对常委会40年履职历程和工作成就进行报道，总结传承历史经验，推动人大工作创新发展；积极配合全国人大开展《渔业法》《水污染防治法》等执法检查和监督调研，举办“推动长三角地区医保一体化发展论坛”；服务国家外交大局和“一带一路”建设，推进对外合作交流，接待外国来沪访问国家和地方议会代表团21批，组团或参团出访10批次；邀请海归、外国留学生等走进常委会会议厅，宣传人大制度、人大工作和我国社会主义民主政治建设的丰富实践，一系列举措起到了很好的宣传作用，有利于增强社会各界的制度自信。

（二）2019年上海市人大工作亮点

1. 优化营商环境，打造上海“1+2+X”模式

好的营商环境就是生产力，营商环境关系企业的生存发展。落实习近平总书记重要指示：上海等特大城市要率先加大营商环境改革力度。2017年以来，上海市不断完善举措优化营商环境，助力我国在世界银行营商环境报告中的排名从第78位上升到第31位，基本实现目标任务。

“法治是最好的营商环境”，为了进一步扩大对外开放，上海市人大常委会通过立法、政策贯彻情况监督、司法监督、执法检查全方位并举确保更高水平推进营商环境持续优化，确保优化营商环境各项活动得到法治保障。审议通过《关于贯彻实施〈外商投资法〉若干问题的决定》，开展内外资公平竞争，促进外商投资，优化营商环境、市场环境和政策环境。对政府贯彻“实体经济50条”和“民营经济27条”情况开展专项监督，同时开展优化营商环境司法保障工作专项监督，开展《上海市社会信用条例》《上海市台

湾同胞投资权益保护规定》执法检查。

目前，上海对标国际国内先进规则和成功实践案例，在广泛调研、征求社会各界意见的基础上，研究形成了《上海市全面深化国际一流营商环境建设实施方案》，打造上海“1+2+X”模式。“1”即“一网通办”；“2”是指提升上海在世界银行和国家2个营商环境评价中的表现；“X”则是提供“一揽子”制度供给，加强保护和激发市场主体活力。截至2019年11月，上海工业投资同比增长12.8%，新设外资项目5670个，同比增长34.3%，合同外资增长15.5%。

2. 聚焦“老小旧远”，增进民生福祉

“老小旧远”仍是上海民生工作的主要着力点，上海市人大常委会通过创制性立法，开展专项监督和主题调研，促进政府加强政策集成和资源统筹，回应民生关切，着力改善民生，满足人民群众对美好生活的向往。

审议通过的全国首部《上海市家政服务条例》，系上海在民生领域的又一创制性立法，提出建立上海市统一的家政管理服务平台，提升政府服务水平，满足上海市260余万家庭家政服务需求。回应民生关切，上海市开展社区养老专项监督，探讨嵌入式养老、优质养老产品和服务的提供，加强资源统筹，提升社区养老方面的百姓满意度；开展0~3岁婴幼儿托育工作跟踪监督和小学生课后看护服务专题调研，推动形成“三位一体”的看护服务机制；持续开展旧区改造工作专项监督，推动政府旧区改造与历史风貌保护和市民群众居住条件改善的统筹规划；实施乡村振兴战略，推进生态宜居专项性监督，发放满意度测评表，督促政府加快编制乡村规划；开展中医药法律法规执法检查，促进中医健康产业发展；开展《上海市居民委员会工作条例》执法检查，督促政府强化政策支持，落实法定责任。完善养老体系和养老服务，关切托育和青少年教育，加强旧区改造和历史风貌保护，以生态文明促进乡村振兴战略。

3. 创新生态监督方式，强化生活垃圾分类

本年度，上海持续加强生态文明建设，聚焦深化污染治理，全面落实攻坚战实施意见和11个专项行动，滚动推进第七轮环保三年行动计划，第十

五届人大常委会第十一次会议上，上海市人大常委会变更书面审议年度环境报告的形式，首次以听取报告以及分组审议的形式对过去一年环境状况进行评估，听取了《2018 年环境状况和环境保护目标完成情况的报告》。

此外，《上海市生活垃圾管理条例》是我国第一部由地方人民代表大会审议通过的规范生活垃圾管理的地方性法规，借由其正式实施，为推动全社会强化法治意识、环保意识和责任意识，完善生活垃圾全程分类管理的体制机制提供制度规范，通过上海市、区人大联动，以法规实施前的宣传教育与动员、硬件设施建设情况、单位分类先行等为监督重点，启动生活垃圾分类监督。上海市人大常委会同 16 个区人大开展联动监督，组织人大代表近 13000 人参与，开展了 70 余次调研和暗访抽查，覆盖垃圾分类全过程、各类场所，实现了近几年监督的最大覆盖面。该专项监督实现市、区两级人大联动，用良法促善治，使垃圾分类成为超大城市社会治理的又一个“法治化样本”。

二　法治政府建设稳健推进

2019 年，上海市在以习近平同志为核心的党中央坚强领导下，以习近平新时代中国特色社会主义思想为指导，深入落实习近平总书记考察上海重要讲话精神，始终围绕三项新的重大任务等国家战略实施，继续贯彻《法治政府建设实施纲要（2015—2020 年）》（以下简称《纲要》）和《上海市法治政府建设“十三五”规划》（以下简称《规划》）的精神，深入落实《法治政府建设与责任落实督察工作规定》，不断推动上海法治政府建设，使法治成为城市竞争力的核心标志。

（一）2019年法治政府工作回顾

2019 年是全面深化依法治市的开局之年，也是呼应全国法治政府建设任务基本完成的关键年，上海市把法治政府建设作为全面依法治市的重点任务和主体工程，认真组织开展法治政府建设示范创建活动，积极迎接中央依法治国办实地核验工作，将此作为推动法治政府建设的重要抓手，完成了 12 家申报综合示范创建项目区的“法治体验报告”，发挥以评促建的作用。上海市司法局立法一处、上海市交通委员会法规处、上海市司法局行政执法协调监督处、上海市市场监督管理局执法总队十二支队、上海市司法局行政复议处、上海市静安区司法局行政复议和应诉科被评为全国法治政府建设工作先进单位。

1. 全面履行政府职能，大力强化法治政府自身建设

（1）促进机构改革

调整上海市法治政府建设工作领导小组组成人员，形成以应勇市长为组长、陈寅副市长为副组长的领导小组，成员涵盖市发展改革委、组织部、宣传部、办公厅、经济信息化委、商务委、教委、科委、民族宗教局、公安局、民政局、司法局、财政局、人力资源和社会保障局、规划资源局、生态环境局、住房和城乡建设管理委、交通委、农业农村委、水务局、文化旅游局、卫生健康委、退役军人局、应急局、审计局、市场监管局、地方金融监管局、体育局、统计局、医保局、绿化市容局、民防办、城管执法局、档案局主要负责人。另领导小组在市司法局下设办公室。

进行上海市政府法制办机构改革，除规范性文件管理外的其他政府法制职能均随着原政府法制办一起整合到重新组建的司法行政机关。在区级层面，浦东、徐汇2个区规范性文件管理职能转至区司法局，其他14个区转至区政府办。改革后，司法行政机关从事政府法制工作的业务处共有6处，6处的职能均有增加，立法一处增加了司法局自身的制度建设职能，立法二处增加了司法局自身的合同合法性审核职能，行政应诉处增加了司法局自身的行政复议和应诉职能，行政执法协调监督处增加了市法治政府建设领导小组办公室职能和司法局自身的法治机关建设职能。

（2）推进法治政府建设示范创建

贯彻落实中央依法治国办《关于开展法治政府建设示范创建活动的意见》，召开2019年上海市法治政府示范创建活动动员培训会议，传达中央依法治国办2019年法治政府建设示范创建活动培训班的最新精神及工作要求，对示范创建活动进行动员与部署，要求各区委依法治区办明确示范创建工作的分管领导，固定专人负责。召开2019年法治政府建设创建指标解读会，严格

按照各项指标要求，做好示范创建材料申报工作；对标找差，补足短板，全面推进法治政府建设各项工作；邀请专家针对示范创建指标提供进一步指导。

区级层面涉及 8 项一级指标、33 项二级指标、95 项三级指标，各区进行严格对标，全面动员和部署示范创建活动，制定出台《关于开展法治政府建设示范创建活动的实施方案》。聚焦健全机制以提升依法行政决策能力，聚焦转变职能以提升依法服务管理成效，聚焦严格规范以提升公正文明执法水平，聚焦示范带领以提升守纪守法的行动自觉。

（3）加强基层建设

贯彻习近平总书记考察上海重要讲话精神，积极破解基层法治建设中的痛点、堵点。赴基层街道开展调研，听取基层法治建设相关单位及一线人员的意见与建议，问需问计，总结基层在推进法治建设中面临的队伍力量不足、任务与职权不匹配、立法缺失、执法难操作等方面的问题。

不断推进上海调解工作创新发展，着力构建大调解的工作格局。推进非诉讼纠纷解决中心建设，完善人民调解、行政调解、司法调解联动的工作体系；加强行政调解、商事调解，统筹推进各种调解均衡发展。创新发展“枫桥经验”，大力加强人民调解员队伍建设的顶层设计，深入贯彻中央六部门《关于加强人民调解员队伍建设的意见》，联合上海市委政法委等六部门出台“上海方案”，推出 30 条措施，为人民调解员队伍专业化、职业化和品牌化发展提供制度保障，强化司法所、公安派出所联动化解矛盾纠纷工作，成立“派出所人民调解工作室”。制定《培育发展“上海调解”服务品牌三年行动方案（2019—2021 年）》，积极打造调解品牌。印发《关于进一步加强诉调对接工作的若干意见》《关于促进上海市调解组织发展的若干意见》《关于规范上海市调解组织发展的规定》《关于政府购买人民调解服务的实施细则》等文件，规范人民调解组织之外的调解组织的设立、监督和管理，促进调解行业健康发展。

2. 优化法治化营商环境，着力对接国际轨道

（1）成立上海市优化营商环境法治保障共同体

为加快形成公平透明、可预期的法治化营商环境，上海市委依法治市办

牵头，建立了三省一市立法、执法、法治研究等协作机制，共同发布《进一步优化长三角法治化营商环境宣言》；成立全国首个优化营商环境法治保障共同体，统筹各方力量，合力研究解决优化营商环境相关法治问题。依法印发《关于建立上海市优化营商环境法治保障共同体的意见》和《上海市优化营商环境法治保障共同体工作实施细则》。共同体由上海市委依法治市办发起，由人大机关、政协机关、相关政府部门、司法机关、法学院校和研究机构、学会协会、仲裁机构、律师事务所等专业机构以及相关企业代表等单位组成。围绕八个方面重点任务，聚焦优化营商环境的制度瓶颈和体制机制问题，努力优化市场主体对法治环境的服务体验。八个方面包括：推动顶层制度设计、探索建立先行区域、完善地方法规体系、强化行政执法监督、发挥司法保障职能、优化纠纷化解机制、加强制度宣传解读和打造研究智库方阵。

落实《上海市进一步优化营商环境实施计划》中的“积极探索包容审慎监管”的精神，由上海市司法局、上海市市场监督管理局、上海市应急管理局联合出台《上海市市场轻微违法违规经营行为免罚清单》，规定市场主体发生符合规定情形的34项轻微违法违规经营行为将免予行政处罚，涉及上海市市场监督管理局的共28项，涵盖工商、质量、食品安全等领域；涉及上海市应急管理局的共6项，集中在消防领域。

（2）接入国际轨道

共同体对照世界银行营商环境评估标准，组织专家学者对其评估问卷进行翻译核验，对相关法律法规修订条款进行英译，并撰写系列文章，全面解读世界银行问卷。针对世界银行《2019年营商环境报告》失分指标研究提出修法建议，为我国排名提升至第31位做出了积极贡献。

出台全国首份省级仲裁改革文件和全国首份仲裁对外开放文件，成立上海仲裁协会，推动上海国际争议解决中心实质性运作，推动世界知识产权组织仲裁与调解中心落户上海，打造面向全球的亚太仲裁中心。

3. 聚焦社会需求，扎实推进立法各项进程

（1）制订立法计划

《2019年市政府规章立法工作计划》共包括20项正式项目、8项预备

项目、24 项调研项目。坚持立、改、废并举，围绕上海市改革发展和年度重点工作，突出“放管服”改革要求，优化营商环境，加强城市精细化管理，改善民生保障。最后共确定 41 项正式立法项目，其中地方性法规 15 项，市政府规章 26 项。截至 2019 年 12 月 30 日，15 项地方性法规中的 13 项已提交上海市政府常务会议讨论通过并提交市人大常委会审议，26 项市政府规章中 22 项已通过法制审核或完成起草。制定《上海市科学技术奖励规定》（沪府令 18 号），规范“上海市科学技术奖”的设立和评审，调动科技工作者的积极性和创造性；制定《上海市公共数据开放暂行办法》（沪府令 21 号），促进和规范上海市公共数据的开放和利用，推动数字经济发展；制定《上海市景观照明管理办法》（沪府令 25 号），规范上海市景观照明管理，改善城市夜间景观，展示城市历史文化风貌。

对于 2020 年立法计划，向社会各界公开征集立法建议，已于 2019 年 12 月上旬形成了《2020 年市政府规章立法工作计划（草案）》。该草案围绕上海市中心工作和重大任务，重点考虑保障改革创新、促进政府职能转变、优化营商环境、加强城市管理和社会治理、改善民生和公共服务、实施长三角区域一体化协同发展、加强环境保护与生态文明建设和先进文化建设等方面，共列入 61 项市政府规章立法工作计划，包括正式项目 13 项、预备项目 10 项、调研项目 27 项、立法后评估项目 11 项。

另外，上海市还深入开展了法规规章规范性文件清理工作，共梳理出现行有效的市政府规章 287 件，形成了市政府规章和规范性文件的清理评估报告。

（2）优化立法机制

上海市从源头控制规范性文件的数量，聚焦起草环节，提升文件质量，完善文件的评估和清理制度。完善规范性文件合法性审核机制，正式施行《上海市行政规范性文件管理规定》（沪府令 17 号），率先将国家有关合法性审核的新要求转化为地方立法。

2019 年，在上海市政府法制办的机构改革中，综合业务处被撤销。原立法计划编制、法制审核会组织协调、立法草案报审、规章备案审查、立法后评估等综合性立法工作由三个立法处共同参与，现上述工作由法制调研处负责牵头统筹。原上海市政府法制办形成的促进立法科学性、民主性、合法性的工作机制如立法听证、“打包”修改、立法后评估等，都继续由改革后的司法局坚持和完善。根据新的工作实际，制定了《市司法局法制审核会议办法》，适当改变了参会范围，增加了上海市律师协会相关业务研究会成员参加法制审核，增加了书面审核环节，提高了法制审核的效率。

推进立法信息化平台建设。平台实现了与上海市办公厅公文系统的对接，保证在第一时间收到材料。明确了各环节的相关材料种类和要求，并在各环节嵌入范本。优化了立法材料的归档方式，规范了立法各个环节需要保留的材料，提升了立法档案管理的标准和要求。与12345市民热线、市场监管部门的举报投诉平台、事中事后监管平台等对接，深度挖掘和分析民众诉求大数据，精准发现制度供给的盲区和痛点。在此基础上，着重实现立法工作全程留痕，实现了可查、可控、可追溯。该项目在司法部信息化优秀示范案例大比武中荣获第一名。

完善重大行政决策制度，出台《上海市人民政府关于贯彻〈重大行政决策程序暂行条例〉的实施意见》。修订《上海市政府信息公开规定》，梳理重点公开目录，扩大政府信息公开范围。

4. 严格规范文明执法，不断优化执法体制

（1）加强行政执法规范化建设

《中共中央关于全面推进依法治国若干重大问题的决定》和《法治政府建设实施纲要（2015—2020年）》，对全面推行行政执法公示制度、执法全过程记录制度、重大执法决定法制审核制度，即行政执法的“三项制度”做出了统一部署与要求。上海市根据《国务院办公厅关于全面推行行政执法公示制度执法全过程记录制度重大执法决定法制审核制度的指导意见》制定了《上海市关于全面推行行政执法公示制度执法全过程记录制度重大执法决定法制审核制度的实施方案》（沪府办发〔2019〕15号），全面推行行政执法的“三项制度”。该实施方案采取“1+3”的体例进行编写，“1”为正文部分，主要体现“三项制度”的共性规定以及推行“三项制度”的

工作要求、保障措施等内容；“3”为三个附件，分别为三项具体制度的意见，即《关于上海市推行行政执法公示制度的意见》《关于上海市推行行政执法全过程记录制度的意见》《关于上海市推行重大行政执法决定法制审核制度的意见》。指导意见明确“三项制度”的适用范围为行政处罚、行政强制、行政检查、行政征收征用和行政许可；行政执法公示以强化事前公示、规范事中公示和加强事后公示为目的，明确了统一公示和信息共享制度、数据公开制度、信息更新更正及撤销制度；行政执法全过程记录制度从强调完善文字记录、规范音像记录、严格记录归档、发挥记录作用等角度出发，细化了行政执法全过程记录要求、明确了音像记录方式、规定了装备管理要求、规范了记录资料归档要求；重大行政执法决定法制审核则是为了确保行政执法单位作出的重大行政执法决定合法有效。各行政执法单位以“三项制度”为底线和准绳，切实保障人民群众切身利益，主动完善和挖掘执法过程中存在的可以提升的空间。

（2）推进证明事项清理工作

为进一步推动简政便民、优化服务，切实解决群众办事难、办事慢、多头跑、来回跑等问题，根据《开展证明事项告知承诺制试点工作方案》的要求，印发《上海市开展证明事项告知承诺制试点工作实施方案》，要求行政机关在办理有关事项时，以书面（含电子文本）形式将法律法规中规定的证明义务和证明内容一次性告知申请人，申请人书面承诺已经符合告知的条件、标准、要求，愿意承担不实承诺的法律责任，行政机关不再索要有关证明而依据书面承诺办理相关事项；明确动态调整机制，证明事项可根据国家和上海市要求适时调整；规定申请人故意隐瞒真实情况、提供虚假承诺办理有关事项的，行政机关将依法撤销相关决定、给予行政处罚，申请人失信行为将被记入信用记录，依法承担相应的失信后果。

（3）落实“谁执法谁普法”工作理念

继续推进宪法学习宣传，把“普法先行、普法同行”的工作理念落实到解决社会治理难题的全过程，通过并贯彻落实《中共上海市委全面依法治市委员会守法普法协调小组工作细则》和《关于实行国家机关

“谁执法谁普法”普法责任制的实施意见》，进一步落实“谁执法谁普法”责任制。深刻认识新时代普法工作的新目标新任务新要求，把人民群众的普法需求作为当前大调研的内容，推动普法加速从数量扩展转向质量提高。把加强宪法学习宣传教育作为普法工作首要任务。深入学习宣传宪法修改的重点内容和重大意义，大力弘扬宪法精神，深化对党的十九大精神和习近平新时代中国特色社会主义思想的理解，把宪法学习宣传教育和推动全社会树立法治观念结合起来。把“谁执法谁普法”作为新时代普法工作总抓手。制订具体实施方案，出台普法责任清单，形成以案释法的规范指引。切实增强普法工作的实效性，贯彻执行普法工作目标精准化、举措项目化、考核体系化和指导专业化的总体工作思路，切实增强新时代普法的实效性。

5. 强化行政权力制约，全面完善救济机制

（1）加强行政复议工作

设立行政复议委员会、审议行政复议案件是提高行政复议专业性和公信力、有效化解行政争议的重要制度创新。2019 年，上海市持续推进行政复议体制机制的创新与改革，换届行政复议委员会，非常任委员占比超过75%。积极研究相对集中复议权改革方案，在浦东新区相对集中复议权试点基础上，进一步扩大相对集中复议权的试点范围至市场监管领域。完成市司法局复议职能的承接与分设工作，行政复议处负责办理市政府行政复议案件，行政应诉处负责办理原市司法局职责范围的行政复议案件。全年共收到市政府行政复议申请813 件，依法受理318 件，其中审结293 件，纠错率为4. 1%。

2019 年，上海市行政复议管理系统全面投入使用，由市司法局统一组织培训，使工作人员熟悉掌握平台使用方法、案件录入步骤等内容。系统可创建案件经办人、科室负责人、局领导三级账户，并包括线上录入、办理及审批制度。案件从收案登记到作出复议决定，每一环节、每份文书都及时录入，在系统中有所留痕，实现了复议案件在线办理、案件信息实时同步。系统的电子报表包含行政复议案件类型分布、最终复议结果等内容，可整体把握行政复议情况。

（2）加强行政应诉工作

上海市高级人民法院于2019年5月发布《2018年度上海法院行政审判白皮书》，其显示2018年上海市全市法院共受理一审、二审行政案件9262件，审结9896件。其中，一审案件中通过协调化解方式解决的共1364件，协调和解率为22.8%。全市行政机关负责人出庭应诉1167件次，占开庭行政案件总数的17.51%，同比上升2.53个百分点。

持续开展行政机关负责人出庭、旁听、讲评“三合一”活动，并带动奉贤、金山、静安等区相继举办“三合一”活动。2019年，上海市人民政府首次成为被告，青浦区某小区业主就上海市人民政府作出的同意青浦区某镇政府根据规划需要对辖区内的水系进行调整并对青浦某小区门口的水塘进行填埋的批复提起诉讼，认为被填埋的水塘为小区的配套设施，同时承担了小区的部分防汛功能，且在市政府作出该批复前，水塘已经遭到填埋，违反了相应的行政程序，请求法院撤销批复。该案件在上海市第三中级人民法院公开开庭审理，由市政府秘书长以及来自全市10个市政府委办局、16个区政府的近150位领导干部、法制骨干人员参与旁听和讲评。

上海市普陀区印发《上海市普陀区行政应诉工作规定》，规范普陀区行政机关行政应诉工作，规定了行政应诉部门、行政机关无正当理由不得拒绝出庭应诉的情形及出庭要求、重新履职、败诉报告、绩效考核、组织旁听、业务培训等内容。上海市杨浦区制定《关于加强区政府行政复议和应诉工作的办法》，要求加强组织领导、加强行政机关负责人出庭应诉、建立通报制度、细化考核标准，要求单位主要负责人一般应当出席应诉本单位当年第一起行政诉讼案件，全区每年组织一期行政机关负责人出庭应诉培训班，建立出庭应诉催告、督促、反馈机制。

（二）2019年法治政府工作亮点

1. 对重点领域进行全面督察

根据中央依法治国办部署，对重点领域进行全面督察，并在自查单位报送自查报告的基础上，形成了上海市法治政府建设的自查报告。对上海市食品药品监管执法司法工作进行专项督察。充分做好专项督察的准备工作，邀请食品领域专家全程参与督察，强化部门协同意识，确保督察专业高效。坚持问题导向，通过对接12345市民热线、行政执法、行政复议等系统平台，收集网络舆情信息，全面分析查找食品药品监管执法、司法方面的问题线索。督察期间，各督察小组实地走访食品生产企业、学校食堂、药品生产企业、餐饮单位、药店等场所，当场指出问题并要求限期整改；另通过执法案卷、案发调查、听取部门汇报、召开企业和群众代表座谈会等方式，全面深入了解存在的问题。

对生态环境保护进行督察，加强生态环境保护、推进生态文明建设的重大制度安排。根据《上海市环境保护督察实施方案（试行）》，上海市环境保护督察组进行督察的对象主要是区委区政府及其有关部门。上海市环境保护督察组于2019年4月2日至4月24日对浦东、嘉定、金山、奉贤四区开展环境保护督察，并向四区通报督察反馈意见。督察期间，督查组共与四个区164名领导干部进行个别谈话；走访问询25个区级部门，召开9次座谈会，调阅14302份资料；下沉73个街镇（园区），现场检查1456个点位，受理并转办1049件举报，解决了一批突出的环境问题。

召开“营造法治化营商环境，保护民营企业发展”专项督察工作动员部署会，制订工作方案，细化工作任务，组成工作专班，将督察分为组织筹备、实施督察、形成报告和反馈整改等四个阶段。主动开展推行党政主要负责人法治建设责任制督察调研，督察调研人员包括上海市委依法治市办从各相关单位抽调专门力量组成6个督查组和2个工作组，方式包括听取汇报，座谈交流，到民营企业实地走访，与民营企业家、公安和司法机关办案人员、律师个别谈话，评阅案卷，暗访调查，深入群众和执法司法机关听取意见等。

2. 突出服务国家战略

认真学习并贯彻落实党的十九届四中全会精神和习近平总书记考察上海重要讲话精神，为完成国家交办的重大任务提供法治保障。

（1）服务长三角区域一体化发展

贯彻落实长三角区域一体化发展重大国家战略，在长三角一体化发展加快推进的大背景下，联合苏浙皖司法厅召开长三角法治协作座谈会，就法治协作的目的、原则和范围等方面达成广泛共识，确定围绕贯彻落实国家战略，深化法治协作、优化制度供给，努力建设长三角法治新高地和国家法治示范区；明确坚持问题导向、务求实效、求同存异、动态推进、共建共享；确定对具有跨区域性、系统性、联动性的事项，共同研究，优先协同。

签署年度区域合作重点项目，不断深化长三角法治协作机制。通过建立健全法治协作工作机制、法治研究协作机制、立法协作机制、执法协作机制、法治协作成果报送机制，实现高质量法治协作。共同发布《进一步优化长三角法治化营商环境宣言》，竭尽全力为市场主体提供平等法律保护、推进严格规范公正文明执法、提供优质高效的公共法律服务。共同签署《沪苏浙皖司法厅（局）2019—2020 轮值年度区域合作重点项目》，确定 12 项法制保障具体合作项目。另外，上海市青浦区司法局、江苏省苏州市吴江区司法局、浙江省嘉兴市嘉善县司法局共同签署《长三角生态绿色一体化示范区司法行政普法与依法治理区域合作框架协议》《长三角生态绿色一体化示范区联合调解机制建设合作协议》。

在签署《沪苏浙皖司法厅（局）关于共同推进更高质量平安长三角法治长三角建设的合作协议》的基础上，不断深化务实合作，开办“长三角社区矫正工作创新发展论坛”。以《社区矫正法》为主线，更新工作理念，创新监管方法，全面提升上海社区矫正工作规范化、法治化水平。

（2）提供上海自贸区临港片区法治保障

根据《中国（上海）自由贸易试验区临港新片区总体方案》（国发〔2019〕15 号），上海市政府发布《中国（上海）自由贸易试验区临港新片区管理办法》，共 11 章 49 条，包括总则、管理体制、投资经营便利、贸易自由、金融开放、国际运输便利、人才服务、信息快捷联通、财税支持、风险防范和附则。内容主要为明确新片区的功能定位，突出产城融合；建立科学高效的管理机制，确立管委会作为市政府派出机构，承担新片区经济管理职责，行使相关行政审批权和行政处罚权；实施公平竞争的投资经营便利措施，扩大重点领域开放，试行商事主体登记确认制，健全争议解决方式；推进高标准的贸易自由化，依法建立洋山特殊综合保税区，发展新型贸易，促进服务贸易；实施资金便利收付的跨境金融管理制度，扩大金融开放，开展跨境金融服务，便利境外资金使用；提高国际运输开放水平，优化国际航运服务，提高多式联运效率，发展国际航空业务；实施自由便利的人才服务，优化户籍和居住证办理，加强技能人才引进，放宽从业资格限制，提供出入境便利，提供就业和创业便利；实现数据跨境安全有序流动，加强基础设施建设，保障跨境数据安全流动，强化数据保护；提供具有国际竞争力的财税支持，探索国际业务税收支持，完善产业和人才税收政策，给予财政资金支持；建立全面防控风险的综合监管制度，加强全面风险管理，加强重点领域监管，强化金融风险防范，实行信用分级管理，开展边界安全监管。

制定《境外仲裁机构在中国（上海）自由贸易试验区临港新片区设立业务机构管理办法》，规范境外仲裁机构在中国（上海）自由贸易试验区临港新片区设立业务机构及开展业务活动。由上海市司法局负责业务机构的设立登记，业务机构可就国际商事、海事、投资等领域发生的民商事争议开展仲裁业务，鼓励并引导业务机构在上海市行政区域内集中办公和开展涉外仲裁业务活动。

开办“中国（上海）自贸区临港新片区法治保障研讨会”，对《中国（上海）自由贸易试验区临港新片区总体方案》进行全面法治解读，讨论临港新片区建设的法治之路。

（3）完善进博会法治服务

发布上海市司法局服务保障第二届进博会法律服务清单，包括征税协定咨询、贸易救济调查、海商海事、贸易合规、外商直接投资、中国金融证券、税务、环境、商业刑事犯罪等 14 项律师服务；为企业提供法律咨询、办理法人授权、签署各类经济合同/协议、资金监管（提存）、知识产权保护等公证法律服务；为有需要的参展商提供与参展商展品相关的商标、专利、实用新型等知识产权保全证据公证服务；提供各类专利证明以及法律文书的中译文相符等公证法律服务；为参展商的外籍及港、澳、台工作人员提供身份证明、委托、家事领域等5项公证服务。组建百人法律服务团进驻进博会现场，包括54名律师、23名调解员、6名公证员、4名司法鉴定员和13名仲裁员。其中，54名律师既包括涉外非诉讼律师，也包括诉讼律师。开通24小时热线和网络双语咨询，设置进博会调解中心、涉外法律服务中心，设置110非警务警情职能处置平台，提供场内场外、线上线下多样化服务，成功调解多起纠纷，社会反响积极。

三　全面深化司法体制综合配套改革

司法体制改革属于中国政治体制改革的重要组成部分，在某种意义上来说，司法体制改革也是中国政治体制改革的突破口。新时代以来，社会的主要矛盾已经发生了变化。立足于中国特色社会主义实践，司法体制改革需要在更高站位、更深层次、更宽领域，用更大力度全面深化综合配套改革，为司法改革提供精细化的配套和保障。上海作为司法改革的首批试点城市，紧密结合地方实际，创造性地推进落实改革的具体任务。2019年，上海司法体制综合配套改革蹄疾步稳，成效明显，更好地激发司法队伍整体活力，更好地促进社会公平正义。

（一）2019年司法体制综合配套改革的工作回顾

上海的发展离不开法治的保驾护航，上海法院和上海检察院坚持以习近平新时代中国特色社会主义思想为指引，在司法体制综合配套改革的工作中更好地发挥司法职能，为优化上海法治环境、提升上海城市影响力做贡献。回顾过去的一年，上海法院和上海检察院积极推进并落实司法体制综合配套改革的各项任务，且已形成可复制、可推广的“上海智慧”“上海经验”。

1. 法院工作回顾总结

上海是全国唯一的司法体制综合配套改革试点地区。2019年，上海法院坚持“努力让人民群众在每一个司法案件中感受到公平正义”的目标，根据上海具体的司法实践情况，制定调整改革的工作安排。围绕创新审判体系、严格履行审判职能、完善服务保障机制、创新司法便民措施、强化法院队伍建设等方面，积极履行宪法和法律赋予的职责，推进综合配套改革的各项工作有序开展。

（1）全面深化综合配套改革，推动审判体系现代化

审判体系和审判能力现代化是推进国家治理体系和治理能力现代化的法治保障。换言之，审判体系和审判能力现代化是社会主义法治建设的应有之义。上海法院大胆探索、统筹推进，初步形成了具有高度示范性的司法运行基础体系。

一是全面整合司法资源。在基层法院内设机构改革的基础上，推进中级人民法院、高级人民法院的内设机构改革，目前机构数量已减少 27.5%。为打造集约化管理团队，上海全市法院共组建了 560 个审判团队。同时，上海法院实行初任法官到基层法院任职制度，引导审判力量到办案一线当中去，提高审判人员的综合业务能力，为打造专业化审判团队培养人才。优化程序之间的衔接机制，上海法院上线的“上海法院一站式多元解纷平台”，对内全面覆盖了诉讼流程，对外与多家行业调解组织、人民调解组织在线对接。据统计，上海市法院诉调对接中心收案数占一审民商收案数的一半以上，且其中超过 1/3 的案件调解成功。

二是深化诉讼制度改革。在以审判为中心的司法改革中，重点推动庭审实质化改革，强化庭审功能，进一步完善出庭作证机制。据统计，上海全市法院过去一年证人、鉴定人和侦查人员出庭作证共 145 人次。在深化跨区划司法管辖制度改革中，推动知识产权、金融、破产、环境资源、食品药品等案件集中管辖，并注重培养审判人员的专业化能力，妥善解决了专业领域中的争讼。为了提升审判质效，上海法院进一步深化认罪认罚从宽制度和刑事速裁改革，且刑事案件认罪认罚适用率已达到 58.4%。在民商事、行政诉讼制度改革中，不断完善案件繁简分流机制，将优秀的资深法官集中于办案一线，形成一批优秀精品疑难案例。

三是深度融合现代科技。为实现诉讼全过程的程序透明化，上海法院

充分利用现代科技，以电子卷宗随案同步生成为重点，推进覆盖审判执行工作全流程的网上办案体系，实现诉讼全流程的可查询、可监控、可追溯。同时，充分利用人工智能技术，将其运用到刑事案件证据当中，上海高院承担的“上海刑事案件智能辅助办案系统”（也称“206 系统”）目前已完成 102 个常见罪名的证据标准设定，并成功辅助庭审。2019 年 1 月 23 日，上海市第二中级人民法院成功运用“206 系统”辅助审判了一起抢劫案件。

（2）严格履行审判职能，提升依法治市水平

审判职能是人民法院最重要的职能，人民法院应当充分发挥审判职能，切实增强司法服务的前瞻性和主动性。2019 年，上海法院严格履行审判职能，积极参与平安上海、法治上海的建设，维护上海的和谐稳定。据统计，上海全市法院审结一审刑事案件共 3.1 万件，审结一审行政案件共 5273 件。

一是推进扫黑除恶专项斗争。扫黑除恶专项斗争已进入“深挖根治”的阶段，上海法院分析扫黑除恶阶段性特征，制定《扫黑除恶专项工作实施方案》，并建立完善涉案线索移交、协同办案等机制，加大“打伞破网”的力度，不断提高办理涉黑涉恶案件的质量和效率。自开展扫黑除恶专项斗争以来，共审结一审涉黑恶势力犯罪 190 件，判处五年有期徒刑以上刑罚 223 人。在拓展“打财断血”的广度上，上海法院建立健全跨部门涉黑涉恶企业和个人信息比对机制，积极运用追缴、罚金、没收财产等多种手段，摧毁黑恶势力经济基础，累计判处罚金及没收财产 1 亿余元。

二是依法惩治各类违法犯罪。在暴力犯罪方面，上海法院惩治杀人、抢劫、绑架等严重暴力犯罪共 630 件。比如，对具有广泛社会影响的“6·28 浦北路杀害小学生案”被告人黄某某以故意杀人罪依法判处死刑。此外，“头顶上的安全”已成为城市治理的难题，上海市闵行区人民法院首次对引发社会高度关注的“高空抛物行为”以“以危险方法危害公共安全罪”判处刑罚，有力地打击了该类行为，维护了广大人民群众的生命安全。对人民群众反映强烈的集资诈骗、网络传销、电信诈骗、危害食品药品安全类犯

罪，上海法院共审结案件1331件。2019年，上海法院依旧保持打击腐败犯罪的高压态势，共审结贪污腐败犯罪案件83件。

三是积极助力城市精细化管理。上海法院通过案件裁判加大司法监督的力度，有效推动了行政机关负责人的出庭应诉情况。据统计，2019年全年的出庭应诉率同比上升15.3%。同时积极推动多元纠纷解决机制，通过制定《实质解决行政争议工作指引》，促进行政争议实质性化解，仅行政案件协调和解率就已达至27.8%。充分发挥审判职能，加强对审判数据的分析研判，并通过制定审判白皮书、提出司法建议等方式，在公共安全、行政执法等领域助力城市精细化管理。在普法教育方面，上海法院通过庭审公开、以案释法、法治宣讲、发布典型案例等多种方式，开展与人民群众生活密切相关的专题宣传活动，增强公众的法治意识。

（3）完善服务保障机制，促进营商环境法治化

良好的营商环境离不开公正高效的司法环境，优质的司法服务和有力的司法保障有助于经济的高质量发展。人民法院作为处理民商事纠纷的专业机构，在促进经济发展方面具有不可比拟的优势。上海法院立足于上海发展的战略目标，持续推进法治化营商环境建设，过去一年全市法院共审理民商事案件55.4万件。

一是持续优化营商环境。中国在2019年世界银行的营商环境评估中取得了较好的成绩，上海在其中更是表现不俗，上海的“司法程序质量指数”以16.5分的高分在全球城市中排名第一。上海法院对标世界银行的评估标准，重点推进“执行合同”、产权保证等工作，并通过完善各项制度降低当事人解决民商事纠纷的时间和成本。据统计，2019年全市法院依法审结涉买卖合同、股权转让、投资贸易等各类案件38.7万件。在产权保护方面，以平等保护为原则，加强对各类主体经济权益的平等保护。同时，上海法院与上海市工商联、上海企联分别签署促进民营经济健康发展、共同搭建法律服务平台的备忘录。通过与各机构、协会的合作，强化对民营经济的司法保障。上海法院在优化营商环境方面所取得的成效已得到国务院的认可，并形成了具有广泛推广价值的经验总结。

二是服务保障任务推进。服务经济社会发展是人民法院的重要使命。上海法院积极为服务经济社会发展提供强有力的司法保障。聚焦自贸新片区“境内关外”特殊经济功能区的定位，制定了《上海法院服务保障中国（上海）自由贸易试验区临港新片区建设的实施意见》，努力在新片区构建开放型商事审判体系以对接国际通行的商事规则。同时，加快建立与新片区建设相适应的审判体制机制，充分尊重当事人选择法律适用和纠纷解决方式的权利。上海金融法院充分发挥涉科创板案件的专业审判优势，开通了针对科创板案件的“快立、精审、速执”绿色通道。在长三角区域一体化发展中，上海作为核心城市发挥着龙头带动作用，上海法院主动对接长三角区域一体化发展的司法需求，制定了《关于贯彻落实〈上海市贯彻长江三角洲区域一体化发展规划纲要实施方案〉的行动计划》，加强区域之间的审执联动、诉讼服务、司法协作、法律适用，提升长三角地区整体司法服务水平。

三是依法维护金融安全。金融商事审判是人民法院服务和保障党和国家工作大局的重要着力点。上海法院积极发挥金融审判服务职能，过去一年全市法院共审结涉金融借款、融资租赁、证券期货等各类金融案件19.5万件。2019年11月15日，上海法院裁定受理上海华信国际集团破产清算案，妥善解决债权人与华信集团之间的债务纠纷。上海金融法院不断总结金融审判经验，创新金融审判体制机制，审理了一批具有规则示范和市场导向意义的重大疑难案件。此外，上海法院在全国首创证券纠纷示范判决机制和大宗股票司法协助执行机制，建立健全多元纠纷解决机制，积极打造解决金融纠纷的“中国经验”“上海智慧”。

（4）保障人民合法权益，创新司法便民措施

上海法院始终坚持以人民为中心的发展思想，坚持司法为民、公正司法的理念，为满足人民群众日益增长的司法需求，提供优质、高效、便捷的司法服务，依法保障人民群众的合法权益，让人民群众在诉讼服务中有更多的获得感。

一是民生保障方面。2019年上海全市法院共审理教育医疗、劳动就业、养老教育、消费维权等案件共1.9万件。其中，经上海浦东新区人民法院主

持调解的华政学生诉迪士尼案件，促进迪士尼乐园主动修改进园规则和安检流程，取得了良好的社会反响。为维护妇女儿童权益，上海法院深化家事审判改革，共审理婚姻家庭案件2.4万件，创新设置离婚冷静期等制度。2019年10月15日，上海市静安区审理了轨道交通内强制猥亵入刑案件，该案成功入选“全国维护妇女儿童权益十大案例”。

二是案件执行方面。上海全市法院全年共执结案件15.1万件，执行到位金额达至261.4亿元。据统计，上海法院执行案件的结案率、结案平均用时等关键指标在全国法院排名中位居第一，被最高人民法院确定为“基本解决执行难”工作无须整改的五个地区之一。为进一步解决执行难问题，上海法院积极与全市45家单位签订协助协议，发布失信被执行人名单，限制高消费人群共计13.7万人次。针对无财产可供执行的案件，上海法院严格认定标准，加强与相关机构的合作，一旦发现可供执行的财产便立即恢复执行。因此，上海法院无财产可供执行案件合格率在全国法院排名中位居前列。

三是诉讼服务方面。上海法院积极推进现代化诉讼服务体系建设，全面升级诉讼服务大厅、诉讼服务网、12368诉讼服务热线和律师服务平台，为当事人提供便捷高效的诉讼服务。在智能化诉讼服务上，全面推进“上海移动微法院”建设，在上海法院官网、微信公众号、App客户端等移动终端上均开通“移动微法院”，方便当事人在线上自助立案、查询、咨询、缴费。同时，上海法院在全市法院内设立跨域立案服务窗口，与全国中基层法院跨域立案数据对接，“让数据多跑路，让群众少跑腿”，最大限度地便利群众诉讼。

四是公开程度方面。司法活动是法院依职权主导、当事人依法参与、全社会依法监督的司法民主实践过程。《上海市高级人民法院关于在互联网公开相关司法数据的若干规定（试行）》提出，上海市高院将在互联网门户网站设立司法大数据公开平台，及时向社会公布法院办案数量、审结率、平均审理和执行时间。据统计，全年通过各类渠道向当事人推送案件流程信息共计315.4万次，在“中国裁判文书网”公开裁判文书86.6万篇。

(5) 强化法院队伍建设，推进高素质人才培养

全面加强司法能力建设是人民法院谋事之基、成事之道。2019 年，上海法院深入贯彻习近平新时代中国特色社会主义思想和中央政法工作精神，坚持推进法院队伍革命化、正规化、专业化建设，为满足人民群众日益增长的司法需求，努力建设高素质的法院队伍。

第一，完善人才培育机制。加强司法能力建设必须以审判实践问题为导向，探索与法院人员分类管理相适应的教育培训制度体制。上海法院根据高级法官、审判团队负责人、初任法官等人员的不同特征开展专项培训，已形成菜单式培训、条线培训、自主培训、“名人大讲堂”等多形式、多层次的培训体系，共计培训 276 期，极大地提升了司法人员的综合能力。同时，为适应上海建设国际化大都市的发展目标，综合运用多种培训方式，强化对专业审判领域高层次人才的培养。上海法院与上海各大高校签订院校全面合作协议，在人才培养、法律分析研究等方面进行深度合作。

第二，加强整顿法院风纪。上海加强对全市法院的内部管理，积极组织专题警示教育和自查自纠活动。强化监督执纪问责的力度，研究建立法院人员的考评标准，从严惩处法院内部的违法违纪行为。同时，通过制定《关于进一步规范法官与律师关系维护司法公正的实施办法（试行）》，细化法官与律师的交往“负面清单”，加强对法官职业纪律的约束。此外，继续推进“上海法院审判执行监督预警分析系统”，对审判全过程进行实时监督、预警，建立拒腐防变的制度防线。

第三，深入推进党建工作。进入新时代以来，党建工作在司法工作中的地位和作用更加凸显，党建工作是法院队伍建设和审判工作的核心问题和主导力量。法院的政治生态环境对法院各项工作的推进具有深远的影响。上海法院在 2019 年全年继续深入开展“不忘初心、牢记使命”主题教育，通过组织走访回访、实地察看、座谈交流等形式，找出当前司法工作和党建工作中的问题，并及时制订调整方案。通过发挥榜样的作用，上海法院深入推进向邹碧华同志学习活动，在全市法院内评选出 15 名优秀法官、干部，激励全体法院工作人员传承弘扬邹碧华精神，努力钻研业务，培养专业精神。

(6) 自觉接受各方监督，共同维护司法公正

审判权运行机制不仅需要依靠法院自身的建设，还需要接受外部的广泛监督，方能真正实现司法公正。上海法院在外部监督方面，不断完善监督机制，畅通监督渠道，组织开展法院视察、旁听庭审、监督执行等各项活动，丰富拓展法院的监督形式。

一是接受人大监督。人民代表大会作为国家的权力机关，依法对人民法院的工作具有监督权。上海法院不仅积极配合上海市人大常委会“加强司法保障优化营商环境”专项监督，而且在办理人大代表建议问题上，反馈率高达100%。上海法院主动接受上海市人大常委会的监督，报告工作并接受询问。

二是接受检察机关法律监督。2019年全年上海市法院审结检察机关抗诉案件93件，其中改判、发回重审率为58.06%，维持原判率为23.66%，以调解、撤诉等方式结案共17件，占比18.28%。上海法院不断完善民商事、行政案件接受检察监督机制，与检察机关共同维护司法公正。

三是接受社会监督。上海法院为了让人民群众感受司法公正，设立公正开放日，邀请人民群众走进法院、感受司法、了解司法。据统计，2019年全年上海法院召开新闻发布会53场，通过微博、微信、网站等多种渠道发布信息8163条，将法院工作动态公之于众，主动接受来自社会舆论的监督。

2. 检察院工作回顾总结

2019年，上海检察机关已全面完成司法体制综合配套改革试点任务。上海检察机关立足于上海实践，服务上海经济发展，充分发挥检察职能，持续深化司法体制综合配套改革，加强民生检察工作，推进检察公益诉讼，强化检察监督职能，提升检察业务能力，实现检察业务全面协调充分发展，提高检察服务的前瞻性与精准性。

(1) 深化司法体制改革，提升司法质效

上海检察院根据中央关于司法体制改革的决策和最高人民检察院改革规划，深入推进检察机关内设机构改革、优化办案组织、健全法律监督机构，坚持目标引领和问题导向，增强各机制之间的协同性、系统性。

一是提升案件办理质效。自“捕诉一体”办案模式推行以来，检察官承担着审查逮捕和审查起诉两项职能，其中自然会涉及权力失范失控和滥用等风险问题。上海市长宁区检察院出台了首份《“捕诉一体”廉政风险防控机制（试行）》，以保证检察官的廉洁公正。此外，上海检察机关不断完善案件繁简分流机制，通过对案件的轻重、快慢进行评估，提升公诉案件办理的质量和效率。值得一提的是，上海检察机关积极履行在认罪认罚从宽制度中的主导作用。据统计，检察机关认罪认罚从宽制度全年适用率达至60.7%。在法律援助值班律师工作方面，上海检察机关设立值班律师工作站，积极与司法行政机关对接，提供常态化的法律帮助，保障当事人的诉讼权利。

二是强化办案监控管理机制。为强化对检察官办案流程的监督管理，上海检察机关深度运用大数据建立科学的全程监督考核评价体系，如“检察官办案全程监督考核系统”“流程监控智能预警系统”等信息化平台，保障每一件案件都能得到公正办理。相应地，上海检察机关通过完善案件质量评查机制、统一瑕疵案件评查指引、集中开展案件质量讲评等方式，改进检察工作中出现的问题，提升检察工作的质效。据统计，2019年上海正副检察长带头办理重大疑难复杂案件共计1438件，检察长列席同级法院审判委员会90次，讨论议题146项，总结办案的经验教训，提升检察工作能力。

三是推进“智慧检察”建设。上海检察机关坚决贯彻中央和最高人民检察院（以下简称“最高检”）的决策部署，坚持把检察工作和信息化建设深度融合，加强对数据的整合共享，建立业务数据研判会商机制，定期发行司法大数据报告，提高办案的精准化和专业化水平。随着“上海刑事案件智能辅助办案系统”的深度运用，以及文书自动生成、出庭示证等检察功能模块的逐渐完善，政法机关之间不断加强交流互动并深化合作。上海检察机关加强电子数据实验室建设，不断突破目前办案的技术难题，推动案件的侦破。

（2）充分发挥检察职能，服务改革发展

上海检察机关在建设上海国际金融中心工作中充分展现检察担当，自觉将检察工作放到党和国家全局、上海发展大局当中推进。其间，为推进司法服务保障营商环境，上海检察机关出台了检察专项行动，积极发挥检察职能，着力维护公平竞争的市场秩序。

一是完善检察服务保障机制。上海检察机关通过总结六年来自贸区检察工作经验，制定《服务保障自贸区临港新片区检察工作方案》，在实践中升级完善检察工作机制。据统计，2019 年全年上海检察院办理与自贸经济活动相关的刑事案件共 211 件、民事和行政监督案件共 94 件。在维护市场秩序方面，上海检察机关与上海证券交易所联合推出《证券市场信息披露违法犯罪风险警示》。为促进长三角区域一体化发展，上海检察院联合苏浙皖三地检察机关开展环太湖流域生态环境保护专项行动，并成功举办“第二届服务保障长江经济带发展检察论坛”。上海检察机关与长三角三地检察机关展开深度合作，并形成了多领域、多层次的检察协作格局。

二是助力营商环境法治化建设。上海检察机关持续强化对金融市场的打击力度。据统计，2019 年全年上海检察机关对侵害企业合法权益等监督立案 9 件；对涉案企业人员依法不予批捕 923 人，不予起诉 278 人，建议变更强制措施 105 人。在知识产权保护方面，上海检察机关加强对于侵犯知识产权犯罪的惩处，2019 年全年共批准逮捕 697 人，提起公诉 683 人。其中，上海检察机关办理了恒源祥、《流浪地球》电影、佳能等知名品牌或作品被侵权案件。上海检察机关在全国率先探索知识产权权利人告知制度，获得最高人民检察院的肯定，被最高检试点推广至全国检察机关学习。

（3）聚焦民生检察工作，保障民生民利

“服务人民，维护公平正义”是检察机关一切工作的出发点。上海检察院始终坚持以人民为中心的发展思想，关注人民群众的所思所想。上海检察机关始终关注与人民群众生活密切相关的犯罪领域，努力提高检察公共服务水平。

一是高压打击侵害民生犯罪。食品药品安全直接关系到人民群众的身体健康和生命安全。上海检察机关始终保持对食品药品安全犯罪的严打高压态势，2019 年全年共批准逮捕 129 人，提起公诉 194 人。针对互联网非法售卖食品药品等问题，制发诉前检察建议 73 件，有效保障千家万户的生命健康安全。

同时，完善与司法行政机关的衔接机制，积极发挥立案监督职能，促进行政机关依法行政、法院公正司法。在环境资源保护方面，上海检察机关严惩破坏环境资源犯罪，批准逮捕82人，提起公诉共计263人，推动生态环境的修复。在打击侵害公民个人信息、电信网络诈骗、拒不支付劳动报酬犯罪中，2019年全年上海检察机关共批准逮捕1044人，提起公诉888人。

二是强化对特殊群体的保障。为保护未成年人，严惩侵害未成年人犯罪，上海检察机关共批准逮捕358人。2019年，全市共有513名正副检察长、检察官兼任731所中小学的法治副校长、法治辅导员，培养未成年人的法治意识和法治思维。在保护老年人方面，上海检察机关在全国率先实行涉老年人犯罪案件专业化办理，对于欺老、虐老、骗老等犯罪批准逮捕共计685人，并对944人提起公诉。此外，对于侵害妇女儿童、残疾人等群体权益的犯罪，上海检察机关加大对该类群体犯罪的打击力度，全市检察机关中共有6个集体和个人荣获全国维护妇女儿童权益先进称号。

三是提升检察服务的便利性。上海检察机关坚持司法为民，对于人民群众反映的问题，做到“件件有回复”。据统计，七日内程序性回复率高达100%，三个月内办理过程或结果答复率为99%。上海检察机关对接上海政务“一网通办”，推动检察服务工作的开展。借助现代科技手段，为人民群众提供更为高效的便民服务。为打造法律职业共同体，保障律师执业权利专项活动，上海检察机关优化升级律师诉讼在线服务，共接待律师阅卷2.1万次。在司法救助方面，上海检察机关2019年共对273名因案致贫、返贫的群众提供司法救助。

（4）推进检察公益诉讼，维护公共利益

上海检察机关深入开展公益诉讼工作，认真贯彻落实《关于支持检察机关依法开展公益诉讼的意见》，2019年全年立案办理公益诉讼案件共计752件。上海检察机关坚持在诉前解决公益侵害问题，制发诉前检察建议或发布公告401件，提起诉讼共19件。

第一，落实公益诉讼要求。上海检察机关为推进水域治理专项监督，针对非法排污、非法捕捞等问题，制发诉前检察建议64件，提起诉讼共10

件。在上海全面推行垃圾分类的背景下，上海检察院积极响应政府号召，围绕垃圾分类、清运处置等问题，制发诉前检察建议 82 件，督促生活垃圾清理共 7270 吨、固体废物处理 4 万吨。2019 年 9 月，上海市人民检察院第三分院办理全市首例“洋垃圾”公益诉讼案。在庭审中，检察机关还专门申请了专家辅助人出庭，对涉案固体废物造成的环境污染风险、处置方式等陈述专业意见，督促企业在追求经济利益的过程中兼顾社会公共利益。

第二，拓展公益诉讼范围。上海检察机关积极与各部门各机构协作，实现检察权与行政权之间的良性互动。上海检察机关根据上海实际情况充分发挥其在公益诉讼中的作用，针对人民群众普遍关注的个人信息保护问题，向 11 家互联网公司制发诉前检察建议，督促行业标准和监管规则的建立健全。同时，加强与证券金融类公益机构的对接，探索证券领域公益诉讼的开展。值得一提的是，上海检察机关所办理的德邻公寓案成为“上海市法治建设十大优秀案例”。上海检察机关积极完善公益诉讼诉前职能，助力行政机关依法行政，共同维护社会公共利益。

（5）强化检察监督职能，促进公平正义

检察机关既是犯罪的追诉机关，又是法律的监督机关。上海检察机关认真执行新修订的《人民检察院组织法》《检察官法》，强化对诉讼全过程的监督，促进司法公信力的提升。

就刑事诉讼而言，上海检察机关重点聚焦于刑事案件的侦查环节、审判环节、刑罚执行环节的监督。2019 年全年，上海检察机关监督侦查机关立案 349 件、撤案 588 件、逮捕 1398 人、提起公诉 997 人。对于侦查过程中的违法行为，行使法律监督职权，制发各类监督意见 541 件，排除非法证据 15 件。对刑事裁判提出抗诉共计 101 件，法院审结共 49 件，改判和发回重审 36 件。此外，上海检察机关依法对特赦工作进行全程同步监督。深入推进监狱巡回检察改革试点工作，完善对监狱执行的监督模式。据统计，共开展巡回检察 126 次，保障在押人员权益共计 323 项。

就民事诉讼而言，上海检察机关办理各类民事诉讼监督案件共计 1756 件。其中，对已生效的民事裁判提出抗诉的案件为 61 件，法院改判和发回重审案件为38件。针对生效裁判监督、执行监督中发现的问题，制发检察建议共272件，回复率为73.99%。为强化类案监督，提升司法公信力，上海检察机关组织开展涉“套路贷”虚假诉讼案件的专项监督工作。

就行政诉讼而言，2019年上海检察机关办理各类行政诉讼监督案件1785件。其间，积极开展对行政审判和执行活动的监督，制发检察建议163件，回复率为72.39%，采纳率高达97.46%。针对生态环境、国土资源保护等方面的行政非诉执行，制发检察建议192件，回复率为78.65%，采纳率为98.01%。为促进检察权与行政权的良性互动，促进行政机关依法行政，上海检察机关在全国首创行政检察年度报告制度，针对行政诉讼监督过程中的问题提出对策和建议。

（6）加强检察业务能力，保证司法权威

上海检察机关始终坚持对检察队伍的锻造，从政治建设、能力培养、严格管理三方面，推动检察队伍的专业化、职业化、规范化，提升司法公信、维护司法权威。

第一，上海检察机关始终坚持把党的绝对领导贯穿检察工作的全过程中。聚焦司法实践中的难点疑点，建立专门的“问题库”制度，成功推动生态环境跨部门、跨区域监管难等一系列问题的解决。第二，在核心团队建设方面，上海检察机关坚持组织以实用为导向的大案要案法庭辩论、类案办理等31个专题实训。全市检察院针对环境资源、知识产权、金融等12个领域组建了12支跨院、跨层级的核心办案团队，核心办案团队成员均属于一线办案骨干。核心办案团队设立体现了检察工作服务保障大局的发展方向、上海检察的核心业务特色以及专业领域的战略性和前瞻性布局。通过设立专业化的办案团队，优化司法资源配置，推进重大案件的公正高效办理，服务保障上海经济发展。与此同时，在检察委员会层面，上海检察机关积极开展“推门听庭、集中评议”工作，该项制度以强化庭审主导能力为切入点，促进检察机关司法能力和办案质效的提高。第三，在作风建设方面，上海检察机关加大督察整改力度，运用监督执纪处置46人。其中，立案查处违纪违法9人，给予党纪政务处分8人。上海检察机关坚持“从严治检、从严治长”，通过开展专题教育活动、过问干预办案记录报告制度、政治巡视等方式加强检察系统内部的廉政建设。

（二）2019年司法体制综合配套改革的工作亮点

2019 年上海法院与检察院坚持全面深化司法体制综合配套改革，通过改革促进司法质效和司法公信力的提升。上海法院与上海检察院在推进综合配套改革任务期间，形成了一批可复制可推广的宝贵经验，为推动更高水平的平安上海、法治上海建设做出了巨大贡献。

1. 法院工作亮点

2019 年上海法院的工作亮点集中体现在制度创新和完善方面。为进一步优化法院的司法服务体系，上海法院设立了上海破产法庭，专门办理破产案件，促进市场经济健康有序发展。为提高法院审判质效、保证审判的公正公开，上海法院创新分案模式，减少分案环节人为因素的影响。此外，上海法院积极将审判工作与现代科技相融合，畅通法院信息交流渠道。

（1）成立上海破产法庭

2019 年 2 月 1 日，作为专门破产审判机构的上海破产法庭正式成立。根据最高人民法院批复，上海破产法庭管辖上海市辖区内（含本级）工商行政管理机关核准登记的公司、企业的强制清算和破产案件、衍生诉讼案件、跨境破产案件以及其他依法应当由其审理的案件，但不包含上海金融法院、上海铁路运输法院管辖的破产案件。① 上海破产法庭旨在推动成立破产管理人协会，大力推进执行程序与破产程序的衔接。通过运用市场化、法治化手段积极处理“僵尸企业”，为上海经济发展提供优质的司法服务和强有力的司法保障。据统计，上海破产法庭 2019 年全年共审理破产案件 750 件，同比上升 83.4%。在办理重大破产重组案件方面，担保债权人清偿率

---

① 黄安琪：《上海破产法庭成立》，新华网，http：//www.xinhuanet.com//local/2019－02/01/c_1124075793.htm，2020 年 2 月 27 日。

高达100%。通过高效、集中、专业处理各类破产案件，充分发挥了破产审判对完善市场退出机制的作用。同时，将破产法庭对标世界银行营商环境指标，极大地提升破产审判的质效。上海破产法庭依法开展破产清算、重组和解案件的审理工作，合法保障债权人的合法权益、防范金融风险，优化市场资源配置，积极推动上海营商环境的持续优化。

（2）创新分案模式

分案制度作为司法体制综合配套改革的重要组成部分，在公平正义理念的指导下，通过计算机技术实现科学分案，促进案件更高效地审理，实现裁判结果的程序公正，有效维护了司法权威。为适应审判团队改革的要求，需要改变原有的分案模式，上海法院积极推进“一分流、两随机”的新型分案模式。当案件进入审判业务部门后，首先，根据繁简程度、是否涉外、是否为一审案件、案由特点等因素进行分流，以确定其交由哪个审判团队审理。其次，当案件进入审判团队之后，要随机确定承办法官、随机确定案件合议庭其他成员，以上案件的分流均由电脑系统自动分配。通过设定既定的分案程序，自动分配案件，但若遇有回避、案件重大疑难等规定情形需重新分案的，则由庭长在工作平台上公开操作。[①] 上海法院以随机分案为主、指定分案为辅的分案模式，实现了“机选”与“人定”的合理搭配。同时，上海法院提出的这种新型分案模式以及其与审判组织、审判方式、审判团队建设等方面的协调和衔接形式，值得全国其他法院借鉴学习。

（3）全面推进“迁网上云”工作

根据《上海市加快推进数据治理促进公共数据应用实施方案》，2019年上海各部门需要依托电子政务云归集政府部门数据，并推动党委部门和其他相关单位的数据归集，实现全市公共数据完整归集。2019年上海各级法院已顺利完成“迁网上云”工作，法院信息化系统已全部迁移到全市政务网上统一运行，解决了法院长期以来内外网不通、宽带不够、存储不

① 丁戈文、伍红梅：《上海法院综配改革案例第43期》，中国司法智库，https：//www. sohu. com/a/311826697_ 100017141，2020年2月27日。

足、数据壁垒等问题。庞大的数据迁移，特别是涉及法院内部数据，需要专业的技术人员以及专业审判人士共同对数据进行筛选。法院公共数据的共享主要分为“终端”清洗工作和“网络”交割工作。上海全市各级法院均派出相关技术人员修缮“迁网上云”方案，梳理出各派出法庭和院本部网络设备 IP 地址、规划新的网络构建模式、反复演算迁网后可能遇到的网络保障问题，并制定多套解决应对机制。上海法院以“迁网上云”为契机，促进司法大数据和行政管理大数据之间互联互动，确保提供精准的司法服务。

2. 检察院工作亮点

2019 年上海检察院的工作亮点主要是检察工作上的创新。深入贯彻党的十九大精神，落实党中央、国务院对长江三角洲区域一体化发展的战略部署，上海检察院积极开展长三角区域内的检察合作，助力长三角区域经济的发展。此外，为强化对性侵未成年被害人的保护，上海检察院与各部门合作，共同制定性侵害违法犯罪人从业限制制度。为配合上海金融中心建设，上海检察院设立上海金融检察研究中心，深入开展金融犯罪研究，提升金融检察办案专业化水平。

（1）长三角区域一体化检察合作

2019 年 11 月，沪苏浙皖检察工作座谈会召开，会议以加强民营企业司法保护、促进民营企业健康发展为主题，探讨长三角区域内的检察合作，助力长三角民营经济的发展。会上，四地检察机关共同签署了《关于依法服务保障长三角区域民营企业健康发展的意见》，明确服务保障民营企业发展的措施。其中，最为重要的是四地检察机关需要根据长三角区域内的民营企业发展现状，确定统一的法律适用标准，改进当前的司法办案模式。除此之外，四地检察机关积极发挥检察监督职能，协力提高区域内法律监督和法律适用统一性，并在案件管辖移送等方面提供便利条件，完善检察系统内部配合机制，积极推动建立法律监督线索信息资源共享等司法协作机制。四地检察机关在业务分析研判、司法服务经验交流、检务工作深度合作方面形成了一批值得借鉴推广的经验。

（2）性侵害违法犯罪人员从业限制制度

近年来，利用职业便利性侵害未成年人的案件常见于新闻报道中。性侵未成年人犯罪给被害未成年人及其家庭造成严重伤害，同时也严重损害了相关行业的社会形象。检察机关通过分析发现，性侵害未成年人犯罪再犯可能性高，并且利用职业便利实施的犯罪隐蔽性更强，再犯预防的必要性非常突出。据统计，2016 年 1 月至 2019 年 4 月，上海市各级未检部门共审查逮捕成年人侵害未成年人人身权利犯罪案件 787 件 943 人，审查起诉 738 件 909 人。[①] 2019 年 5 月，上海检察院与上海市政法委、上海法院、上海市公安局等 16 家单位联合发布《关于建立涉性侵害违法犯罪人员从业限制制度的意见》（以下简称《意见》），强化对与未成年人密切接触行业从业人员的管理，预防利用职业便利对未成年人实施性侵害违法犯罪。这也是全国首个省级涉性侵害违法犯罪人员从业限制制度。通过完善与未成年人密切接触行业从业人员的招录和管理机制，从源头加强对未成年人犯罪的预防。同时，为确保制度落实到位，需要建立专门的执行监督机制。检察机关将积极履行检察监督职能，依法对《意见》的执行情况进行法律监督。对于工作中发现的相关单位和部门执行、监管不力的情况，可以通过制发《检察建议书》等形式督促落实。

（3）设立上海金融检察研究中心

截至 2019 年 10 月，上海检察机关受理金融犯罪审查逮捕案件 1487 件 2375 人，批准逮捕 1344 件 2017 人。受理金融犯罪审查起诉案件 1676 件 3343 人，提起公诉 1120 件 2086 人。其中，非法吸收公众存款罪受理审查起诉 1209 件 2578 人，信用卡诈骗罪受理审查起诉 208 件 212 人，集资诈骗罪受理审查起诉 100 件 207 人。[②] 为进一步防范金融风险、有效打击金融犯罪，上海检察机关于 2019 年 12 月 12 日设立上海金融检察研究中心，为服

---

① 余东明：《性侵者从业限制制度“破冰”调查》，环球网，https：//baijiahao. baidu. com/s? id = 1638364955352973250&wfr = spider&for = pc，2020 年 2 月 28 日。

② 王文娟：《上海金融检察研究中心成立》，人民网，http：//sh. people. com. cn/n2/2019/1212/c134768 - 33627489. html，2020 年 2 月 28 日。

务上海国际金融中心建设战略提供司法保障。上海金融检察研究中心以打击防范金融犯罪工作研究、经验交流、司法合作为重点。① 此外，上海金融检察研究中心分别与上海市地方金融监管局、证监局、银保局等部门开展合作，为金融机构、科创企业、金融消费者等提供专业化的司法服务。

四　2020年展望②

2020年是全面建成小康社会和“十三五”规划收官之年，同时是上海极力建设国际经济、金融、贸易、航运中心，形成科创中心基本框架之年，是全面推进三项新的重大任务全面施工的第一个整年。在这一重大的历史机遇期，上海市法治建设要继续坚持以习近平新时代中国特色社会主义思想为指导，全面贯彻落实党的十九大和十九届二中、三中、四中全会精神，深入学习贯彻习近平总书记考察上海重要讲话精神，利用提高社会主义现代化国际大都市治理能力和水平的契机，认真落实中共上海十一届市委八次全会部署，切实加强社会主义民主法治建设，深入推进科学立法、严格执法、公正司法以及全面依法治市工作，使法治成为城市核心竞争力的重要标志，确保全面建成小康社会和“十三五”规划圆满收官，确保经济持续健康发展和社会大局稳定，为全面推进三项新的重大任务，加快“五大中心”和具有世界影响力的社会主义现代化国际大都市建设，奋力创造新时代上海发展新奇迹，提供坚实的法治保障。

---

① 李姝徵：《上海检察机关成立金融检察研究中心》，中国新闻网，http：//www.jl.chinanews.com.cn/hyhc/2019－12－13/104646.html，2020年2月28日。

② 参考资料：《上海市人民代表大会常务委员会工作报告——2020年1月17日在上海市第十五届人民代表大会第三次会议上》《政府工作报告——2020年1月15日在上海市第十五届人民代表大会第三次会议上》《上海市高级人民法院工作报告——2020年1月18日在上海市第十五届人民代表大会第三次会议上》《上海市人民检察院工作报告——2020年1月15日在上海市第十五届人民代表大会第三次会议上》，上海市人大官网，上海市人民政府官网，上海市高级人民法院官网，上海市人民检察院官网，上海市司法局官网，东方网，上海政法综治网。

（一）立足治理体系现代化，强化法治制度供给

2019 年是上海市人大设立常委会 40 周年。40 年来，市人大及其常委会牢牢把握并坚持以党的领导为根本，以围绕中心、服务大局为主线，以人民当家做主为核心，以法治建设为关键，为上海经济社会发展和民主法治建设做出了重要贡献。2020 年是市人大及其常委会工作进入新的历史起点的开局之年，上海市人大及其常委会要立足于推进国家治理体系和治理能力现代化，不断完善新时代人大发展建设的新思路和新举措。

第一，党的领导贯穿全程，彰显中国特色制度优势。人民代表大会制度是在中国共产党的领导下建立和发展起来的保证人民当家做主的根本政治制度，坚持党的领导特别是坚持党中央对人大工作的集中统一领导是做好人大工作的根本遵循和推动人大工作发展的根本动力。在新的一年里，上海市人大及其常委会在党的全面领导下，深入贯彻习近平新时代中国特色社会主义思想，增强“四个意识”，坚定“四个自信”，坚决做到“两个维护”，坚定走中国特色社会主义政治发展道路，切实把党的领导贯穿于依法履职的全过程、各方面，推进人大工作稳步进行。认真学习、深刻领会、全面贯彻习近平总书记重要指示精神，深入贯彻党的十九届四中全会精神，认真总结历史经验，进一步坚定对人民代表大会制度的自信。同时要建立“不忘初心、牢记使命”的长效机制，把地方人大贯彻习近平总书记关于坚持和完善人民代表大会制度重要论述的实践总结好、宣传好，在上海面临前所未有发展机遇的背景下，广泛凝聚智慧和力量，向世界讲好中国故事、人大故事和上海故事，在中国特色社会主义制度、人民代表大会制度的生动实践中彰显中国特色社会主义制度的优势。

第二，制度供给服务大局，保障城市治理提质增效。良法是善治的前提。新的一年，市人大将继续紧紧围绕中心、服务大局，精准切入点和发力点，积极主动作为，提高立法质量，着力提升法治的供给力、引领力、推动力，以更加及时有效的制度供给推动更高水平开放、更大力度改革、更高质量发展。2020 年，上海市人大及其常委会工作紧紧围绕发展大局，全面履

行人大法定职能，聚焦主要领域，积极发力，具体而言：全面推进三项新的重大任务，针对自贸试验区条例作出适时修改，听取临港新片区建设情况的工作报告，推动支撑引领临港新片区建设发展。积极响应“长三角一体化”上升为国家战略号召，推进与三省人大协同合作，加强检察机关公益诉讼工作，推进大型科学仪器共享条例等立法工作。进一步落实优化营商环境的举措，制定或修改外商投资促进条例、知识产权促进与保护条例、反不正当竞争条例、促进中小企业发展条例，为营商环境提供切实的法治保障。继续审议会展业条例、地方金融监督管理条例、农民专业合作社法实施办法。优化城市治理能力。继续审议消防条例，加快安全生产条例、公路管理条例、不动产登记若干规定、非机动车管理条例、中医药条例、公共文化服务保障与促进条例的制定或修改工作。积极推进养老服务立法工作。适应民生关切，进一步推动完善公共卫生危机防疫的立法工作。

第三，人大监督落实落地，推动监督机制行稳致远。权力运行的制约和监督必须依靠人民，让人民监督权力，让权力在阳光下运行。新的一年，上海市人大及其常委会在“坚持党对一切工作的领导”政治原则的指导下，将工作监督和法律监督作为重点工作，通过监督推动改革发展重点领域、关键环节中问题的解决，增强监督实效，推动中央和市委决策部署落到实处。其一，继续扎实推进工作监督。围绕民生关切，开展生活垃圾管理条例、街道办事处条例、急救医疗条例执法检查，开展检查、促进就业情况专项监督，听取和审议关于“一网通办”“一网统管”工作情况的报告；围绕生态环境保护，积极配合全国人大关于土地污染防治法执法检查工作，切实落实生态环境和资源保护司法保障情况的专项监督，对 2019 年环境状况和保护目标完成情况以及 2020 年城乡规划制定和实施等相关情况的报告予以听取审议。围绕高质量发展，针对“十四五”规划编制的相关情况开展专题调研，进一步推动先进制造业发展和创新驱动以实现高水平高质量发展，就科技创新研发与转化平台建设运行情况进行监督调研。对先进制造业发展情况、实施乡村振兴战略推进产业兴旺情况开展专项监督。同时为进一步规范国有资产管理，切实听取审议国有资产管理情况综合报告和上海市行政事业性国有资产管理情况专项报告等。其二，不断严格法律监督。按照“有件必备、有备必审、有错必纠”的要求，继续加强备案审查制度和能力建设，提高备案审查工作质量。加强与政府工作机构的协同，落实备案审查衔接工作机制。推动上海市备案审查信息平台向下延伸，努力实现备案审查工作规范化、信息化、智能化。为进一步落实推进依法行政、建设法治政府的部署和要求，将针对规范性文件备案审查工作情况，听取市人大常委会法工委专项报告，以进一步推动监督工作落实落地。

第四，代表工作守正创新，畅通社情民意表达渠道。党的十九大报告强调，“健全人大组织和工作制度，更好发挥人大代表作用”。处于人大工作新时代征程起点上，必须进一步发挥代表主体的作用和密切联系群众的优势，积极推进全过程民主制定“加强和改进市人大代表工作的意见”，积极创造各类条件，优化相关环境，保障闭会期间代表履职的便利化和高效化，打通代表与社情民意沟通渠道，发挥网络信息平台的作用，建立社情民意反馈数据平台，推动大数据更好地服务于代表履职工作；进一步做好代表意见反馈工作，通过健全代表建议办理工作机制，督促有关部门答复前听取代表意见，对代表建议办理工作进行流程通报，认真做好本届代表建议办理情况的总结工作，为下一届代表建议反馈工作提供良好基础；新时代的人大工作不仅要积极发挥人大代表的作用，常委会工作更是人大工作中的重要组成部分，通过各类举措使常委会各项工作更好地体现人民群众意愿，建立常委会工作公开机制，常委会会议针对特定人大代表开放，使其参与常委会和委员会工作，提高代表在闭会期间的工作积极性和参与感。

（二）着眼法治政府建设，依法行政提质增效

党的十八大报告提出到2020年基本建成法治政府，上海市积极响应，根据《中共中央关于全面推进依法治国若干重大问题的决定》，中共中央、国务院印发的《法治政府建设实施纲要（2015—2020年）》和《上海市国民经济和社会发展第十三个五年规划纲要》，制定了《上海市法治政府建设“十三五”规划》。2020年是推进法治政府基本建设的收官之年。上海市政

府要以习近平新时代中国特色社会主义思想为指导，全面贯彻落实党的十九大和十九届二中、三中、四中全会以及中央经济工作会议精神，深入学习贯彻习近平总书记考察上海重要讲话精神，认真落实十一届市委八次全会部署，坚决贯彻党的基本理论，不放松、不懈怠，立足“法治政府”基本建成，深入推进依法行政提质增效。在行政权力运行机制方面，要求依法设定权力、行使权力、制约权力、监督权力，依法进行经济建设管理和社会治理，将政府活动全面纳入法治轨道，从而为创造新时代上海发展新奇迹提供优良的法治环境。

第一，持续健全依法行政制度体系。2020 年，是“十三五”规划的收官之年，同时也是迈进新时代、新阶段的第一个五年规划的编制之年，上海市政府将紧紧围绕国民经济和社会发展“十四五”规划的编制工作，研究提出上海市国民经济建设“十四五”立法规划项目库，做好立法计划和储备，为推进国家治理体系和治理能力现代化做好法制保障。完善依法决策程序机制。2019 年，为贯彻落实国务院《重大行政决策程序暂行条例》，进一步健全科学、民主、依法决策机制，提高决策质量和效率，上海市政府制定了《上海市人民政府关于贯彻执行〈重大行政决策程序暂行条例〉的实施意见》，2020 年上海市政府将以更严格、更高站位的姿态落实文件精神，进一步提高上海市各级政府及部门科学、民主、依法决策意识，加快建设高效诚信的法治政府，推动更高质量完成法治政府建设的目标。继续推进立法评估工作。对被列入市人大 2020 年度工作的正式项目和调研项目，抓紧开展论证和草案的起草工作，积极配合确保按计划出台实施。在 2020 年上海市政府规章立法规划的指导下，聚焦重点领域立法，稳步推进立法工作的同时，及时开展立法储备，对现行有效的地方性法规和规章开展后评估工作，推动依法行政制度体系向更高层次发展。

第二，持续强化行政执法监督机制。行政执法是行政机关履行政府职能、管理经济社会事务的重要方式，同时也是推进依法行政的主要环节。强化行政执法监督，完善监督程序，是完善行政法制、实现依法行政的重要保障。行政执法监督的前提是推进行政执法透明、规范、合法与公正。下一年，上海市政府将继续坚持和优化《上海市关于全面推行行政执法公示制度执法全过程记录制度重大执法决定法制审核制度的实施方案》，全面贯彻落实行政执法公示制度、执法全过程记录制度、重大执法决定法制审核制度，按进度完成执法全过程记录音像设备管理、记录资料归档等相关制度建设要求。贯彻落实中央关于深化综合行政执法改革部署，扎实推进综合行政执法改革工作，进一步理顺行政执法工作机制，着力提升执法效率和监管水平，同时继续健全行政处罚裁量基准制度，对城管、交通等综合领域裁量基准进行修订。结合综合行政执法改革，进一步对涉及的执法主体、执法证件做全面梳理，以最大限度发挥改革的综合效应。加强对基层执法工作的指导和监督，持续跟进执法疑难事项的研究和解决。行政执法监督机制的构建包含了对权力运行的制约，新的一年，为保障法定职责充分履行，行政权力规范运行，上海市政府及其各部门将进一步依法接受市人大及其常委会的监督，主动接受市政协的民主监督，重视司法、舆论、社会监督。特别是对于公共资金使用、公共资源配置等重点领域，加强审计监督和政务公开，全面推进基层政务公开标准化、规范化建设，增强监督实效。

第三，持续加强法治宣传和法律服务。“一切法律中最重要的法律，既不是刻在大理石上，也不是刻在铜表上，而是铭刻在公民内心里。”2017 年是实施国家及上海市“七五”普法规划的关键之年，是在全面总结法治上海三年行动计划的基础上全面深化依法治市工作的重要一年，2020 年是推进实施“七五”普法规划总结之年。新的一年，上海市的普法工作要紧紧结合党中央、市委市政府对法治宣传教育、建设法治中国和法治上海的最新精神和要求，在党的领导下进一步加大依法治市和法治宣传教育工作的力度、拓展广度和深度，进一步健全机制、创新手段，为加快法治上海建设做出贡献。深入推进“谁执法谁普法”责任制落实，开展以案释法，组织宪法宣传周等普法活动，落实学法制度。继续开展法治专题学习讲座，及时做好新制定出台的行业法律法规和规章的宣传教育。跨部门协同推进社会主义法治文化建设，运用传统媒介和新媒体开展普法活动，形成上海市法治文化“阵地、传媒、作品、活动”四位一体共同推进的良好格局。继续加强合同、政府信息公开告知书的法律审核工作。对签订的合同、拟作出的政府信息公开告知书等进行法律审核，严把法律风险防范关。通过普法宣传的深入开展，大力弘扬法治精神，强化法治观念，增强上海市广大市民尤其是各级领导干部的法治意识和法律素质；着力培育法治文化，引导法治舆论，营造全社会崇尚法治、厉行法治的良好氛围；努力夯实法治基础，推进依法治市，不断提高各级党委政府依法执政、依法行政、依法办事的能力和水平。

（三）服务国家战略落实，助推城市治理现代化

上海市作为首批司法体制改革试点和首个司法体制综合配套改革试点地区，自2017年启动司法改革试点工作以来，通过优化司法权力、完善司法工作机制、深化信息化和人工智能运用、全面落实司法责任制等措施，基本完成了司法体制综合配套改革的任务，为全国推进司法体制综合配套改革积累了丰富的经验。2020年是全面建成小康社会和“十三五”规划收官之年，司法体制改革仍处于攻坚期，上海市司法机关要坚持以习近平新时代中国特色社会主义思想为指导，深入学习贯彻习近平总书记全面依法治国新理念新思想新战略，推动司法体制综合配套改革系统深入推进。要牢固树立“四个意识”，坚定“四个自信”，坚决做到“两个维护”，坚定不移走中国特色社会主义法治道路，为实现上海市城市治理现代化添砖加瓦。

第一，聚焦中心，保障服务大局。服务自贸区建设，上海市法院将紧紧围绕自贸新片区建设所提出的新的司法需求，进一步加强新片区国际商事审判组织建设，创新国际商事审判运行机制，为实现贸易自由的高标准化提供司法保障。检察机关在检察工作中进一步对接自贸新片区建设，积极研判商事领域违法犯罪风险，拓展原有派驻临港地区检察机构职能，强化司法供给。在优化营商环境方面，法院工作深入贯彻“法治是最好营商环境”理念，严格遵循《外商投资法》和《优化营商环境条例》相关规定，对标最高标准，为改善营商环境持续发力。检察工作牢牢把握“四个放在”的工作基点，加强各类市场主体权益的司法保护，提供更加精准、平等、有效的检察服务，积极营造一视同仁、公平竞争、公开透明的法治化营商环境。服

务科创板建设，上海市法院将继续秉持公正，依法审理涉科创板相关案件，维护良好的证券市场交易秩序。检察院在助力科创板建设方面着力加强金融检察专业化建设，探索对涉及科创板案件的集中管辖，坚持预防在先、服务为主，保障科创板健康发展。服务长三角一体化，上海市法院认真落实长三角司法论坛签署的合作协议，深化长三角地区法院司法协作。检察机关切实落实《长江三角洲区域一体化发展规划纲要》，深入推进区域检察协作，加强带头引领，携手长三角，辐射长江经济带，共同履行好保护生态环境、服务高质量发展的检察使命。

第二，深化改革，优化城市治理。新的一年，司法体制改革仍处于攻坚期，上海市司法机关将继续稳扎稳打，积极总结试点经验，在实践探索中推进各项改革举措系统化、协同化、高效化；牢牢把握国家治理体系和治理能力现代化建设的要求，认真落实中央《关于政法领域全面深化改革的实施意见》，坚定践行司法责任制，推动司法质量全面提升，在深化司法体制改革的过程中，积极推进城市治理现代化。为适应社会治理的现实需求，要求司法机关主动参与社会治理机制创新、加强矛盾纠纷预防化解，法院、检察院立足于自身职责，齐心协力，积极发挥司法的最大合力，推动多元化解纠纷、共建共治共享的社会治理新格局的建立。具体而言，审判机关继续发挥行政审判职能，支持监督行政机关依法行政。为进一步破解法院“执行难”的困局，强化善意文明执行理念，加强规范管理，增强执行威慑力，完善综合治理工作格局。检察机关着力完善检察权运行机制，以实现权责明晰、制约有力、运行高效的更高目标。加强检察机关监督职能，进一步优化业务监管、质效评价、绩效考核模式，通过对检察官的监督制约、对司法办案的规范引导，推动全覆盖、边界清、可问责的内部监督管理体系的建立。

第三，坚定信念，打造过硬队伍。司法机关肩负着推进平安中国、法治中国建设的重要职责，是维护社会公平正义的最后一道防线，必须把过硬队伍建设作为永恒主题。新的一年，上海市司法机关必须坚持把党的政治建设摆在首位，巩固和拓展“不忘初心、牢记使命”主题教育成果，强化理想信念教育，始终践行以人民为中心的理念，筑牢高举旗帜、听党指挥、忠诚使命的思想根基，深入学习习近平总书记考察上海重要讲话精神，严格执行《中国共产党政法工作条例》，创造性落实中央方针政策和工作部署。践行司法为民的根本宗旨，面对新时代要求，积极适应、跟上节奏、主动作为，提升专业化水平，拓展国际化视野，提高服务大局能力、防范化解风险能力、改革创新能力、信息化建设和应用能力以及参与社会治理能力，以满足人民群众多元化的需求，为经济社会持续健康发展保驾护航，为维护社会大局稳定提供有力的司法服务和保障。

（四）坚定把握职责定位，开创依法治市新局面

当前我国正处于实现“两个一百年”奋斗目标的历史交汇期，坚持和发展中国特色社会主义必须依靠法治，更需要加强党对全面依法治国的领导。在此背景下，中央成立全面依法治国委员会，并且在各级各部门建立委员会和协调小组，此举有效推动了党的领导贯彻到全面依法治国全过程和各方面，为全面建成小康社会、全面深化改革、全面从严治党提供了长期稳定的法治保障。2020 年，上海市依法治市工作要坚持以习近平新时代中国特色社会主义思想为指导，深入学习贯彻习近平总书记关于全面依法治国的重要论述，贯彻落实党的十九届四中全会部署要求，坚定不移走中国特色社会主义法治道路，健全党领导全面依法治市的制度机制，坚持依法治市、依法执政、依法行政协同推进，以更高站位、更大力度推进全面依法治市工作，开创依法治市新局面，为上海改革稳定发展保驾护航。

第一，大力弘扬法治精神，把握正确政治方向。弘扬法治精神是依法治国的战略性任务，在新时代开展依法治国工作，要准确把握全面依法治国新理念、新思想、新战略，切实把思想和行动统一到党中央全面依法治国的决策部署上来，确保全面依法治市始终沿着正确的方向前进。正确认识法治精神。法治精神是对宪法和法律无比遵从、无比敬畏和无条件恪守的具体体现，新时代弘扬法治精神，必须高举中国特色社会主义法治旗帜，向全社会释放正确而又明确的信号，深刻认识依法治国、执法为民、公平正义、服务

大局和党的领导五个方面的深刻内涵和逻辑关联，以法治精神引领全社会遇事找法、解决问题用法、化解矛盾靠法。始终坚定法治信仰。法律信仰是人们发自内心地认同法律、依赖法律、拥护法律，包含着社会对于法治的推崇，寄托着人们对法治的虔诚。新时期全面依法治市工作的开展必须坚定法治信仰，将法治信仰融入精神世界、价值观念、生活方式和日常行为中，实现法治从制度和工具层面向文化和文明层面递进和跃升。不断深化法治建设。必须将法治作为经济社会发展、社会和谐稳定、全面从严治党的基础和保障，清醒认识当前法治上海建设面临的新形势、新任务、新挑战，找准短板精准发力，以更高标准推进全面依法治市。

第二，准确把握职责定位，强化推进使命担当。全面依法治国是指引中国法治建设的重要方针，全面依法治市是筑牢全市各项事业的根基。新的一年，必须坚持从实际出发，精心组织学习，积极创新载体，提高广大干部群众的法治意识和法治能力，稳步推进全面依法治市工作。要提高政治站位，深刻理解全面依法治市的重要意义，切实增强全面依法治市工作的责任感、紧迫感和使命感，不断提高运用法治思维和法治方式深化改革、促进发展的能力，更好地发挥法治固根本、稳预期、利长远的保驾护航作用。要准确理解全面依法治市委员会及办公室、各协调小组和成员单位的职责定位，认真落实市委全面依法治市委员会工作规则、协调小组工作规则、办公室工作细则，更加有效履职尽责，推动全面依法治市工作深入开展。各级各部门压实责任担当，严格对照上级要求，认真执行市委全面依法治市委员会的决议，密切配合，各负其责，构建有力的工作机制，为上海高质量发展提供有力的法治保障。

第三，聚焦当前中心任务，着力抓好统筹落实。全面依法治市是一项系统性的工程，新的一年，依法治市工作必须在十一届市委八次全会决议指导和依法治市委员会第二次全体会议具体部署下，聚焦重点任务，全面推进依法治市各项工作。要把党的领导贯彻到全面依法治市的全过程和各方面，确保各项工作任务高起点谋划、高标准定位、高规格推进、高效率落实。要纵深推进法治政府建设，促进严格规范公正文明执法，持续深入推进司法体制综合配套改革，稳步推进社会环境优化，坚决推进扫黑除恶专项斗争，以《外商投资法》正式实施为契机，推动国际一流营商环境打造，创新社会矛盾解决方式，聚焦多元化解纠纷机制的完善。在各重点工作领域统筹推进的同时，进一步健全相关工作机制，强化责任落实，强化协调联动，形成全面依法治市的强大合力，全力以赴推动法治成为上海核心竞争力的重要标志。

评 估 篇

Evaluation Reports

B.2
上海法学法律人才学术活跃度评测报告（2019）

上海法学法律人才学术活跃度评估课题组*

摘 要： 学术活跃度是指法学学者参加各级各类学术科研活动的频次和层次，以及在一定时期内发表学术作品、产出科研成果的情况，是表征学术知名度和专业影响力的重要指标体系。本报告通过构建法律人才学术活跃度评测指标，梳理测评对象范围，确定数据来源；利用大数据提取法学人才指标总体指数分布、职称分布、机构分布；对前100名法学法律人才活跃度开展测评，建立科研角色定位模型，梳理其性别、职称、机构分布；并对金融、人工智能大数据、自贸区建设及司法

* 课题组组长：施伟东，上海市法学会专职副会长；杨力，上海交通大学凯原法学院教授。课题组成员：张志军、彭辉、赵帅、鲍坤。

改革等热点研究领域进行专项评测。

关键词： 上海法学学者 学术活跃度 科研角色定位模型

为充分了解上海法学法律人才的发展状况，更好地把握法学法律人才成长的客观规律，切实加强对法学法律人才特别是青年人才的培养使用，不断激发广大法学法律人才积极投身学术科研活动，努力为法治中国建设贡献更多、更好的学术创见和研究成果，上海市法学会组织开展了上海法学法律人才学术活跃度评测工作。基于2018年1月1日至2018年12月31日的各类内外部数据进行统计分析，发布2019年上海法学法律人才学术活跃度评测报告。

一 评测工作概述

2019年上海法学法律人才学术活跃度评测工作的对象主要为上海地区的法学法律人才，既包括院校和科研机构的法学法律人才，也包括法律实务部门的相关专家；所涵盖的学科领域主要包括法学理论、法律史、宪法与行政法学、刑法学、民商法学（含劳动法学、社会保障法学）、诉讼法学、经济法学、国际法学（含国际公法学、国际私法学、国际经济法学）、环境与资源保护法学、军事法学；所遵循的原则主要是科学分类（针对不同的学术行为进行科学分类，给出相应权重的评价），客观公正（基于数据说话，所有的数据、结论都有据可查、有据可依），系统全面（指标设定力求涵盖学术行为的各个向度，做出全面、客观、科学的系统性评测），标示引导（既有总体状况分析，也有分类单项研究，更有个体精准画像，既展现上海法学法律人才的整体水平，又让个人识别和认知自身优势，同时引导社会资源优化配置，鼓励推出高质量科研成果、投向高价值学术活动、取得高品质学术声誉），有限目标（评测仅对2018年当年学术活跃度进行年度性的阶段评估，不溯及既往对个人的整体性学术水平进行评价）。具体评测指标如表1所示。

表 1　2019 年上海法学法律人才学术活跃度评测指标及权重说明

一级指标	二级指标	三级指标	三级指标分值	解释说明
科研成果 A1(50%)	期刊论文 B1(30%)	C1《中国社会科学》《法学研究》《中国法学》发表论文(不含英文版)	20 分/篇	注:①各年度 CSSCI 期刊名录参见 http://cssrac.nju.edu.cn/a/cpzx/zwshkxwsy/。 ②在期刊(或论文集)上的论文不满 3000 字的,不列入计分范围。 ③两人以上合作成果,第一署名人按总分的 60% 得分,剩余 40% 由其他署名人均分
		C2《求是》、法学 CSSCI 期刊	10 分/篇	
		C3 一般 CSSCI 期刊	5 分/篇	
		C4 一般期刊或者公开出版的论文集收录论文	1 分/篇	
	著作出版 B2(30%)	C5 国家级权威出版机构出版的专著	20 分/部	注:①根据全国哲社规划办入库出版机构遴选出的国家级权威出版机构,暂认定为:人民出版社、学习出版社、中国社会科学出版社、商务印书馆、中华书局、社会科学文献出版社、中央党校出版社、中央文献出版社、中央编译出版社、高等教育出版社、生活·读书·新知三联书店、法律出版社、国家图书馆出版社、教育科学出版社;上海世纪出版集团、上海人民出版社、上海三联书店、上海古籍出版社;北京大学出版社、中国人民大学出版社、中国政法大学出版社、北京师范大学出版社、清华大学出版社、复旦大学出版社、上海交通大学出版社、南京大学出版社、浙江大学出版社、武汉大学出版社、吉林大学出版社、厦门大学出版社、南开大学出版社、中山大学出版社、四川大学出版社。 ②评价出版时间的标准为 2018 年 1 月 1 日至 2018 年 12 月 31 日。凡在此期间有专著出版或者有相应专著出版回执等能证明在此期间出版的材料皆可按照相应指标进行赋值。 ③两人以上合作的成果,第一署名人按总分的 60% 得分,剩余 40% 由其他署名人均分
		C6 国内其他出版机构出版的专著、编著、工具书、教材、译著	10 分/部	

续表

一级指标	二级指标	三级指标	三级指标分值	解释说明
科研成果 A1（50%）	报纸/内参 B3（15%）	C7《人民日报》（理论版）、《光明日报》（理论版）发表的文章	10 分/篇	注：①在报刊上发表的报道、信息、随笔、游记或访谈、对话形式等文章，以及在报纸上发表的论文不满 2000 字的，均不列入计分范围。 ②两人以上合作的成果，第一署名人按总分的 60% 得分，剩余 40% 由其他署名人均分
		C8《法制日报》《文汇报》《解放日报》《检察日报》《人民公安报》《人民法院报》发表的理论文章	5 分/篇	
		C9 人民日报社内参、新华社内参上发表的文章	10 分/篇	
		C10 在国家各部委、省级报刊内参上发表文章	5 分/篇	
	成果被引证率 B4（25%）	C11 成果被《新华文摘》全文转载	20 分/篇	注：两人以上合作成果被引证，第一署名人按总分的 60% 得分，剩余 40% 由其他署名人均分
		C12 成果被《中国社会科学文摘》、中国人民大学《报刊复印资料》和《高等学校文科学术文摘》全文转载或摘录不少于 3000 字	5 分/篇	
		C13 成果被 CSSCI 所在期刊引用	0.2 分/次（20 分封顶）	
		C14 成果被一般期刊引用	0.1 分/次（5 分封顶）	
学术活动 A2（30%）	科研项目 B5（40%）	C15 国家社科基金重大项目	30 分/项	注：①两人以上主持科研项目，第一主持人按总分的 60% 得分，剩余 40% 由其他主持人均分。 ②所有项目以立项年份为评判标准
		C16 教育部人文社科重大项目、上海市社科基金重大项目	25 分/项	
		C17 国家社科基金重点项目	15 分/项	
		C18 国家社科基金一般项目、青年项目、后期资助项目	8 分/项	
		C19 全国教育科学规划项目	8 分/项	
		C20 上海市社科基金项目、上海市人民政府决策咨询项目	6 分/项	
		C21 中国法学会科研项目	6 分/项	
		C22 上海市法学会科研项目	3 分/项	

续表

一级指标	二级指标	三级指标	三级指标分值	解释说明
学术活动 A2(30%)	决策咨询 B6(30%)	C23 入选国家社科基金《成果要报》	20 分/篇	注:①“五办二室”指中共中央办公厅、中央财经领导小组办公室、国务院办公厅、中央国家安全委员会办公室、中共中央台湾工作办公室、中共中央政策研究室、国务院研究室。 ②入选《成果要报》与获得领导批示得分按照“就高不就低”原则计算。 ③决策咨询报告/活动由法学法律人才所在单位按照要求填报,交付承诺书。 ④两人以上合作成果,第一署名人按总分的 60% 得分,剩余 40% 由其他署名人均分
		C24 入选省级部门《成果要报》	10 分/篇	
		C25 为中宣部《国家高端智库报告》、中央“五办二室”采用	10 分/篇	
		C26 入选上海市法学会《成果要报》	5 分/篇	
		C27 获得在职的中共中央政治局常委肯定性批示成果	20 分/篇	
		C28 获得在职的中共中央政治局委员、国务院副总理、国家监察委员会主任、最高人民法院院长、最高人民检察院检察长肯定性批示成果	15 分/篇	
		C29 获得其他在职的副国级领导、在职的中央部委以及省、自治区、直辖市党政主要领导肯定性批示成果	10 分/篇	
		C30 获得其他在职的省部级领导肯定性批示成果	7 分/篇	
		C31 受邀为中共中央政治局委员及以上集体学习授课	20 分/次	
		C32 受邀参加全国人大常委会、全国政协、国务院、国家监察委员会、中央政法委、最高人民法院、最高人民检察院组织的决策咨询活动	5 分/次	
		C33 受邀参加国家部委或省级组织的决策咨询活动	2 分/次	
		C34 受邀参加上海市法学会组织的决策咨询活动	1 分/次	
	学术会议 B7(30%)	C35 作为会议主旨发言嘉宾	1 分/次	注:①参加以上所有层级的学术会议累计之和不超过 30 分。 ②所参加的不同层级的学术会议原则上要求正式参会人数不少于 50 人
		C36 作为会议议程发言嘉宾	0.5 分/次	
		C37 出版会议综述涉及发言嘉宾	在 C35 或 C36 基础之上,0.2 分/嘉宾	

续表

一级指标	二级指标	三级指标	三级指标分值	解释说明
学术声誉A3(20%)	学术荣誉B8(60%)	C38 中国高校人文社会科学研究优秀成果奖	一等奖25分/项，二等奖15分/项，三等奖8分/项	注:两人以上合作成果,第一署名人按总分的60%得分,剩余40%由其他署名人均分
		C39 司法部专项奖、钱端升成果奖、董必武成果奖、中国法学优秀成果奖等	一等奖20分/项，二等奖15分/项，三等奖8分/项	
		C40 著作入选“国家社科基金成果文库”	25分/项	
		C41 上海市哲学社会科学优秀成果奖、上海市决策咨询研究成果奖、上海市邓小平理论研究和宣传优秀成果奖等	一等奖15分/项，二等奖8分/项，三等奖4分/项	
		C42 上海市法学优秀成果奖	一等奖8分/项，二等奖6分/项，三等奖3分/项	
	入选高层次人才计划或担任重要学术兼职B9(40%)	C43 教育部长江法学法律人才特聘教授	30分/项	注:①一人各学术兼职累计之和不超过40分。 ②以上计算时限以立项起3年内为限,如有聘期以聘期优先赋值
		C44“国家特殊人才支持计划”领军人才、长江法学法律人才讲座教授	25分/项	
		C45 全国十大杰出青年法学家、国家“新世纪百千万人才工程”百人层次	25分/项	
		C46 教育部新世纪优秀人才支持计划、上海市领军人才、青年长江法学法律人才、“上海社科新人”、国家“新世纪百千万人才工程”千人层次、全国十大杰出青年法学家提名奖	20分/项	

续表

一级指标	二级指标	三级指标	三级指标分值	解释说明
学术声誉A3(20%)	入选高层次人才计划或担任重要学术兼职 B9(40%)	C47 上海市优秀中青年法学家、上海市东方法学法律人才、曙光法学法律人才、晨光法学法律人才、国家“新世纪百千万人才工程”万人层次等	10 分/项	注:①一人各学术兼职累计之和不超过 40 分。 ②以上计算时限以立项起 3 年内为限,如有聘期以聘期优先赋值
		C48 担任国务院学位评定委员会学术评议组成员、教育部人文社科基地首席专家、国家“马工程”首席专家、教育部社科委学部委员、教育部创新团队带头人、国家基金委创新群体带头人、全国一级学术组织(包括中国法学会)会长	20 分/项	
		C49 担任全国一级学术组织(包括中国法学会)副会长、上海市社会科学创新基地首席专家、上海市社科联主管一级地方学术组织会长	15 分/项	

1. 关于指标体系

评测指标体系在基本框架的搭建、权重分配的具体赋值上，综合运用了主观评价法、文献计量法、社会网络分析法等主流的评价方法，借助于大数据挖掘、小数据校验、半监督学习等方式，进行定性与定量相结合的评价，设计了3项一级指标、9项二级指标、49项三级指标。其中3项一级指标分别为科研成果（A1）、学术活动（A2）、学术声誉（A3），在评测时各占50%、30%、20%的权重。在科研成果指标下又分为4项二级指标，具体包括：期刊论文B1（30%）、著作出版B2（30%）、报纸/内参B3（15%）、成果被引证率B4（25%）。在学术活动指标下设3项二级指标，具体包括：科研项目B5（40%）、决策咨询B6（30%）、学术会议B7（30%）。在学术声誉指标下设2项二级指标，即学术荣誉B8（60%）、入选高层次人才计划或担任重要学术兼职B9（40%）。此外，每个二级指标下设不同三级指标。三级指标是体现学术活跃度的具体内容，比如成果作品、项目活动、荣誉兼职等，按照相应内容的单位类型和数量进行累计。

2. 关于对象范围

该评测的对象主要为上海地区的法学法律人才，共统计人数1451人。其中，法学院校和科研机构法学法律人才1107人，占本次评测人数的比例为76.29%；上海市公安、检察、法院、司法行政、政府委办局等实务领域的法律专家344人，占比23.71%。所统计的院校和科研机构主要包括：华东政法大学、上海交通大学凯原法学院、复旦大学法学院、同济大学法学院/上海国际知识产权学院、华东师范大学法学院、上海财经大学法学院、华东理工大学法学院、上海大学法学院、上海政法学院、上海师范大学哲学与法政学院、上海社会科学院法学研究所、上海海事大学法学院、上海对外经贸大学法学院、上海外国语大学法学院等（见图1）。

3. 关于数据来源

各级指标数据来源分为内部数据汇聚和外部数据挖掘。数据统计时间范围是2018年1月1日至2018年12月31日。内部数据包括各院校及科研机构提供的内部结构化或非结构化数据，具体形式主要为文档、图片、库文件

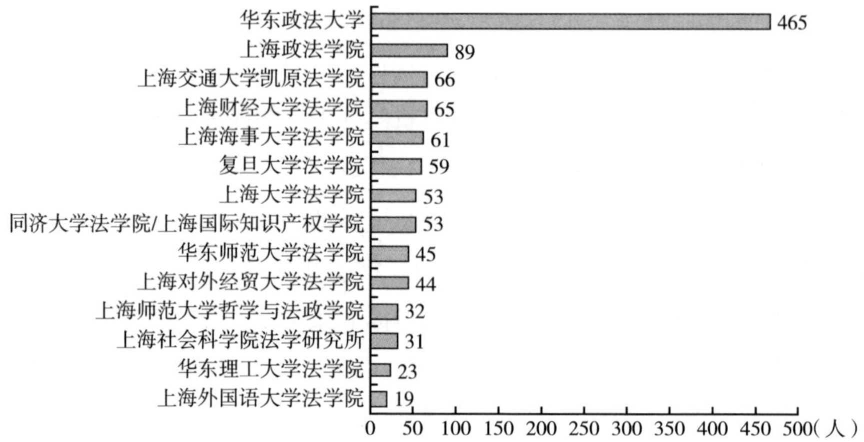

图1　部分法学法律人才所在机构分布

等类型文件，包含法学法律人才的报纸/内参成果、咨询研究报告、学术会议、科研项目、决策咨询、学术兼职等数据。外部数据以采集官方网站数据为主，主要来源为中国知网、各大期刊发布网站等网上检索系统，包含法学法律人才的期刊论文、著作出版、成果被引证率等数据。

4. 关于评测内容

该评测不仅针对1451名上海法学法律人才进行总活跃度情况分析，而且对前100名法学法律人才学术活跃度总值进行计算并排序，同时对性别、职称、机构、研究领域等分布情况做逐项分析。此外，为使评测体现更多维度和视角，在学科视角层面，报告对9个二级学科进行学术活跃度前10名法学法律人才的指数分析排名；在研究热点层面，报告结合金融、人工智能大数据、自贸区建设以及司法改革等4个热点研究领域进行了相关学术活跃度的分析与评测。

二　总活跃度指数分布结果

1. 总体指数分布

针对1451名法学法律人才实施学术活跃度评测，总体活跃度分布见图2。

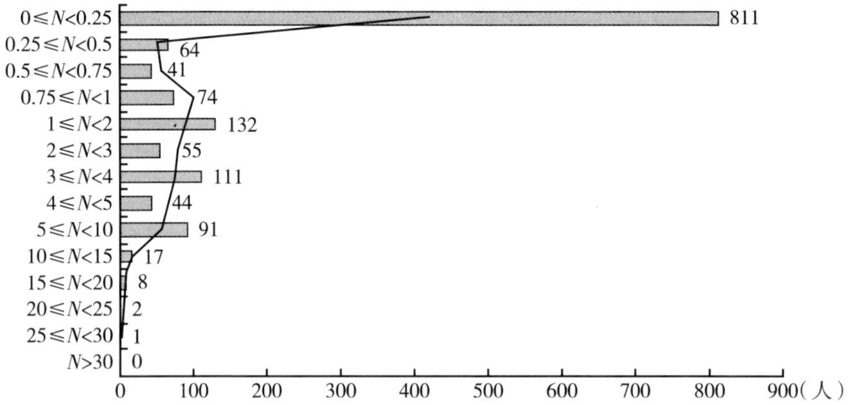

图 2　统计范围内上海法学法律人才学术活跃度指数分布

从图 2 来看，本次评测的上海 2018 年法学法律人才总体活跃度均为 1.43，最大活跃度为 29.4，最小为 0。绝大多数法学法律人才的活跃度集中在 2 以下，有 1122 名法学法律人才的活跃度居于区间［0，2），占比为 77.33%。活跃度位于区间［0，0.25）的法学法律人才占比最高，为 55.89%。通过本次评测发现，科研成果方面“零成果”的为 795 人，占比 54.8%；学术活动“零成果”的为 1253 人，占比 86.4%；学术声誉“零成果”的为 1360 人，占比 93.7%。可见，在法学研究的某些领域，“二八现象”也比较突出。

2. 职称分布

职称体系主要分为：教授（包括兼职教授）、研究员（包括兼职研究员）、副教授（包括兼职副教授）、副研究员、讲师（包括助理教授）、助理研究员。另外，将部分高校及科研院所无职称人员以及来自实务部门的法学法律人才，归类为其他人员（见图 3）。

在统计的 1451 名法学法律人才中，教学科研岗位法学法律人才共计 1054 人，占比 72.64%，其中，拥有教授职称的法学法律人才共计 354 人，占比 24.40%；副教授 353 人，占比 24.33%，两项共计 707 人，占比 48.73%。在科研岗位法学法律人才中，研究员 26 人，副研究员 39 人，两

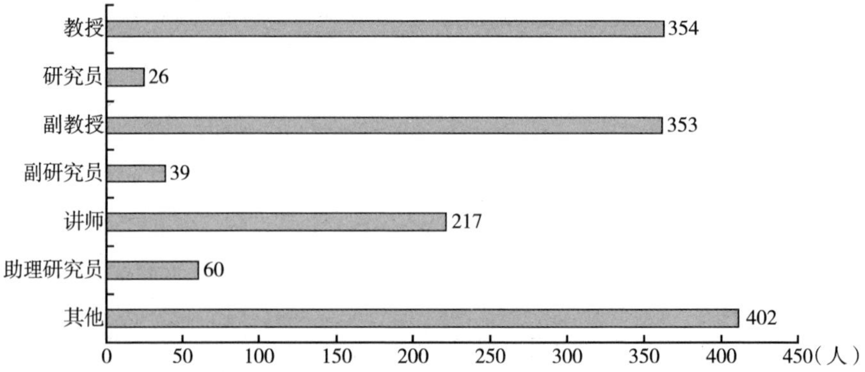

图 3　各职称法学法律人才人数统计及分布

项共计 65 人，占比 4.48%。在不同职称的活跃度均值中，教授、研究员的分值均高于其他职称（见表 2）。

表 2　各职称法学法律人才活跃度描述性统计

单位：人，%

职称类别	人数	比例	平均活跃度	最大活跃度	最小活跃度
教授	354	24.40	2.83	29.40	0
研究员	26	1.79	2.50	10.89	0
副教授	353	24.33	1.31	16.20	0
副研究员	39	2.69	2.04	19.00	0
讲师	217	14.96	0.99	10.94	0
助理研究员	60	4.14	1.13	8.27	0
其他	402	27.71	0.49	12.93	0

3. 机构分布

所在机构类型主要分为院校单位及公检法司等实务部门，具体分布如下：来自实务部门的共计 344 人，占比 23.71%；来自院校单位的共计 1107 人，占比 76.29%（见图 4）。

院校单位相较于实务部门在学术活跃度方面投入更多，产出相对较多，而实务部门的关注要点在于实务工作，对于学术类科研成果的产出相对较少，因此在统计范围内纳入分析的人数相对较少。

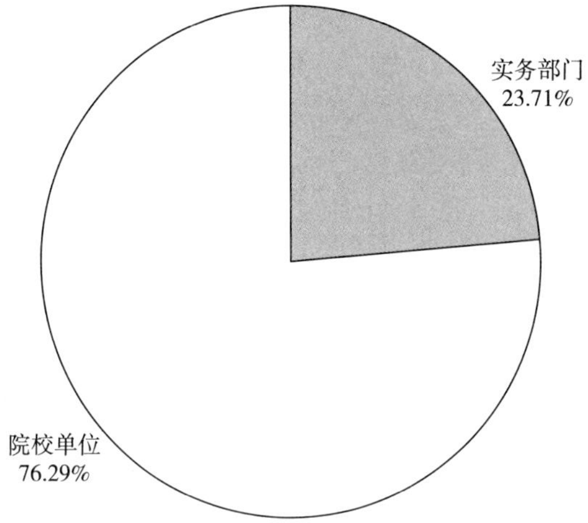

图 4　所在机构类型分布比例

三　前100名法学法律人才活跃度评测

经统计，活跃度前 100 名法学法律人才名单见表 3。

表 3　前 100 名法学法律人才活跃度排序

序号	学者	所属单位	活跃度	序号	学者	所属单位	活跃度
1	何勤华	华东政法大学	29.40	13	于改之	华东政法大学	14.68
2	刘宪权	华东政法大学	28.93	14	彭诚信	上海交通大学凯原法学院	13.10
3	许多奇	复旦大学法学院	21.84	15	章志远	华东政法大学	12.93
4	季卫东	上海交通大学凯原法学院	19.39	16	刘晓红	上海政法学院	12.66
5	孙煜华	华东政法大学	19.00	17	沈伟	上海交通大学凯原法学院	12.31
6	王迁	华东政法大学	18.86	18	叶必丰	上海社会科学院法学研究所	12.03
7	陈金钊	华东政法大学	18.49	19	范进学	上海交通大学凯原法学院	11.31
8	马长山	华东政法大学	16.88	20	丁茂中	上海政法学院	11.04
9	关保英	上海政法学院	16.20	21	孔祥俊	上海交通大学凯原法学院	10.94
10	杨力	上海交通大学凯原法学院	15.89	22	樊传明	华东师范大学法学院	10.89
11	柏浪涛	华东师范大学法学院	15.18	23	庄加园	上海交通大学凯原法学院	10.73
12	叶青	华东政法大学	15.09	24	王福华	上海财经大学法学院	10.70

续表

序号	学者	所属单位	活跃度	序号	学者	所属单位	活跃度
25	姚建龙	上海政法学院	10.67	56	高富平	华东政法大学	7.39
26	刘长秋	上海社会科学院法学研究所	10.56	57	虞浔	华东政法大学	7.38
27	李凤章	上海大学法学院	10.53	58	张继红	上海对外经贸大学法学院	7.15
28	王立民	华东政法大学	9.98	59	许凯	华东政法大学	7.05
29	刘风景	华东政法大学	9.95	60	朱芒	上海交通大学凯原法学院	7.00
30	杨华	上海政法学院	9.90	61	高凌云	复旦大学法学院	6.96
31	张勇	华东政法大学	9.64	62	林喜芬	上海交通大学凯原法学院	6.83
32	王海军	华东政法大学	9.60	63	张怀印	同济大学法学院/上海国际知识产权学院	6.83
33	马忠法	复旦大学法学院	9.20	64	薛桂芳	上海交通大学凯原法学院	6.78
34	钱玉林	华东政法大学	9.18	65	陈越峰	华东政法大学	6.72
35	朱晓喆	上海财经大学法学院	9.11	66	林燕萍	华东政法大学	6.68
36	李帅	华东师范大学法学院	8.66	67	孙平	华东政法大学	6.68
37	刘作翔	上海师范大学哲学与法政学院	8.63	68	陈敬根	上海大学法学院	6.65
38	马得懿	华东政法大学	8.52	69	刘志刚	复旦大学法学院	6.65
39	于浩	华东师范大学法学院	8.52	70	曾大鹏	华东政法大学	6.63
40	赖骏楠	复旦大学法学院	8.46	71	郑伟	华东政法大学	6.63
41	张先贵	上海海事大学法学院	8.35	72	龚柏华	复旦大学法学院	6.43
42	胡加祥	上海交通大学凯原法学院	8.27	73	徐卓斌	上海市高级人民法院	6.38
43	渠滢	华东政法大学	8.22	74	杜仪方	复旦大学法学院	6.31
44	吴弘	华东政法大学	8.11	75	汤啸天	上海政法学院	6.21
45	王勇	华东政法大学	8.09	76	李超	华东政法大学	6.19
46	丁伟	上海市人大常委会法工委	8.08	77	崔永东	华东政法大学	6.18
47	王军	华东师范大学法学院	8.05	78	任海涛	华东师范大学法学院	6.15
48	李剑	上海交通大学凯原法学院	7.96	79	吴泽勇	华东师范大学法学院	6.08
49	张磊	华东政法大学	7.95	80	吴鹏森	上海政法学院	6.07
50	王志强	复旦大学法学院	7.88	81	罗培新	上海市司法局	6.05
51	郑戈	上海交通大学凯原法学院	7.83	82	华劼	同济大学法学院/上海国际知识产权学院	6.03
52	陶立峰	上海对外经贸大学法学院	7.58	83	张淑芳	上海财经大学法学院	6.03
53	王沛	华东政法大学	7.56	84	李婧	华东政法大学	6.00
54	王先林	上海交通大学凯原法学院	7.55	85	王玉珏	华东政法大学	6.00
55	叶名怡	上海财经大学法学院	7.50	86	许爱东	华东政法大学	6.00

续表

序号	学者	所属单位	活跃度	序号	学者	所属单位	活跃度
87	李泳	华东政法大学	6.00	94	李翔	华东政法大学	5.98
88	彭冰	华东政法大学	6.00	95	蒋传光	上海师范大学哲学与法政学院	5.97
89	高全喜	上海交通大学凯原法学院	6.00	96	侯利阳	上海交通大学凯原法学院	5.90
90	张绍谦	上海交通大学凯原法学院	6.00	97	殷骏	上海海事大学法学院	5.88
91	程维荣	上海社会科学院法学研究所	6.00	98	陈俊	华东师范大学法学院	5.76
92	冯军	上海对外经贸大学法学院	6.00	99	于波	华东政法大学	5.76
93	何佳馨	上海财经大学法学院	6.00	100	屈文生	华东政法大学	5.73

1. 科研角色定位

法学法律人才在学术维度上的得分，测评的是其学术贡献以及同行对其研究成果的认同度，直接反映其学术水平；而社会维度上的得分，测评的是在开放环境下该法学法律人才的研究成果引起的社会关注度与知名度，以及大众在研究过程中的参与情况。如图 5 所示，横轴表示社会维度的测评结果，代表法学法律人才在大众中知名度与关注度的高低；纵轴表示学术维度的测评结果，代表其学术水平的高低。从而可以得到四个象限法学法律人才科研角色定位。

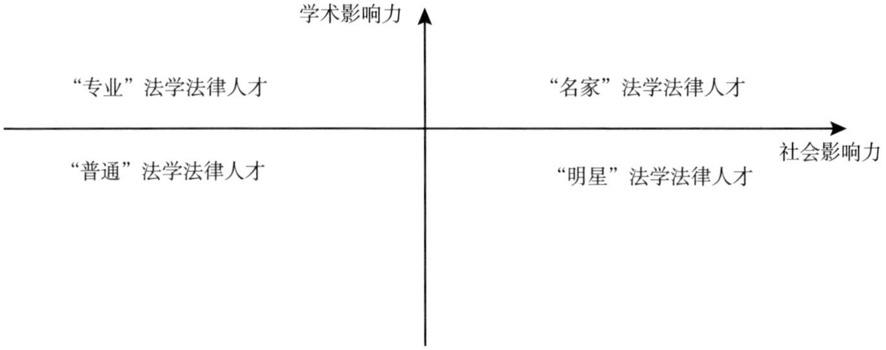

图 5　法学法律人才在学术和社会两个维度上的活跃度象限

（1）“名家”法学法律人才

位于第一象限的法学法律人才学术影响力和社会影响力都很高。他们具有很高的知名度，其作品能引起广泛关注和互动参与，同时又具有很高的学术水平，能在学术理论和思想上有所推进，是某一领域的旗帜性法学法律人才。

（2）“专业”法学法律人才

位于第二象限的法学法律人才具有较高的学术影响力和社会影响力。他们有较高的学术水平，在专业领域有一定知名度，但其社会影响力并没有产出溢出效应，未被大众熟知，使得研究成果的影响力相对有限。

（3）“普通”法学法律人才

位于第三象限的法学法律人才，学术影响力和社会影响力均低于平均水平。无论是在学术贡献还是社会关注度方面均表现一般，属于普通的法学法律人才。

（4）“明星”法学法律人才

位于第四象限的法学法律人才，具有高社会影响力、低学术影响力。这部分法学法律人才虽然具有较高的社会关注度和知名度，但是其学术水平相对还有较大的提升空间。

本次评测结果中总活跃度超过 15 的法学法律人才共有 12 名，分别来自华东政法大学、复旦大学法学院、上海交通大学凯原法学院、上海政法学院、华东师范大学法学院。前 12 名法学法律人才中，女性仅有 1 人，职称分布于副教授及以上。其中，法学理论 4 人，法律史 1 人，宪法与行政法学 2 人，刑法学 2 人，民商法学（含劳动法学、社会保障法学）1 人，诉讼法学 1 人，经济法学 1 人。

可以看出，活跃度排在前 100 名的法学法律人才主要来自传统的法学学术机构的重镇。他们在完成教育经历的积累，与之前学术积累相当的双向选择后，逐步进入相关科研机构从事学术研究，而所在平台优势又在一定程度上持续影响和推动产生了个人学术累积效应。

2. 性别分布

在活跃度前 100 名的上海法学法律人才中，男性法学法律人才共计 85

人，占据大多数（见图6）。虽然不同性别在法学法律人才前100名活跃度中的人数差异较大，但男性和女性在最大活跃度、最小活跃度和活跃度均值上相差无几。

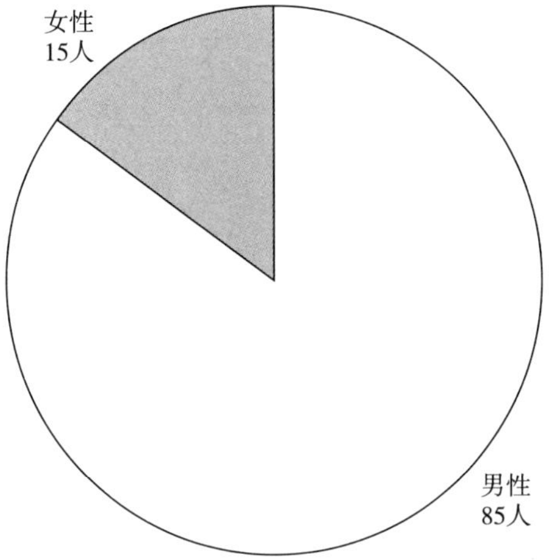

图6　活跃度前100名法学法律人才性别分布

同时经评测也发现，前100名男女法学法律人才的学术表现没有显著性差异。图7中，实线代表男性的学术表现分布，虚线代表女性的学术表现分布，两者具有类似性，未呈现明显差异。

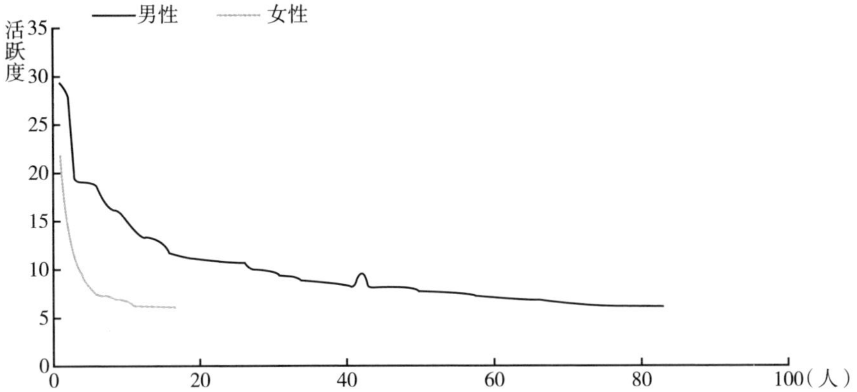

图7　活跃度前100名法学法律人才男女综合对比

3. 职称分布

职称晋升一般被视为法学法律人才梯次发展的重要标志。累积优势理论认为，逐个阶段的发展质量与水平，得益于之前所获得的平台、资源和成果，它们共同决定了整个职业成长的路径、速度和高度。基于此，正高级职称法学法律人才在科研成果、学术活动和学术声誉上所享受资源配置程度相对较高，因此，前 100 名法学法律人才中教授级别法学法律人才占比超过 60%，活跃度均值超越 10，相对合理。除了正高级职称，副高级职称群体的学术活跃度表现也比较突出。从整体的人数分布来看，拥有教授和研究员职称的法学法律人才人数共计 64 人，占比 64%；拥有副教授和副研究员职称的法学法律人才人数共 27 人，占比 27%（见图 8、图 9）。

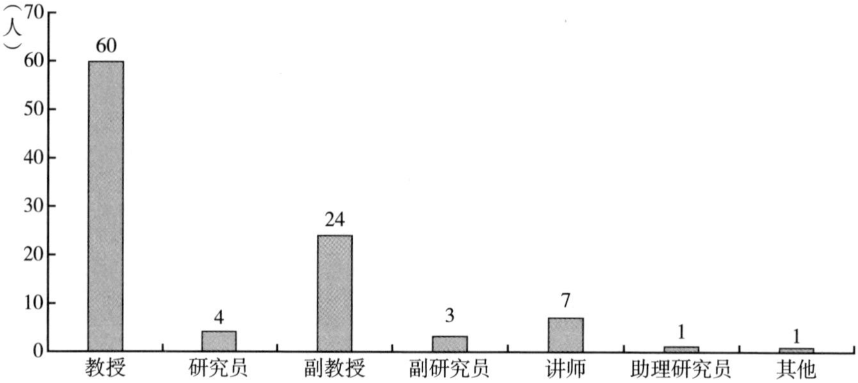

图 8　活跃度前 100 名法学法律人才职称分布

4. 机构分布

从所在机构来源分布来看，活跃度前 100 名的上海法学法律人才主要来自华东政法大学、上海交通大学凯原法学院、复旦大学法学院以及华东师范大学法学院，共计 72 人（见图 10）。法学法律人才所在机构的学术实力、层次、人员、资源、氛围和地位，都会对学术积累和成长产生“螺旋式发展”的外部影响。

科研竞争实力方面，由于各个单位的科研编制基数不尽相同，仅仅通过

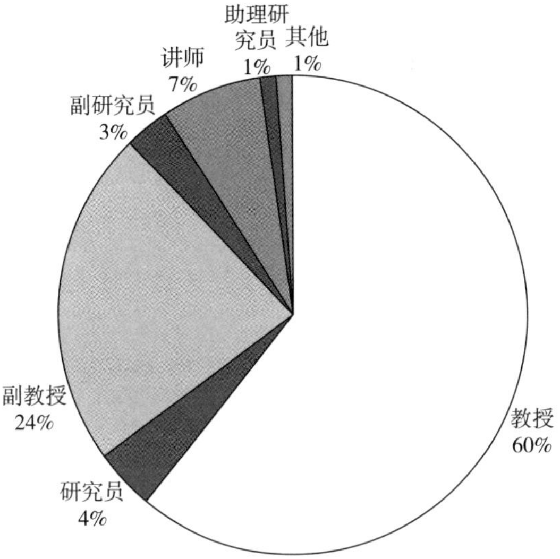

图 9　活跃度前 100 名法学法律人才职称占比

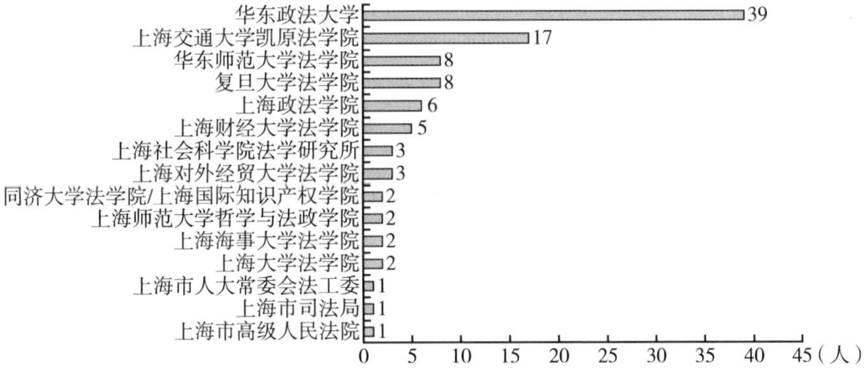

图 10　活跃度前 100 名法学法律人才所在机构分布

查阅活跃度前 100 名法学法律人才的总体人数来论述所在机构的学术活跃度并不公允，需要结合各个单位的总体科研编制情况加以综合考虑。譬如，华东政法大学列入统计的法学法律人才 466 人，前 100 名法学法律人才数为 39 人；上海交通大学凯原法学院列入统计的法学法律人才 66 人，前 100 名法学法律人才数达到了 17 人。因此，机构的学术活跃度竞争力系数 = 前 100 名榜单人数/所在机构的全体统计人数。据此，得出前100名法学法律人才所在机构学术活跃度的竞争力指数排名如图11所示。上海交通大学凯原法学院竞争力指数最高（25.8），其次是华东师范大学法学院，再次是复旦大学法学院，第四是上海社会科学院法学研究所，第五是华东政法大学，第六是上海财经大学法学院，并列第七分别是上海对外经贸大学法学院和上海政法学院，第九是同济大学法学院/上海国际知识产权学院，第十是上海大学法学院。

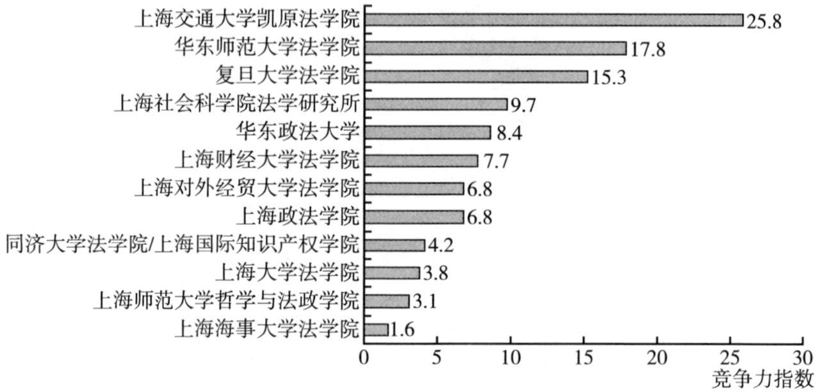

图11　活跃度前100名法学法律人才所在机构竞争力排名

四　热点研究领域专项评测

1. 概览

法学法律界对金融、人工智能大数据、自贸区建设及司法改革给予了高度关注。结合相关国内论文、专著、报纸等成果统计，共有299位法学法律人才在2018年度发表了与上述领域有关的学术成果。其中，金融领域130人，人工智能大数据领域67人，自贸区建设领域62人，司法改革领域40人（见图12）。

从成果形式上分析，CSSCI（法学）类期刊论文成果共有63篇，CSSCI（其他）类期刊论文成果共有67篇，一般类期刊论文成果共有102篇，报纸类成果共有27篇，书籍类成果共有2部。

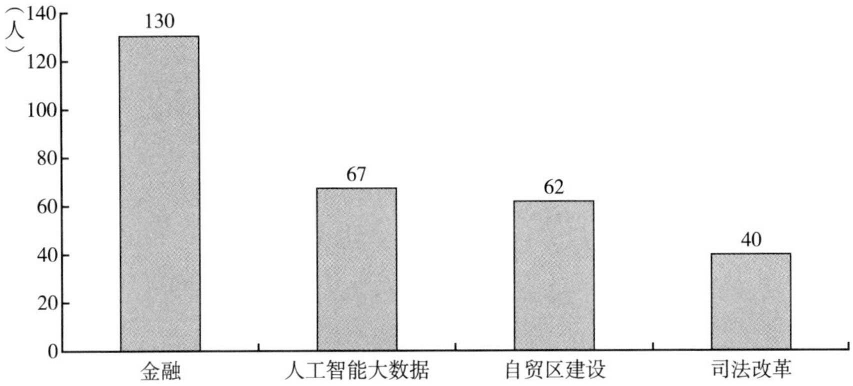

图 12　热点领域研究人数对比

领域间相互比较来看，金融领域的成果总分为 71. 058 分，高于其他领域。人工智能大数据领域成果总分为 62. 025 分，位居次席。自贸区建设领域与司法改革领域的成果总分分别为 24. 435 分与 23. 775 分。从中可以看出，金融领域一直以来受到上海法学法律人才的重点关注。人工智能大数据作为新兴领域也受到了上海法学法律人才的热点关注。自贸区建设领域的关注人数虽与人工智能大数据领域相差不多，但是相关的成果形式较为分散，多为多人合著成果。随着司法改革进程的推进，司法改革领域的相关研究转为深入型研究，关注的法学法律人才与成果形式较其他领域相对较少，且未来有继续减少的趋势。

从学术活跃度上看，人工智能大数据领域与金融领域法学法律人才的个人成果总分较高，其中人工智能大数据领域最高分为 10. 5 分，金融领域最高分为 6. 45 分（见表 4）。司法改革与自贸区建设领域的法学法律人才个人成果总分较低，二者最高分分别为 2. 63 分与 1. 5 分。

表 4　热点领域法学法律人才个人成果得分 TOP 10

单位：分

排名	姓名	总分	领域
1	马长山	10. 5	人工智能大数据
2	刘宪权	9. 98	人工智能大数据
3	许多奇	6. 45	金融

续表

排名	姓名	总分	领域
4	胡凌	3	人工智能大数据
4	纪海龙	3	人工智能大数据
4	刘洋	3	金融
4	李剑	3	金融
4	朱晓喆	3	金融
9	黄祥青	2.63	司法改革
10	崔永东	2.4	司法改革

2. 金融领域

金融领域中，CSSCI（法学）类期刊成果数量为 24 篇，CSSCI（其他）类期刊成果数量为 30 篇，一般类期刊成果数量为 43 篇，报纸类成果数量为 4 篇。其中，CSSCI（法学）类期刊只有第一作者的成果共有 21 篇，CSSCI（其他）类期刊只有第一作者的成果共有 14 篇，一般类期刊只有第一作者的成果共有 14 篇，报纸类只有第一作者的成果共有 3 篇。

金融领域法学法律人才的个人成果得分 TOP 5 中，许多奇以 6.45 分位居金融领域学者榜首，李剑、刘洋、朱晓喆都以 3 分并列位居次席，陈婉玲以 2.25 分位居金融领域第五。从成果形式上来看，金融领域 TOP 5 学者以 CSSCI（法学）成果形式为主要得分来源。此外，CSSCI（其他）成果形式也是重要的组成部分。金融领域 TOP 5 学者都没有一般期刊和报纸成果的得分。从成果形式得分可以看出，金融领域属于传统理论研究的热门领域，学者热衷于发表高质量学术文章，往往发表于报纸上的成果较少。金融领域法学法律人才个人成果得分 TOP 5 以及相关成果详见表 5。

表 5　金融领域法学法律人才个人成果得分 TOP 5

单位：分

排名	姓名	CSSCI（法学）得分	CSSCI（其他）得分	一般期刊得分	报纸得分	总分
1	许多奇	4.5	1.95	0	0	6.45
2	李剑	3	0	0	0	3

续表

排名	姓名	CSSCI（法学）得分	CSSCI（其他）得分	一般期刊得分	报纸得分	总分
2	刘洋	3	0	0	0	3
2	朱晓喆	3	0	0	0	3
5	陈婉玲	1.5	0.75	0	0	2.25

3. 人工智能大数据领域

人工智能大数据领域中，CSSCI（法学）类期刊成果共有28篇，CSSCI（其他）类期刊成果共有15篇，一般类期刊成果共有16篇，报纸类成果共有10篇，书籍类成果共有1部。其中，CSSCI（法学）类期刊只有第一作者的成果有23篇，CSSCI（其他）类期刊只有第一作者的成果有10篇，一般类期刊只有第一作者的成果有10篇，报纸类则有5篇。书籍类成果为任虎译著的《欧盟一般数据保护条例》。

人工智能大数据领域法学法律人才的个人成果得分TOP 5中，马长山以10.5分位居榜首，刘宪权以9.98分位居次席，胡凌和纪海龙分别以3分位居第三，季卫东以1.65分位居第五。人工智能大数据作为新兴理论研究领域得到了不同法学二级学科学者的关注，他们往往从本身所研究的法学二级学科领域出发，结合相关人工智能大数据领域的观点与方法，从而发表了带有人工智能大数据色彩的相关法学二级学科的文章。在成果形式上，CSSCI（法学）是主要的成果得分部分。CSSCI（其他）在TOP 2学者的个人成果得分中表现非常突出。人工智能大数据领域法学法律人才个人成果得分TOP 5以及相关成果详见表6。

表6　人工智能大数据领域法学法律人才个人成果得分TOP 5

单位：分

排名	姓名	CSSCI（法学）得分	CSSCI（其他）得分	一般期刊得分	报纸得分	书籍得分	总分
1	马长山	7.5	3	0	0	0	10.5
2	刘宪权	9.3	0.45	0	0.23	0	9.98
3	胡凌	3	0	0	0	0	3

续表

排名	姓名	CSSCI（法学）得分	CSSCI（其他）得分	一般期刊得分	报纸得分	书籍得分	总分
3	纪海龙	3	0	0	0	0	3
5	季卫东	1.65	0	0	0	0	1.65

4. 自贸区建设领域

自贸区建设领域中，CSSCI（法学）类期刊成果有 3 篇，CSSCI（其他）类期刊成果有 19 篇，一般类期刊成果有 34 篇，报纸类成果有 3 篇。其中，CSSCI（法学）类期刊只有第一作者的成果有 3 篇，CSSCI（其他）类期刊只有第一作者的成果有 9 篇，一般类期刊只有第一作者的成果有 26 篇，报纸类只有第一作者的成果有 2 篇。

自贸区建设领域法学法律人才的个人成果得分 TOP 5 中，胡加祥、孙南申、陶立峰以 1.5 分并列第一，师华以 1.2 分位居第四，马得懿以 1.05 分位居第五。由于上海建设自由贸易港的时间较短，因此自贸区建设领域获得的关注和成果相较于其他三个领域都比较少，且相关成果质量相较于其他三个领域也有更大的提升空间。但正因为该领域较新，并且相关自由贸易港的制度建设还处于初始阶段，所以预计在未来几年，自贸区建设领域的关注度会越来越高，相关成果也会越来越多。从成果形式上看，CSSCI（法学）是自贸区建设领域 TOP 3 学者的得分来源，CSSCI（其他）是后两位学者的主要得分来源。自贸区建设领域法学法律人才个人成果得分 TOP 5 以及相关成果详见表 7。

表 7　自贸区建设领域法学法律人才个人成果得分 TOP 5

单位：分

排名	作者	CSSCI（法学）得分	CSSCI（其他）得分	一般期刊得分	报纸得分	总分
1	胡加祥	1.5	0	0	0	1.5
1	孙南申	1.5	0	0	0	1.5
1	陶立峰	1.5	0	0	0	1.5
4	师华	0	1.2	0	0	1.2
5	马得懿	0	0.75	0.3	0	1.05

5. 司法改革领域

司法改革领域中，CSSCI（法学）类期刊成果有 10 篇，CSSCI（其他）类期刊成果有 4 篇，一般类期刊成果有 10 篇，报纸类成果有 11 篇，书籍类成果有 1 部。其中，CSSCI（法学）类期刊只有第一作者的成果有 6 篇，CSSCI（其他）类期刊只有第一作者的成果有 4 篇，一般类期刊只有第一作者的成果有 7 篇，报纸类只有第一作者的成果有 8 篇，书籍类成果为崔亚东主编《上海法院司法体制改革的探索与实践》（上海法院司法体制改革系列丛书）。

司法改革领域法学法律人才的个人成果得分 TOP 5 中，黄祥青以 2.63 分位居榜首，崔永东以 2.4 分位居次席，杨力以 1.8 分位居第三。陈邦达、刘作翔、王海军、姚岳绒以 1.5 分并列第四。司法改革领域从 2016 年开始得到法学理论界与实务界的共同关注。在“四梁八柱”相关司法改革制度确立以及实践的背景下，相关领域的研究也呈现深层次与精细化的发展趋势，因此，该领域发表的成果质量普遍较高，并且法学实务界的法学法律人才参与度较高。然而，该领域的关注热度预计在未来几年会有所下降。在成果形式方面，CSSCI（法学）是司法改革领域 TOP 5 学者的主要得分来源。由于司法改革横跨理论与实务，报纸作为实务界法学法律人才发表成果的重要载体，也成为重要的成果形式。司法改革领域法学法律人才个人成果得分 TOP 5 以及相关成果详见表 8。

表 8　司法改革领域法学法律人才个人成果得分 TOP 5

单位：分

排名	作者	CSSCI（法学）得分	CSSCI（其他）得分	一般期刊得分	报纸得分	总分
1	黄祥青	1.5	0	0	1.13	2.63
2	崔永东	2.4	0	0	0	2.4
3	杨力	1.8	0	0	0	1.8
4	陈邦达	1.5	0	0	0	1.5
4	刘作翔	1.5	0	0	0	1.5
4	王海军	1.5	0	0	0	1.5
4	姚岳绒	1.5	0	0	0	1.5

五　结语

“什么是你的贡献?”这个心灵拷问是苏力教授向全体学界同人提出的诘问。近年来，国家对法学界的发展给予了强有力的支撑，法学界在学科建设、招生规模、智库建设等方面也出现了翻天覆地的变化，这些变化有一些可以通过显性特征直接表现，有些则以春雨润万物的形式呈现，需要长时间观察。从这个角度而言，准确而客观地评价上海法学法律人才的学术活跃度就显得尤为必要和紧迫，但长期以来由于这项学术评估的统计指标繁简不一，统计工作量庞杂琐碎，需要寻求各方支持力量，因此学术活跃度评价的研究一般都停留在理论层面，最多拓展到指标构建这个维度。课题组在上海市法学会的直接指导下，依托学会强有力的组织保障，使得本项评估工作较为顺利的实施，评估工作也得到了学术界的认可，较为客观地呈现了一个年度内法学法律人才的学术活跃程度。但任何评估工作都在某种程度上存在挂一漏万的遗憾，评估工作也需要一个不断迭代更新的过程，评估指标体系、评估对象、评估内容等都会不断改进，希望评估工作的 2.0、3.0……不断持续深入推进下去。同时，评估成果也是上海市法学会打造的法学学术界的开放型年度学术产品，真诚希望有更多同人加入课题研究团队，让我们可以做得更好!

B.3 静安区依法治区评估分析报告

静安区依法治区评估课题组*

摘　要： 法治评估指标体系是评估活动的前置依据，可以衡量法治建设水平，具有描述功能、预测功能、监测功能和约束功能。本报告通过对静安区2019年法治建设状况开展独立、客观的第三方评估，精确地记录这一年法治进程中的重要事件，对法治政府建设、司法改革、基层社会治理、权力运行监督等多维度展开研究，以期就静安区法治建设提出更可行的目标和指向。

关键词： 静安区　依法治区　法治评估

开展全面法治评估和专项评估是法治评估活动的有力抓手，用量化指标衡量法治水平并推进法治建设是高效、精准进行法治评估的重要手段。当前，“十三五”规划已经进入收尾阶段，国家层面，我国即将全面建成小康社会，全面深化改革、全面依法治国、全面从严治党也已进入攻坚期和深水区；地方层面，上海的“五大中心”“四大品牌”和社会主义现代化国际大都市建设也进入冲刺阶段。借助双层背景优势，静安区建设现代化主城区的宏伟目标正在加速实现，伴随的是不得不面对的更艰巨任务和挑战，立足长远，全面依法治区，充分灵活运用法治手段攻坚克难并建立长效机制显得尤为迫切。在这一背景下，适时对静安区法治建设整体状况进行全面、中立、科学的评估具有重大意义。

---

* 课题组组长：王奕蓉，上海市法治研究会副会长；课题组成员：凌淑蓉、张莉、彭辉、刘唤朝。

一　静安区法治评估指标体系构建依据

1. 党的十九大以来关于依法治国的新目标

党的十九大确立了全面依法治国的总章程，习近平总书记在党的十九大报告中系统阐述了新时代关于全面推进依法治国的法治建设新目标。静安区区委、区政府深刻领会新时代坚持全面依法治国的迫切性和重大意义，深入学习贯彻党的十九大和十九届二中、三中、四中全会精神，多措并举，积极推动全面依法治国在本地区实践实现，筹划编撰并优化《静安区法治评估指标体系》（以下简称《指标体系》）便是其中一项重大基础措施。静安区以上海市委全面依法治市委员会第一次会议精神为指导，以建立量化考评和法治建设责任制为抓手，主动自我加压，率先行动，力争走在全市乃至全国法治建设的前列，确保中央和上海市关于依法治国的新目标、新要求在静安区得以落地生根。

2. 国务院《法治政府建设实施纲要（2015—2020年）》和《上海市法治政府建设“十三五”规划》明确的法治建设任务

从十八届三中全会到十九大，党中央一向十分重视法治政府的建设，并多次提出“法治国家、法治政府、法治社会一体化建设”的要求。2015 年，中共中央、国务院出台《法治政府建设实施纲要（2015—2020 年）》，2016 年 4 月，结合《上海市国民经济和社会发展第十三个五年规划纲要》，上海市正式印发《上海市法治政府建设“十三五”规划》，上述规划从政府职能转变、政府立法、行政决策、行政执法、行政权力制约与监督、社会矛盾纠纷化解和法治政府建设保障七个方面确定了未来五年上海市法治政府建设的主要任务和具体措施。与法治政府建设纲要相比，这实际上是上海市政府结合本地区实际对国务院确定的法治政府建设目标和任务的分解细化，以利于各区委办局的受领落实。同样，《指标体系》的编撰旨在进一步压实本区法治政府建设的各项任务及完成情况。

3. 同类法治指标体系成功的经验

针对纷繁复杂的法治建设任务，通过化整为零、深度分解再分别推进完成的做法由来已久，其中很多成功地区的做法为《静安区法治评估指标体系》的设计和撰写提供了有益借鉴。我国法治指标体系最早在香港地区提出和实践，2004 年，受“香港社会发展指数”启示，香港一些社会研究组织倡导并制定了香港历史上第一套法治分类指数，这一套法治评价指数及其配套的法治评价体系，为后来香港地区法治建设快速发展及其成功奠定了基础。根据“世界正义工程”公布的《2020 年法治指数》，香港地区的法治水平在世界 100 多个主要国家和地区中排名高居第 16 位，在东亚及太平洋地区位列第 5，法治建设享誉全球。内地城市法治指标体系主要出现在 2004 年国务院出台《全面推行依法行政实施纲要》之后，2008 年，杭州余杭区率先在内地城市中推出法治指数，随后各主要城市的法治指数或指标体系或类似的法治建设量化方法陆续建立，呈现今日各地区法治指标体系繁荣发展的局面。

4. 静安区原有指标体系的与时俱进与一脉相承

2013 年，静安区首次建立依法治区评估体系，至今已有 7 年，静安区依法治区法治建设指标体系最大的特点就是充分结合本地区实际并且实行动态评估，不断完善。在刚建立法治评估体系时，静安区将当时确定的 57 个法治建设项目量化成法治指标，编入指标体系。为更好地适应经济社会的不断发展变化，新版指标体系经过不断优化细分，在传承原版指标体系主体内容的基础上，适时增加和替换了一些指标，新版指标体系目前细分为三级 63 个小项目（见表 1），并且做到了新老版本衔接流畅、有据可循。

5. 静安区区委、区政府全面推进依法治区的现实要求

2019 年是静安区实施“十三五”规划的重要之年，同时也是静安区在全面推进依法治区背景下实现新跨越的关键一年。静安区高度重视本区法治建设工作，多次在重要会议上强调做好法治评估工作，要求法治评估工作严格落实《中共静安区委贯彻落实党的十九届四中全会和习近平考察上海重要讲话精神的工作方案》，组建了由区委书记陆晓栋担任主任的区委全面依法治区委员会，旨在通过强有力的组织保障，全面落实依法治区各项工作。由区委全面依法治区委员会牵头，鼓励通过多种方式、途径倾听辖区民众对法治建设情况的意见和感受，以群众的满意度为基础，做出科学的法治评估。

表 1　静安区依法治区评估指标体系

一级指标	二级指标	三级指标	指标解释
法治基础A1	体制机制B1	建立并实施党委领导下的依法治区工作体制机制 C1	建立并配齐区委全面依法治区委员会领导班子，加强领导体制建设，协调、督促相关部门的工作推进
		党政主要负责人法治建设责任落实情况 C2	制定本区党政主要负责人法治建设责任制实施办法，明确相关党政主要负责人推进法治建设各项职责
		加强“关键少数”法治教育 C3	适时组织开展习近平总书记全面依法治国新理念新思想新战略的集中学习活动，落实被告行政机关负责人出席行政诉讼庭审制度，加强法治学习的考核
	人大监督B2	人大常委会专题询问次数 C4	人大常委会专题询问次数
		人大常委会执法检查次数 C5	人大常委会执法检查次数
		人大代表建议解决率 C6	已解决人大代表建议与人大代表共提出建议的比值
	政协民主监督 B3	政协提案采纳和解决率 C7	科学追踪评估提案落实或相应问题的解决情况以及价值贡献、影响等
		政协民主专题协商次数 C8	客观记录本地区政协民主协商次数、协商的主要内容及落地实施情况
	司法机关及行政内部监督B4	行政诉讼败诉率 C9	综合考虑本年度的行政诉讼数量、败诉率及与上年相关数据的对比情况
		对司法建议、检察建议答复率C10	答复司法建议书的数量与收到司法建议书的数量比值
		辖区内行政行为经行政复议被确认违法或被撤销的数量 C11	辖区内行政行为经行政复议被确认违法的数量；辖区内行政行为经行政复议被撤销的数量
	纪检监察监督B5	干部违纪、违法数 C12	全区局级、处级、科级及其他国家公职有无贪污受贿、徇私舞弊、枉法裁判、其他违法违纪等
	工作实践B6	法治创新实践、依法治理优秀案例征评工作 C13	有无入选市法治建设优秀案例，入选数量及实际效果
法治政府建设 A2	全面履行政府职能B7	推进“一网通办”C14	通过“一网通办”平台获得一网受理、只跑一次、一次办成的政务服务；线上、线下办事互通，受理标准一致等
		深化“双减半”改革 C15	行政审批事项办理时限减半、提交材料减半
		实施“最多跑一次”改革 C16	“零跑动”事项与行政审批事项比值
		深化“双随机、一公开”监管制度 C17	“双随机、一公开”监管覆盖率和监管次数、跨部门联合监管次数

续表

一级指标	二级指标	三级指标	指标解释
法治政府建设 A2	营商环境 B8	营商环境保护共同体建设 C18	提供受理办理、法律咨询、法治宣传等"一站式"法律服务，协调解决民营企业发展中的难题
		依法打击不正当竞争行为 C19	加大部门联合执法和巡查力度，严厉打击破坏市场秩序的不正当竞争行为，遏制规模性商标违法侵权行为的发生
		依法保障企业依法自主经营活动 C20	制定涉及市场主体经济活动的行政规章，施行负面清单管理制度，严禁干涉破坏企业合法的自主经营活动
	行政决策科学化、民主化、法治化 B9	重大行政决策公众有效参与率 C21	行政机关拟做出的重大行政决策事关企业、特定人群和行业利益的，应充分听取企业、行业协会商会、人民团体、社会组织、群众代表等利益攸关方的意见
		重大行政决策专家有效论证率 C22	对部分专业性或者技术性比较强的重大行政决策，应邀请相关领域的专家参与评估论证
		重大行政决策风险有效评估率 C23	对涉及重大公共利益的政策，先进行社会稳定、公共安全、环境和经济等方面的风险评估，形成风险评估报告
		重大行政决策集体讨论率 C24	社会稳定、环境保护、财政资金使用等行政决策集体讨论率
		重大行政决策合法性审查率 C25	重大行政决策全部经合法性审查并且需要通过；没有以征求意见等方式代替合法性审查的情况
	规范公正文明执法 B10	加强行政执法规范化建设 C26	推行行政执法公示公开、执法全过程记录制度，进一步完善重大执法决定的法制审核制度等
		加大重点领域执法力度 C27	对食品药品、环境保护、医疗卫生、安全生产、劳动保障、群租、黑车、拆除违章建筑等群众切身利益相关领域开展专项检查
		行政执法和刑事司法衔接机制 C28	衔接案件数量，衔接流畅度等

续表

一级指标	二级指标	三级指标	指标解释
法治政府建设 A2	对行政权力的制约和监督 B11	“12345”市民热线答复满意度 C29	12345 办理情况全市排名
		规范性文件备案审查纠错率 C30	规范性文件备案审查纠错次数与审查数量的比值
		年度政务公开和政府信息公开检查评估结果 C31	依法进行各项政务公开,及时回应社会或者公众关切
		政务公开和政府信息公开及时性 C32	被依法撤销、确认违法或者责令履行而不履行、不正确履行的案件量
		年度行政机关负责人出庭应诉率 C33	党政负责人出庭应诉的次数/依法应当出庭应诉的案件数量
	化解社会矛盾纠纷 B12	矛盾纠纷调解成功率 C34	矛盾纠纷调解成功率
		律师等社会力量参与信访矛盾成功化解率 C35	落实好信访分流,加强矛盾化解等,借助律师等社会力量参与后的化解率
		消费者申(投)诉案件调解成功率 C36	维护四大品牌建设
司法公信 A3	审判工作与监督 B13	受案数、结案率 C37	受理案件数/审结案件数;受理案件数量同比上升率
		执行量、到位率 C38	实际执行到位的数量,标的总额,案均执行标的清偿率等
		一审服判息诉量、息诉率 C39	一审服判息诉数量和息诉率
	检察工作与监督 B14	纠正侦查违法行为数量 C40	纠正侦查违法行为数量
		办理各类民事监督案件数量 C41	办理各类民事监督案件数量
		办理各类行政监督案件数量 C42	办理各类行政监督案件数量
		办理各类公益诉讼监督案件数量 C43	办理各类公益诉讼监督案件数量

续表

一级指标	二级指标	三级指标	指标解释
社会治理A4	普法宣传B15	落实“谁执法谁普法”主体责任 C44	建立普法责任制履职评议机制，开展履职评议工作
		普法宣传年度司法行政考核结果 C45	全市普法宣传年度司法行政考核结果排名
		法治文化传播力/影响力 C46	授予市级以上法治文化品牌或阵地数量
		商务楼宇公共法律服务工作站 C47	覆盖范围、覆盖率
		普法经费保障力度 C48	年度区级财政保障区级层面普法专项经费金额与全区常住人口的比例
		普法人员保障数 C49	法治宣传教育专兼职工作人员配置情况，区级层面按照常住人口 1 人/50 万人标准配置专职工作人员，镇、街道按照 1 人专职配置，各委办局成员单位按照 1 人专/兼职配置，指标为实际配置法治宣传教育专兼职工作人员数与应配置法治宣传教育专兼职工作人员数之比
	诚信建设B16	建立健全社会信用体系建设推进体系 C50	市年度推进社会信用体系建设考核等次
	法律服务B17	公共法律服务体系建设 C51	区级公共法律服务中心、街道级公共法律服务场所、居（村）法律顾问数量、覆盖率
		法律援助工作覆盖面 C52	经济困难群众法律援助落实情况，应援尽援机制是否建立健全，受援对象满意度
		特殊人群帮扶 C53	对于经济困难群体、社区矫正人员、刑满释放对象、吸毒人员等需要帮扶人群是否建立健全法律服务机制
		法律咨询量 C54	区公共法律服务中心、街镇公共法律服务站、社区公共法律服务点所提供的法律咨询受理量
		辖内 110 报警类处警数 C55	2019 年 110 接处警反馈率

续表

一级指标	二级指标	三级指标	指标解释
社会治理A4	基层民主法治建设B18	标准化居村综合文化活动室数C56	标准化居村综合文化活动室数
		民主法治示范社区创建量C57	成功申报全国民主法治示范社区的数量
		小区业主委员会成立比例C58	建立业主委员会小区的数量/符合建立条件的小区数量;业委会规范运作达标率
		平安小区协同治理升级版覆盖率C59	平安小区协同治理升级版覆盖率
		市容环境卫生满意度测评总体评价结果(全年度)C60	垃圾分类实效综合评测结果全市排名
		60岁以上人群家庭医生综合服务“1+1+1”签约率C61	60岁以上人群家庭医生综合服务“1+1+1”签约率数量/计划完成量
		居民小区加装电梯数量C62	已立项数,开工建设数,完工启用数
		市级文明社区覆盖率C63	市级文明社区覆盖率

二 《指标体系》编写的特色与创新

1. 从宏观到微观与从微观到宏观相结合，查漏补缺兜底

新版《指标体系》的编撰优化，延续了宏观与微观双向推查的基本方法。首先是将静安区依法治区的总目标进行分解，运用法理学的方式归案分析，确定宏观基本面，并初步将其定为一级指标。其次在对比借鉴原指标体系和分析静安区法治建设新变化、新特色的基础上，将2019年度法治建设工作任务细分量化成多个可直观评估的三级指标，填充在一级指标下面。再次是系统分析梳理细分出的三级指标，将其按照一定属性和标准归纳为不同的类别，将这些类别提炼浓缩，使其成为一级指标下面具有一定概括性的二级指标，起到承上启下、充实指标体系结构的作用。最后是对照初步定型的指标体系，重新审查当年法治建设任务是否还有可量化可填充的工作任务，发现遗漏的填充进去，接着对三级指标进行删改增的个别调整，直至指标体系整体结构清晰、内容流畅完整。

2. 指标数量繁简得当、语言通俗精练

为保证将纷繁复杂的法治建设任务尽可能囊括其中，《指标体系》总体篇幅偏长甚至有冗余之嫌，为解决这一难题，课题组在编撰之初就确定了删繁就简的目标，对各项法治建设任务先进行提炼概括，再进行分类填充，对于内容特别多又不得不保留的描述，则将其从指标项目中拿出，置于“指标解释”一栏中。在表述选择上，以通俗精练为主，将繁复的内容和部分法律术语尽可能以通俗大众的语言精练编写。

3. 多功能定位，既可量化推进，也是法治评估、群众监督政府的有效工具

指标体系建立的初衷，是方便全面依法治国建设任务的落实，从国家到上海市再到静安区，每一级都出台了法治建设的纲领性文件，但是各项任务最终需要各委办局、街镇、社区等职能部门或基层单位去落实，从而孕育了法治建设评估指标体系，每一个三级指标代表一个细分项目，有利于对应的职能部门去推进落实和完成。法治建设进行到现在，其指标体系已不仅仅是各部门推进法治建设的依据，也越发成为评估衡量本地区法治建设情况和法治水平的重要参考，指标任务的推进水平和完成质量，是各地区和部门推进法治建设努力程度和实际效果的客观反映，与负责人政绩直接挂钩。指标体系建立后，其分值是通过面向不同群体分发调查问卷，由抽样调查后统计分析得来的，是群众对本地区法治建设满意度和整体评价的直观体现。

4. 响应中央“法治国家、法治政府、法治社会一体化建设”号召，将国家、政府、社会的法治建设指标统筹规划

上海是中国深化改革的先行者和受益者，静安区作为上海的中心城区，法治建设必须置于国家法治建设全局中统筹规划，积极响应国家号召，争做全面推进法治建设的排头兵和模范点。基于此，课题组结合法治国家、法治政府、法治社会一体化建设的战略举措和静安区法治建设实践，经过慎重思考评估，将原指标体系的七个一级指标重新整合归纳为法治基础、法治政府建设、司法公信、社会治理四个一级指标，统筹推进国家、政府、社会法治建设各项任务。

三　静安区法治评估指标体系构建

评估实践是一项系统性工程，为推进和完善静安区法治建设，在地区层面需要设计出一套科学、系统的法治评估指标体系。完善的法治评估指标体系可以提供推动法治建设的技术工具，在实际测评中发挥导向作用。经过三轮评估组设计－修改指标体系，以及两轮专家论证指标体系，最终形成静安区依法治区评估指标体系（2019）。

1. 指标体系维度

我们认为，法治建设的路径可以从法治基础 A1、法治政府建设 A2、司法公信 A3、社会治理 A4 这四个维度展开。

（1）法治基础是关键

课题组认为法治作为国家治理现代化的标志，法治评估也必须牢牢把握“良法善治”这个法治基础。党的十九大报告强调“以良法促进发展、保障善治”，诚如习近平总书记所言，“使社会主义法治成为良法善治”。在我们国家，党领导包括立法在内的方方面面，因此，在静安区，“良法”必须建立并坚持党委领导下的依法治区工作体制机制，“善治”则需要落实党政负责人法治建设责任人机制和相应的配套监督机制。

（2）法治政府是保证

我国作为一个“大政府”国家，政府在国家和社会运行的方方面面都扮演着至关重要的角色，政府部门的一言一行都影响着群众的行为准则和社会的良性运行，政府带头尊法学法守法用法，人民自然容易自觉遵法守法，从而形成全面守法的法治氛围；反之，政府部门或领导干部一旦出现无视国家法律法规的情形，也将带来极其恶劣的社会影响，因此坚持法治政府建设在全面推进依法治国过程中具有示范意义，是全面实现依法治国的保证。

（3）司法公信是源头

司法作为守护社会公平正义的最后一道防线，是整个社会诚信体系的基础和保障。增强司法公信力需要加强对法院审判工作的监督和对检察院检察工作的监督，让司法大权在阳光下运营，才能真正增强司法公信力。

（4）社会治理是重点

随着经济社会的不断发展变化，作为中心城区的静安区，其社会治理也更加复杂纷繁，有效应对城市发展中出现的新问题和重大突发情况，需要进一步加强社会治理，持续提高城市管理能力，善于运用法治手段解决难题，在探索实践中创新社会治理方式，不断完善社会治理体系。

总之，静安区法治建设中法治基础 A1、法治政府建设 A2、司法公信 A3、社会治理 A4“四位一体”各要素之间具有反馈效应，这一特点使得静安区法治建设具有其独特的内在机理、行为模式和逻辑路径。围绕上述构建要点，课题组构建静安区依法治区评估指标体系（2019），本评估体系共分一级指标 4 个、二级指标 18 个、三级指标 63 个。具体思路参见图 1。

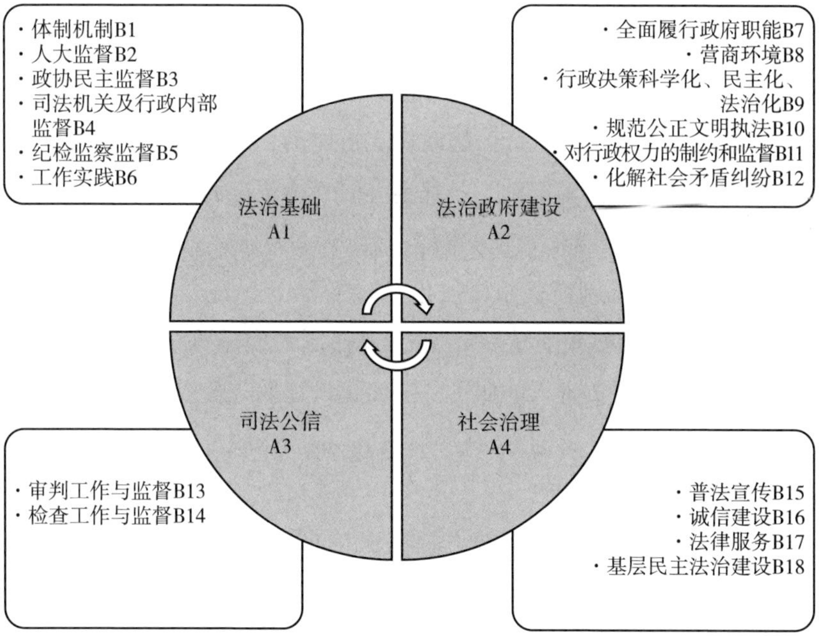

图 1　静安区依法治区评估指标体系

2. 指标体系构建

构建静安区依法治区评估指标体系，并对静安区依法治区工作进行客观测量，不仅是各类理论研究的前提条件，也可以从中发现静安区依法治区工作的强势和弱势之处。

四　评估基本结论

1. 依法治区的法治基础不断夯实

“徒善不足以为政，徒法不足以自行。”随着时代的发展，治国理政的实践不断发生变化，但法治建设的规律性等内在规定性要求并未改变，并且随着法治建设的不断深入反而显得更为重要。静安区在依法治区层面非常注重从体制机制等层面切入，使得法治建设持续深入，深嵌经济社会发展脉络，实现同频共振。

首先，建立并实施党委领导下的依法治区工作机制体制，构建依法治区新格局。随着静安区依法治区领导小组升级为区委全面依法治区委员会，以区委、区政府为核心，区人大、区政协支持协助，区委全面依法治区委员会总体布局，协调小组协调推动，各部委办局、街镇全面配合、全程参与的依法治区工作格局切实形成。

其次，建立责任追查机制，强化党政主要负责人法治建设责任。出台《静安区推行党政主要负责人法治建设责任制的实施办法》，对适用对象、总体要求、党政主要负责人的职责、法治建设述职与督查、考核与评估、约谈、问责等作出了规定，通过责任制，切实推动党政主要负责人认真履行推进法治建设第一责任人职责。

再次，加强人大和政协监督，提高法治水平。2019 年度，静安区依法完善常委会相关部门、区政府督查部门、承办部门与代表的沟通协商机制，积极听取他们的意见和建议，加大力度督办人大代表书面意见和政协提案，并以此来倒逼本区政府部门法治水平的提高。

最后，加大纪检监察对法治建设过程的监督力度。针对法治建设任务完成不到位、不及时的部门和相关负责人，坚决严肃问责，着重促进重点法治指标任务落实的巡查督促，通过严肃党纪国法问责为法治建设保驾护航。

2. 法治政府建设进入加速期

在依法治区委员会的指导督促下，静安区法治政府建设进入加速期，各项法治建设任务正全面推进。

首先，全面履行政府职能，简化行政审批流程。推进“一网通办”全面展开，推动更多行政许可事项通过“一网通办”实现全流程办理。

其次，对标最高标准，持续营造和优化法治化营商环境。鼓励市场主体公平竞争，加大部门联合执法和巡查力度，严厉打击制售假冒伪劣商品违法行为，遏制规模性商标违法侵权行为的发生。依法保障企业依法自主经营活动，防止排除、限制市场竞争的举措，为企业的自主经营活动提供环境保障。

最后，行政决策科学化、民主化、法治化。提高重大行政决策公众有效参与率，保证重大行政决策风险有效评估率，着力规范行政权力运行。

3. 司法公信力获得显著提升

在过去的2019年，静安区司法工作取得长足进步，司法机关坚持以全区依法治区法治纲要为引领，围绕“努力让人民群众在每一个司法案件中感受到公平正义”的终极目标，砥砺奋进，取得了优异成果，也得到了辖区群众的普遍认可，人民对司法机关的尊重和信赖进一步加强。具体表现在以下几个方面。

第一，严格规范公正司法，维护社会公平正义。静安区法院审判质效综合指数位居全市法院前列，较好地完成了审判任务。通过严厉打击刑事犯罪，确保社会安全稳定。2019年受理刑事案件1861件，同比上升14.73%；结案1840件，同比上升13.65%。妥善处理民商事纠纷，服务经济社会发展。巩固“基本解决执行难”成果，健全长效机制，推进执行工作向着“切实解决执行难”目标迈进。

第二，持续强化对诉讼活动的法律监督，切实维护司法公信力。坚持将客观公正原则贯穿法律监督工作始终，加大监督工作力度，提升监督能力水平，全力维护公平正义。做优刑事诉讼监督，加强侦查活动监督，对不符合逮捕、起诉条件的，决定不批准逮捕，全年决定不予逮捕320件637人，同比上升31.7%和58.5%，不起诉41件50人，同比上升173.3%和233.3%。大力加强前端监督，对不立案、退补后不移诉等5类检察前终结诉讼案件开展跟踪监督。健全案源发现、内外协调、社区宣传机制，稳步解决监督线索发现难、调查取证难等问题。

第三，践行司法为民，及时回应群众司法需求。充分发挥诉调对接中心分流案件、快速解决纠纷的功能作用。静安区法院与静安区公证处举行“诉讼与公正协同服务中心合作协议”签约仪式，探索公证参与司法辅助事务、家事纠纷解决机制，构建多方参与的“大调解”格局。

4. 现代化社会治理能力不断提升

鼓励全区各部门探索和创新社会治理方式，提升城区精细化管理水平，大幅提高社会治理能力和服务水平。

第一，加大社区普法力度，落实“谁执法谁普法”普法责任制。制定“谁执法谁普法”普法责任制具体实施方案，并及时根据现实情况调整方案。注重在依法履行职责过程中普法，开展履职评议工作，坚持在重要节点进行法制宣传教育。

第二，通过增加商务楼宇公共法律服务工作站覆盖率，优化法治环境氛围。静安区地处繁华的市中心，商务楼宇林立，辖区白领和外籍人口众多，针对这一特点，静安区探索建立了商务楼宇公共法律服务站机制，以满足群众日益增长的法律服务需求。

第三，重视社区法治建设，完善公共法律服务体系。充分重视基层社区治理和法治建设能力，将资源和人员进一步下沉至社区，以强化基层治理和公共服务法律供给能力，同时进一步完善公共法律服务工作站（室）运行机制，为社区居民提供法律服务。

专 题 篇

Special Reports

B.4

上海法院为长三角一体化发展提供司法服务保障

上海市高级人民法院课题组*

摘　要： 长三角一体化建设中要进一步消弭体制机制障碍，构建开放协调的区域空间格局，积极打造区域经济发展新引擎。长三角一体化建设的功能定位是制度创新示范区、深化改革开放示范区、协同发展示范区和平台机制示范区。沪苏浙皖四地法院在协助执行、诉讼服务、信息化建设、适法统一、司改交流、服务保障大局等方面开展了多层次、多领域、多角度的协作交流活动，对促进长三角一体化建设发挥了积极作用。

* 课题组组长：刘晓云，上海市高级人民法院党组书记、院长。课题组成员：顾全，上海市高级人民法院研究室主任、司改办副主任；陈树森，上海市高级人民法院研究室副主任；高佳运，上海市高级人民法院研究室调研四科科长；邓梦婷，上海市高级人民法院研究室调研四科法官助理。

关键词： 上海法院 长三角一体化 司法服务保障

长三角区域是我国经济最具活力、开放程度最高、创新能力最强的区域之一，是“一带一路”和长江经济带的重要交会点。为了积极推动并认真落实《长江三角洲区域一体化发展规划纲要》，上海市出台《上海市贯彻〈长江三角洲区域一体化发展规划纲要〉实施方案》，发挥龙头带动作用，助力上海“五个中心”、“四大品牌”和长三角世界级城市群建设。在此背景下，服务保障长三角一体化发展战略成为人民法院肩负的重要使命。

一 长三角一体化建设的价值目标和功能定位

（一）长三角一体化建设的价值目标

长三角区域一体化发展的目标，是为区域融合发展开展制度创新、破除体制机制瓶颈。衡量其成功与否的标准，主要是看能否有效破解跨区域融合发展的体制机制瓶颈，能否产生一批成效显著而且可复制、可推广的制度创新成果。

1. 进一步消弭体制机制障碍

因行政区划分割和存在不同的地方利益等，长三角区域在市场准入规则、监管规则、行业标准、资质认证方面存在一定的政策性壁垒，这降低了资源利用、要素配置和流通的效率。作为改革创新发展先行示范区，长三角一体化发展有助于突破区域壁垒和体制机制障碍，有利于按照市场化要求建立有机统一的区域大市场，有助于在更大范围内推动资源的整合和共享及要素的自由有序流动、促进资源要素的优化配置和产业功能的整合联动，形成优势互补、协同发展、互利共赢的区域协调发展新格局。

2. 构建开放协调的区域空间格局

长三角一体化发展的重点就在于发挥各地特色优势，进一步明晰不同城市的功能定位和分工协作机制，形成定位合理、分工明确并各具特色的空间分布格局。基于长三角三省一市资源禀赋、战略地位及政策先行优势，长三角一体化发展将从实施国家战略的高度来把握区域空间结构优化的机遇，从区域层面构建开放协调的空间格局，进而加强在功能、产业、科创、交通、环境、设施方面的衔接，促进区域空间协同和一体化发展。

3. 积极打造区域经济发展新引擎

当前，在全球经济贸易格局变化趋势下，传统增长路径已尽显疲态。作为我国经济最具活力、开放程度最高、创新能力最强的区域，长三角理应也完全有条件建立国家新一轮改革开放的先行示范区，使之成为中国经济增长新旧动能接续转换的发生地，以提升区域发展能级和核心竞争力，缓解国内经济下行压力。

（二）长三角一体化建设的功能定位

1. 制度创新示范区

加强区域系统性顶层设计和统筹规划，设立更高层级的战略协同发展机构，构建多层次、多领域的协调发展机制，破除一系列现实存在或隐形的壁垒及体制机制障碍，让长三角区域所属各地在差异化行动的同时，指向统一化的共识性目标，在不改变行政区划的条件下，准确划分市场和政府配置资源的合理边界，促进资源要素自由有序流动，实现区域发展由同质竞争向协同融合转变。只有建立起比较规范的利益补偿机制和良性互动的利益协调机制，才能缩小经济差距，促进共同富裕，为长三角区域法治建设打下良好的物质基础。

2. 深化改革开放示范区

作为改革开放的前沿地带，长三角区域要率先推进更高起点的深化改革和更高层次的对内对外双向开放。为此，长三角一体化发展应尽快建立一体化的市场机制，充分发挥市场对资源配置的决定性作用，一方面避免恶性竞争，另一方面减少政府行政的过度干预。充分发挥长三角区域合作办公室的规划引领作用，重点探索跨区域开发管理和利益分配机制，找准各方利益的契合点，实现各地产业和财政政策的均等化、协调性，在更大范围内推动长三角一体化利益共享，围绕破解资源整合共享这一难题率先形成一批可复制、可推广的改革创新经验。

3. 协同发展示范区

长三角各地具有不同的特色和优势，如上海综合服务功能比较齐全、江苏实体制造业实力比较强、浙江民营经济比较活跃、安徽比较具备后发优势，长三角一体化发展中要发挥各地资源禀赋优势，形成产业一体化发展合力。长三角一体化发展应利用上海的城市非核心功能疏解和资源、产业链等外溢的机遇，要从进一步提升巩固实体经济能级出发，避免产业规划布局的同构化及其纷争，强化产业集群的战略规划协同。瞄准世界科技前沿和新兴产业领域，深化智能网联汽车、集成电路、工业互联网、5G 等产业链对接合作，注重吸引外资和民间资本，全力打造汽车、电子信息、高端装备等世界级产业集群，尤其是要促进张江和合肥综合性国家科学中心、区域内国家自主创新示范区及 G60 科创走廊等高端创新资源要素在示范区高度集聚，充分发挥科技创新和产业发展的战略协同效应，力争将长三角一体化发展打造成为全球先进制造业发展新高地和世界级制造品牌汇聚地，以应对当前国内经济下行压力、中美贸易摩擦及西方国家对中国技术封锁等一系列严峻形势。

4. 平台机制示范区

长三角一体化发展的功能定位是高端人才、全球投资、科技创新、优势产业的集聚地，必须共建一批集聚资源的开放性合作平台以及重大科技创新工程和创新产业项目。通过设立长三角一体化发展建设引导基金，签署一系列先进制造业、工业互联网、教育医疗、高端人才等一体化发展战略框架协议，鼓励区内企业开展跨区域深度合作，实现技术、资本、人才、服务等创新资源的深度融合、优化配置及共享转化，使长三角一体化发展成为在空间便捷、资源配置、产能协作、基础设施、公共服务等方面具有功能布局互动和良好协调机制的共同体。

二　司法服务保障长三角一体化发展的工作现状

近年来，沪苏浙皖四地法院按照“深化合作、优势互补、互惠共赢、共同发展”的原则，在协助执行、诉讼服务、信息化建设、适法统一、司改交流、服务保障大局等方面开展了多层次、多领域、多角度的协作交流活动，各方面工作取得了新进展。

（一）出台司法政策和举措，服务保障好长三角一体化发展

为深入贯彻落实《长江三角洲区域一体化发展规划纲要》和《上海市贯彻〈长江三角洲区域一体化发展规划纲要〉实施方案》，2019 年 11 月 19 日下午，上海高院召开新闻发布会，发布关于贯彻落实《上海市贯彻〈长江三角洲区域一体化发展规划纲要〉实施方案》的行动计划（以下简称“行动计划”）。行动计划包含三大方面 14 项重点任务和 46 个具体项目，每一项任务都涉及上海法院已经制定或正在研究制定的服务保障意见，主要服务保障上海发挥核心城市功能和长三角龙头带动作用；服务保障示范区、新片区、商务区建设；推动长三角法院之间的司法协作交流合作等，服务保障长三角一体化发展。同日，青浦法院立足长三角生态绿色一体化发展示范区，发布《上海市青浦区人民法院服务保障长三角生态绿色一体化发展示范区建设的实施意见》，努力推动将长三角一体化示范区打造成为改革开放新高地、生态价值新高地、创新经济新高地、人居品质新高地。

（二）召开长三角地区法院司法协作工作会议，签署相关协议，发布典型案例

2019 年 11 月 5 日，在江苏省苏州市举行第十一届长三角地区法院司法协作工作会议，专题研讨强化环境资源司法保护，共筑绿色美丽长三角。会上，四地高院共同签署了《长江三角洲地区人民法院环境资源司法协作框架协议》《关于长三角地区人民法院联合发布典型案例　推进法律适用统一

的实施办法》，进一步加强环境资源审判，促进区域适法统一，并联合发布长三角地区法院加强环境资源司法保护典型案例。

（三）加强跨区域司法服务和司法执行联动协助机制建设，促进司法资源的集约优化

2019年6月21日，沪苏浙皖四地法院召开“长三角地区智慧法院信息资源共享平台”建设工作协商会议，促进实现跨域立案。四地高院签署《长三角地区跨域立案工作规范》，搭建线上线下跨域立案窗口，入驻长三角“一网通办”政务平台，为当事人提供跨域、就近、便捷的立案诉讼服务，目前四地法院之间已跨域立案近百件。5月10日，上海青浦法院、江苏吴江法院、浙江嘉善法院共同召开“长三角青嘉吴三地法院司法一体化协作座谈会”，签署《长三角一体化区域法院执行协作备忘录》，成立执行协作领导小组，建立异地执行协作、执行数据共享、联合信用惩戒等机制。

（四）深入推进司法协作长效机制建设，形成审执工作合力

进一步加强案件管辖、财产保全、调查取证、联合调解、委托鉴定、文书送达、解决涉诉信访案件等方面的工作协调协作，提升整体审判质效水平。2019年6月26日，上海高院召开长三角地区知识产权司法保护协作座谈会，四地高院知识产权审判庭联合会签《长江三角洲地区人民法院知识产权司法保护交流合作协议》，就知识产权司法保护年度会商制度、统一法律适用、审判体制机制联动、人才培养交流以及案件审判协作等方面达成共识。10月26日，上海青浦法院、江苏吴江法院、浙江嘉善法院签署《长三角生态绿色一体化发展示范区人民法庭司法协作备忘录》，加大人民法庭司法协作力度。

（五）充分发挥司法改革集聚地的先发优势，推动区域司法改革的经验共享

充分发挥上海金融法院等专业法院及上海自贸区法庭、南京知识产权法庭等专业法庭的改革先发优势，推进长三角地区司法改革的经验共享。2019

年4月19日，杭州中院赴上海金融法院专程考察金融审判工作和科技法庭建设等情况。6月4日，浙江高院到上海高院和南京知识产权法庭考察调研电商平台知识产权法律责任问题。6月27日，江苏高院赴上海海事法院调研专业化审判、诉讼服务、多元纠纷化解、信息化建设等工作，积极推进环境资源审判体制机制改革。5月30日，在上海崇明召开第三届崇明世界级生态岛环境司法研讨会，上海崇明法院、上海铁路运输法院、江苏江阴法院、江苏如皋法院、江苏东台法院共同签署《长江口生态环境司法保护合作框架协议》，积极推动长江口环境资源跨域司法协作。9月11日，上海青浦法院、江苏吴江法院、浙江嘉善法院举行长三角一体化示范区法院司法协作工作会议，共同签署《服务保障长三角生态绿色一体化建设司法协作协议》，着力推进示范区建设。

（六）强化区域服务保障大局的经验交流合作，努力营造良好的法治环境

围绕区域经济社会发展举行多场次司法论坛，介绍经验，分享成效，凝聚共识。2019年1月3日，上海长宁法院承办“创新与探索：优化营商环境视阈下的互联网审判”研讨会，来自江浙沪的专家学者、法官等50余人参加，围绕“优化‘互联网+’营商环境的法制路径”和“深化司改背景下的互联网审判”等主题展开深入探讨。6月24日，上海高院发布“上海法院服务保障长江经济带发展典型案例”，积极宣传服务保障长江经济带发展的好做法、好经验、好案例。10月23日，上海青浦法院召开服务保障中国国际进口博览会工作座谈会暨长三角一体化示范区法院诉讼服务专窗成立仪式，来自江浙沪的法官围绕“为第二届进博会营造一流法治化营商环境”等主题，进行座谈交流。同时，还积极通过司法智库微信公众号等新媒体，加强对服务保障大局工作举措、典型案例的展示宣传，有效提升工作成效，增强社会影响力。如目前司法智库微信公众号已发布长三角地区法院服务大局司法政策、相关规范性意见及典型案例150余篇，长期关注人数近3万人，累计阅读数达140余万人次，累计转发10万余次，点赞数近万次。

（七）探索创新跨区域司法大数据应用工作机制，共同推进智慧法院建设

江浙皖三地法院多次赴上海高院考察信息化建设情况和“206 系统”的研发、应用情况。目前，安徽省合肥、芜湖、淮北、铜陵、马鞍山、蚌埠6 市已全面推广应用“206 系统”，取得良好成效。2019 年 3 月，浙江嘉兴中院到上海二中院、徐汇法院学习考察智能楼宇管理、信息化集控中心，以及刑事案件智能辅助办案系统等工作情况。5 月，杭州互联网法院联合上海一中院、江苏苏州中院、安徽合肥中院签署《长三角司法链合作意向书》，以杭州互联网法院司法区块链平台为依托构建长三角司法链，打造“全流程记录、全链路可信、全节点见证”的司法级别信任机制，实现信任模式跨越式发展。6 月，四地高院召开“长三角地区智慧法院信息资源共享平台”建设工作协商会议，并于 8 月联合下发《长江三角洲地区智慧法院信息资源共享平台建设方案》，推进长三角法院信息共享。

三　司法服务保障长三角一体化发展存在的主要问题

（一）适法不统一问题

随着司法体制改革的推进，司法“去地方化”和“去行政化”取得积极成效，但一些法院在涉及地方重大经济利益或社会稳定和民生就业等问题上，还难以完全避免地域因素的干扰，这也导致各地对同一法律适用问题的执行标准不一致，损害了司法的权威性、法律的公正性以及法制的统一性。

（二）地方行政干预问题

在长三角区域一体化深入发展、跨行政区划案件越来越多的情况下，对于一些较多涉及地方利益尤其是对地方经济发展有较大影响的跨区案件，还存在个别部门和领导不当过问并干预案件处理的现象，因此如何维护司法的独立和

公正，避免可能出现的地方行政干预现象，防止发生损害外地当事人合法权益的事件，成为加强长三角区域一体化发展过程中不能回避的问题。

（三）执行联动问题

长三角区域的跨域执行联动大多通过协议、纪要等方式进行，缺乏顶层设计，因而不具有强制推动力。在执行联动的过程中，需要执行人员到达被执行人财产地、户籍地后通过上门的方式与属地法院取得联系，能否获得执行帮助、联动力度的大小只能依靠属地法院具体工作情况，执行联动在发起和决定上就可能处于被动。

（四）基础设施建设问题

三省一市的地域面积达 35.9 万平方公里、常住人口约 2.2 亿人，这项数据展现出长三角一体化国家重要战略地位的同时，也隐含着各地具体情况的不同。各个法院的庭室设置、办公条件、人员配比、“智慧”程度、信息化水平等都有所不同，现实情况是：即使是同一地区的法院也可能有着完全不同的基础设施条件，区域司法合作的展开还存在一定障碍。

四　上海法院下一步加强司法服务保障的主要路径

（一）认真抓实干统筹推进，确保各项举措落到实处

全力落实好关于贯彻落实《上海市贯彻〈长江三角洲区域一体化发展规划纲要〉实施方案》的行动计划。根据时间节点要求，将行动计划所列具体项目任务纳入 2019 年下半年及 2020 年上海法院重点工作内容和司法体制综合配套改革重点推进内容，工作重点从健全完善制度体系向抓好推进落实、评估工作实效转变，确保各项任务举措落地见效。继续加强全市法院服务保障大局工作的统筹指导，指导涉及服务保障示范区、新片区、商务区建设的各相关法院出台有关落实保障意见。

（二）进一步强化协作力度、拓展协作方式，促进审执工作高效开展

上海法院将协同其他三地法院进一步加强在案件管辖、跨域立案、财产保全、调查取证、联合调解、委托鉴定、文书送达、解决涉诉信访案件等工作上的协调、协作，加大案件审理协调力度，促进办案资源集约优化；进一步健全完善跨区域矛盾纠纷联动联调机制，加大矛盾纠纷联动化解力度，有力维护社会稳定。

（三）进一步统一执法尺度、执法标准，促进法律有效实施

全力落实好《关于长三角地区人民法院联合发布典型案例　推进法律适用统一的实施办法》（以下简称《实施办法》），根据《实施办法》要求，牵头做好相关组织工作，建立健全案例定期征集汇总、评选、适用和宣传机制，加强有关理论研讨交流，切实发挥好典型案例的启示、指引、示范和规范功能，促进长三角地区法律适用统一，提高司法公信力。

（四）进一步凝聚改革共识，促进司法体制综合配套改革有序推进

在目前已建立起司法改革专刊等信息材料交换工作机制的基础上，下一步上海法院将协同其他三地法院进一步开展新型审判团队建设、专业法官会议、多元纠纷化解、小额诉讼标准调整、独任制扩大适用等司法体制综合配套改革工作的沟通交流与协作，分享改革经验，共享改革成效。

B.5

行政检察穿透式监督的实践探索

——以上海市检三分院2019年度行政检察监督案件为考察

张永胜　张　亮　黄坚昆*

摘　要： 基于对上海市人民检察院第三分院2019年度行政检察监督案件的实证考察，本报告对行政检察监督工作的整体情况、案件类型、被申请人分布、案件基本特点做全局判断，并深入阐述行政检察穿透式监督的主要做法和成效，针对风险预警、类案问题、行政瑕疵、救济平衡等监督短板，发挥了促进区域与部门协作、推动制度层面完善、监督合理规范行政、保障实体和程序并重等制度功能。在理论创新与实践拓展的基础上，阐释通过程序机制丰富监督形式、类案建议强化监督实效、沟通机制提升监督效率等，进一步深化和建构行政检察穿透式监督的实施路径。

关键词： 行政检察　穿透式监督　类案建议　行政瑕疵　程序空转

检察机关的行政检察监督职能是国家治理能力和治理体系现代化中不可欠缺的重要一环。最高人民检察院（以下简称“最高检”）在新时期提出“四大检察”全面、协调、充分发展新格局，对全国检察系统发挥检察监督作用，促进社会治理，提出了更高的任务要求。其中，穿透式监督已经成为

* 张永胜，上海市人民检察院第三分院第四部主任；张亮，上海市人民检察院第三分院第四部副主任；黄坚昆，上海市人民检察院第三分院第四部检察官。

行政检察的核心特征和重点内容，旨在积极发挥监督行政审判救济个体权利与监督行政机关依法行政等“一手托两家”作用，不断加强和创新社会治理中的法治保障作用。

检察理论中的“穿透式监督”源于互联网金融领域的穿透式监管理论，[①] 由最高检根据上海地区检察监督的实践经验提炼出的创新理念，[②] 是对我国新时期行政诉讼检察监督实践的理论反思。穿透式监督的内容除了传统的个案救济型监督之外，还包括类案治理型监督，旨在解决行政检察监督中面对的法律程序空转严重、实质纠纷化解乏力、行政瑕疵监督虚弱、制度漏洞矫正不及等短板问题。

2019 年，上海市人民检察院第三分院（以下简称“三分院”）以穿透式监督为核心理念，在监督办案中不断创新行政检察个案监督与类案监督相结合的工作方式，积极发挥监督法院公正司法和促进行政机关依法行政的“一手托两家”职能作用。本文通过对三分院 2019 年度行政检察监督案件的实证考察，深入阐述行政检察穿透式监督的主要做法和成效，并就行政检察穿透式监督实施路径的深化与建构提出优化建议。

一　2019年度行政检察监督的基本情况

2019 年三分院受理行政诉讼监督案件 134 件，审结 137 件（含上年度未结案），检察官人均办案数 36 件。提出行政监督案件检察建议 4 件，其中公开宣告 2 件，当面送达 1 件，4 起案件被建议行政机关和单位均回函接受检察机关的建议内容。提请上海市人民检察院抗诉案件 1 件，实质化解行政争议案件 2 件，收到法院再审案件结果 1 件，该案再审中被告行政机关改变了原行政行为，原告当事人的利益得到保障，再审终结诉讼。另外，作出不支持监督申请决定 134 件。

① 叶林、吴烨：《金融市场的“穿透式”监管论纲》，《法学》2017 年第 12 期。

② 张相军：《“穿透式”行政检察监督与促进社会治理》，法治政府网，http：//fzzfyjy. cupl. edu. cn/info/1021/11373. htm，2020 年 3 月 1 日。

开展行政诉讼监督的同时，突出三分院专业化办案的特点，加强在铁路、金融、知识产权等专门领域的行政审判和行政执法行为的法律监督。一是认真履行铁路检察职能，继续深化“维护高铁沿线安全专项检察监督活动”，针对铁路沿线违法侵占、违法施工、违法搭建、违法穿越等严重危害铁路安全行为方面行政监管不力和缺位的情况，履行铁检机关行政检察监督职责，依法督促铁路行政监管部门、地方政府部门依法履行维护铁路安全的职责，切实纠正相关行政管理部门违规违法行为，促进审判机关加大涉铁案件尤其是公益诉讼案件的执行力度，确保诉讼取得成效。积极提出立法建议，推动上海市及长三角范围内铁路安全立法工作。2019 年三分院与中国铁路上海局集团有限公司在前三年专项监督的基础上，新排摸高铁外部隐患 577 处，落实整改 246 处。二是针对金融行政监督案件基数不大的特点，通过对案件涉及领域及特点的研判，积极发现金融行政监督发展趋势以及行政诉讼风险点，加强与上海金融法院和上海银保监局、上海证监局、人民银行上海分行等金融管理机构的联系沟通，共同研究促进行政争议诉源治理。三是对于知识产权行政诉讼审判活动，进一步健全完善知识产权检察“三合一”办案机制，提高知识产权行政案件的监督质量和效果。同时，与上海市知识产权局、版权局、文化执法总队等建立行政执法和行政检察衔接机制，监督和促进知识产权行政执法信息公开、标准统一规范、各项保护知识产权权利人的措施落实。调研走访民营企业、中小企业，加强企业知识产权的司法保护。开展“检察开放日”活动，听取并回应企业知识产权司法保护需求，加强知识产权风险防控工作。

（一）案件数量

2019 年办案总数较上一年减少 18 件，但占同期法院审结案件的比例与上一年基本持平（见图 1）。从近五年的总体情况而言，受案量呈现爆发式增长后的稳定态势，这个发展态势主要有以下几点原因：一是新的《行政诉讼法》实施后，上海行政诉讼案件数大幅上升，相应的高上诉率、高申诉率导致行政检察办案数也同步爆发式增长。2018 年以后，法院行政案件受理数到达高点后趋于平稳，检察监督办案数也随之平稳。二是上海法院行政案件集中管辖在 2018 年又做了新的调整。以第三中级人民法院为上诉法院的上海铁路运输法院由原来集中管辖虹口、普陀、长宁、静安四个区一审行政案件变更为集中管辖虹口、普陀、长宁、徐汇四个区一审行政案件以及以全市区政府为被告的政府信息公开案件。管辖调整变化造成上海铁路运输法院一审行政案件数略有下降。三是 2019 年《政府信息公开条例》修改，针对恶意反复多次提出政府信息公开行为进行了规制，一定程度上减少了政府信息公开案件滥诉的现象。如 2018 年由张某某一人在三分院申请监督 54 件政府信息公开案件，类似的情况在 2019 年没有发生。

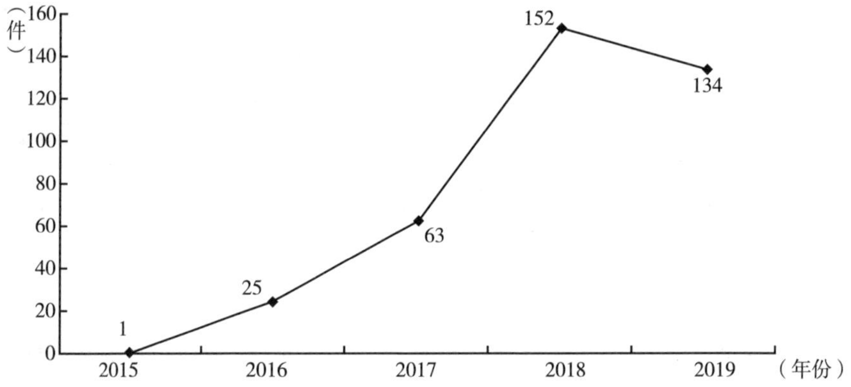

图 1　2015～2019 年行政诉讼检察监督案件受理情况

（二）案件类型

申请监督的案件涉及行政管理的范围广、类型多，主要有政府信息公开、劳动和社会保障、不动产登记、行政处罚、行政赔偿、房屋土地征收补偿以及要求履行各类法定职责等行为类型和管理领域。其中，政府信息公开类案件 39 件，占总数的 29%；要求履行法定职责类案件 28 件，占 21%；不服行政处罚类案件 18 件，占 13%；劳动和社会保障类案件 14 件，占 10%；房屋土地征收补偿类案件 14 件，占 10%；不动产登记类案件 11 件，占 8%；行政赔偿类案件 2 件，占 1%；其他行政纠纷类案件 8 件（见图 2）。

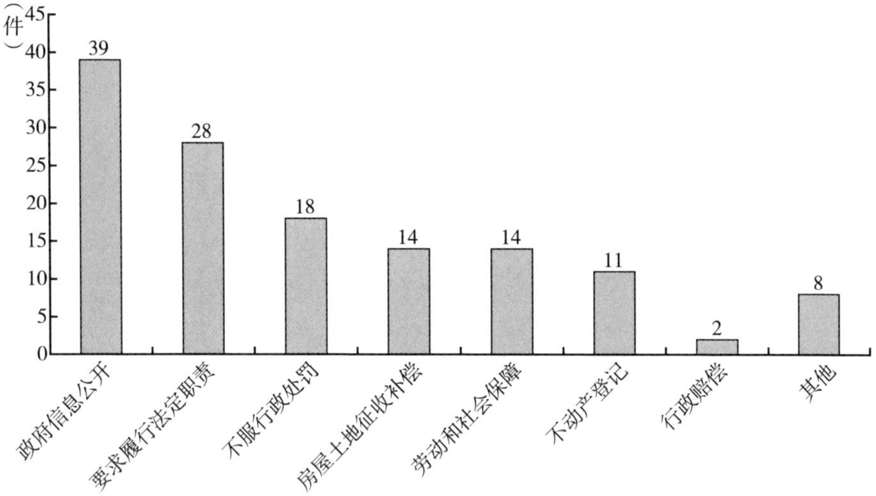

图 2　受理行政监督案件案由分布

（三）被告级别及区域分布

三分院 2019 年受理的案件中，涉及市级机关的共 58 件，占全部案件的 43%；区级行政机关为被告案件大幅增加，2019 年共 60 件，比 2018 年的 18 件增加 233%，其中涉及行政机关以公安机关、房管部门为主，共 41 件，占区级行政机关被告案件的 68%。由上海铁路运输法院集中管辖的虹口、长宁、普陀、静安四个区中，以虹口区行政机关为被告的案件数最多，一共 30 件，分布情况见图 3。

（四）案件特点

1. 案件类型多样，但纠纷的实质原因集中于征收补偿和社会保险等民生领域

虽然受理案件从案由上划分，涉及信息公开、行政处罚、不动产登记、要求履行法定职责等多种类型，但从纠纷的实质原因分析，主要涉及房屋土地征收补偿问题。如受理的政府信息公开案件中涉及房屋土地征收（或拆迁）补偿的有 24 件；要求履行法定职责类案件中有 5 件因动拆迁纠纷而起；不动产登记类案件中因动拆迁纠纷而起的有 10 件；加之房屋征收动迁补偿

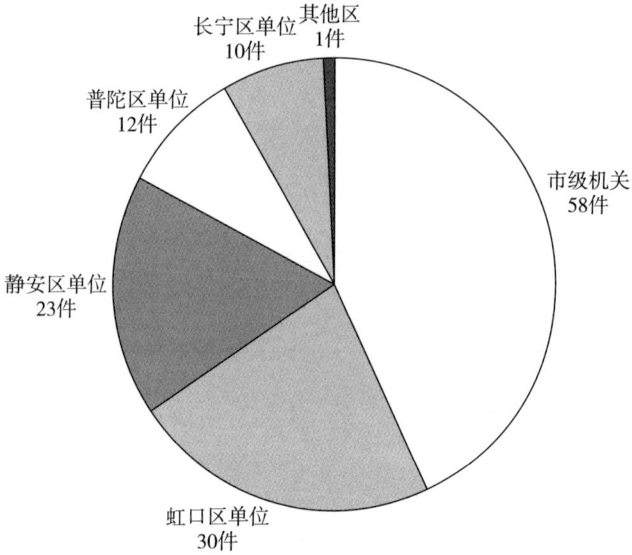

图 3　2019 年受理行政案件被告地域分布

协议纠纷 14 件，在所有受理案件中与房屋征收拆迁有关或因征收拆迁补偿而衍生出的案件有 53 件，占总数的 39.6%。此外，养老和社保争议 14 件，占 10.4%。上述两类案件，占所有受理案件的 50.0%（见图 4）。

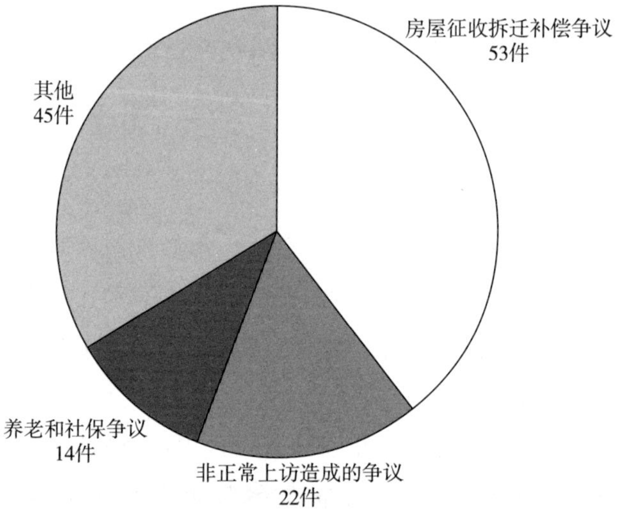

图 4　行政监督案件的实质原因分布

2. 以公安机关为被告的案件增长迅速

市区两级公安机关为被告的行政监督案件 41 件，约占收案总数的 31%。其中道路交通违法处罚 4 件，不服其他治安类处罚 12 件，信息公开案件 14 件。引发以公安机关为被告的案件的实质原因，主要与当事人的非正常上访有关。2019 年度与非正常上访有关的案件中信息公开类有 13 件、治安处罚类有 7 件、要求履职类有 2 件，共 22 件，占总受理数的 16%，是公安机关被告案件数的一半以上。

3. 受理案件中被告类型比往年更加多样

受案中涉及不同被告单位共计 40 余家，覆盖房管、规土、公安、财政、消防、质监等十余个行政管理部门。其中国务院部委为被告的有国家住建部、民政部，市政府及市政府所属部门为被告的有市公安局、人社局、住建委等十余个部门，其中市公安局、市不动产登记局和市社保中心排前三位（见图 5）。2019 年首次受理了市质监局、市消防局、上海证监局、上海银监局、上海保监局和人民银行上海分行为被告的案件，案件类型和被告单位的范围进一步扩展。特别是金融类行政诉讼案件的增加，一定程度上反映了

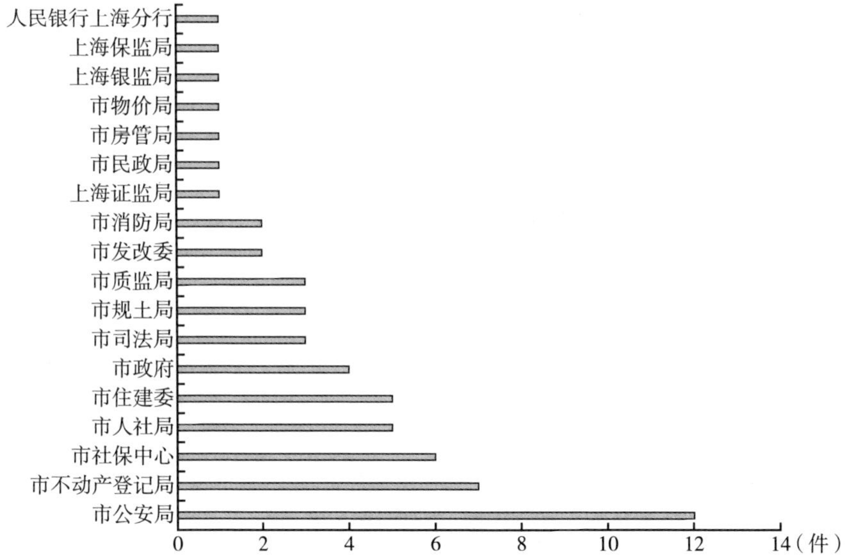

图 5　2019 年行政监督案件被告为市级单位的案件分布

近年来金融行政监管力度加大，相关纠纷增多的情况。受理案件中以区级机关为被告的，案件数量较多的是区房管局、区公安分局（见表1）。

表1 2019年受理行政案件区级被告分布情况

单位：件

区划	被告单位	案件数
虹口区	虹口房管局	12
	虹口公安分局	11
静安区	静安房管局	12
	静安公安分局	7
长宁区	长宁公安分局	6
普陀区	普陀公安分局	5

4. 审判过程中的程序性问题仍然一定程度上存在

一是一些案件仍然存在二审法院未听取上诉人意见，不开庭审理即作出裁判的情况。二是对于当事人申请再审，个别法院仍然不作出裁定，而是以答复函等等复形式不予受理。三是当事人对三中院作出的生效裁判不服，向上海市高级法院提出再审申请的，仍然存在市高院转由第一、第二中级人民法院审查并作出裁定驳回的情形。上述几类程序性问题，近两年检察机关已向有关法院提出过监督意见，2019年申请监督的案件中仍有发生。

5. 监督申请人群体相对弱势

随着近年来监督申请案件数量的增长，监督申请人群体性特征也越来越明显，2019年受理的行政检察案件监督申请人群体有以下几个特点：一是所有申请人都是原告方，没有行政机关作为申请人。多年来未有一起被告行政机关来申请监督的。二是申请人的诉讼能力较弱，有的申诉请求事项表达不清，申诉请求没有针对法院原审判决，支撑申诉理由的事实和法律依据不具体明确，缺乏针对性。三是申请人中退休人员占较大比例，专业律师参与诉讼代理的极少。四是不属于行政诉讼受案范围的案件占比大。2019年受理的案件中有45件是法院裁定不予受理或驳回起诉的，占总数的33.6%。

控申部门和行政检察部门接待答复重复来访当事人 197 人次，有的案件当事人在结案后 8 次来访仍不息诉。

（五）行政检察监督的难点问题

1. 许多案件由一个实质性纠纷衍生而来，通过监督衍生案件最终解决不了实质性问题

比如因为动迁补偿不满意，为了达到证明征收行为违法的目的，张某一家兄妹三人分别与市区两级规土、住建和市不动产登记局等部门发生多起政府信息公开案件，拟从中寻找征收过程中的问题。这些信息公开案件的解决与否都难以实现张某希望增加补偿利益的实质目的，司法机关、行政机关都随着张某的起诉在“走程序”，造成程序空转。

2. 在行政机关胜诉的生效裁判中，一些行政执法瑕疵被忽视

如张某就房屋登记问题向住建部门申请复议，住建部门指引其向规土部门申请，后规土部门又指引其向市政府申请，最终市政府指引其向规土部门申请。该案虽然最后由规土部门受理复议，但是之前各部门之间的“循环指引”问题，无法在最后的复议案件中得到有效监督和提示。又如，倪某对司法鉴定执业活动投诉处理一案，司法鉴定机构在执业活动中存在鉴定委托书设定的格式不合理、鉴定采用的标准与约定鉴定标准不一致的问题。这个问题虽然在诉讼中没有作为争议焦点，但是暴露了司法鉴定的委托书内容设置不够科学、合理，行政监管不严格的问题，影响了司法鉴定行为的公正性、权威性。

3. 一些涉及行政行为依据的规范性文件问题，在个案监督中难以有效指出

如周某劳动和社会保障纠纷一案，上海相关社保政策文件中的条款已经被新的规范性文件所替代，但其他条款仍然适用，社保机构未能就上述条款的适用以及规范性文件的溯及力问题对申请人进行合理释明，给申请人造成很大不便，进而产生不满而提起诉讼。这暴露了规范性文件衔接清理不及时、行政服务解释工作不规范的现象。

4. 释法说理和息诉难度大

由于申请人相对缺乏法律知识和诉讼技能，提起的诉讼难以解决纠纷的实质性问题，造成久诉不止。还有些当事人对行政诉讼和检察监督寄托了过高的期望，对于一些明显不属于行政诉讼范围的问题，仍坚持通过诉讼或检察监督来解决。上述情况对承办检察官释法说理和息诉能力提出了较高的要求，尤其是对不属于行政诉讼范围的申诉情形，如何在做好释法说理的同时给当事人以有效的指引，或者通过协调相关部门共同化解矛盾，是对检察办案人员综合素质的考验。

二　行政检察穿透式监督的主要做法与成效

“把握实质重于形式，坚持穿透但非干预”是穿透式监督的法律原则。[①] 针对行政检察监督案件特点和面临的难点问题，三分院行政检察部门以促进行政纠纷的实质性化解为目标，积极发挥行政检察监督及促进司法公正和依法行政的“一手托两家”职能作用，探索开展了行政检察办案穿透式监督，深入剖析个案纠纷的实质性问题，牵头协调审判机关、行政机关和相关单位共同化解行政纠纷。通过类型化梳理开展类案监督，在解决个案问题的同时，有效预防同类案件反复发生，从而节约司法资源，维护社会稳定。

（一）注重类案问题分析研判，推动社会治理与制度完善

对于法律制度不完善、规定不明确，或者上级政策文件更新较快，行政管理的原有做法与现行政策及法律精神不一致造成的行政纠纷，检察机关没有停留在个案和个体利益的救济上，而是从个案现象深入分析纠纷形成的实质原因，注重类型化积累，逐步形成体系化意见，向行政管理部门提出类案检察建议，促进社会治理的法制完善和制度创新。

① 曹锦秋、任怡多：《资管计划穿透式监管法律问题研究》，《辽宁大学学报》（哲学社会科学版）2018 年第 5 期。

如龚某补发养老金一案，龚某因为照顾意外摔伤的母亲，在达到退休年龄三个月后才去申领养老金。社保部门对这三个月迟延期的养老金不予补发。三分院审查认为，对有合理原因延迟办理养老金领取手续的退休人员不予补发养老金，不仅缺乏上位法依据，而且不具有行政给付的合理性，但是考虑到该做法已经执行多年，涉及人数众多，变更补发标准和方式应当采取稳妥渐进的措施。为此，检察机关首先对龚某一案采取个案化解的方式，向人保局提出个案矛盾化解建议函。市人保局接受了三分院的建议，对龚某的个案问题予以妥善解决。同时，以龚某案为基础开展对养老保险同类案件的分析，发现上海市养老保险行政服务中不仅存在养老金申领起算时间争议，而且对出国出境人员、外来配偶、女性灵活就业人员等几类特殊群体的养老金申领条件设置也存在不公平对待的问题。针对上述问题，三分院向社保职能部门提出及时清理与上位法不一致的社保政策文件，规范社保服务程序，扩大程序性告知范围等公平保障各群体养老权益的建议，并通过政协专门委员会反映意见和建议。市人保局非常重视检察机关的建议，局相关业务部门多次与三分院沟通，并经局长办公会研究形成纪要，进一步完善了退休人员申办养老金问题的审查和通知规范，采取特殊情况个案审查、重点人员提前通知等一系列措施，提高了养老金申办的合理性，保障退休人员的合法权益。

又如周某房屋交易手续费纠纷一案，在国务院和市政府对于房屋交易政策已经调整变化的情况下，不动产登记部门仍然延用旧文件规定的收费标准进行收费。法院以国务院文件和市政府新的规定并未涵盖周某进行的房屋交换形式为由，判决驳回周某要求按新的标准收费的请求。检察机关审查认为，国务院和市政府新的规定明确了对房屋交易手续费的计费标准，周某实施的房屋交换行为属于房屋交易的一种形式，应当属于国务院和市政府新规定调整的范围。另外，近年来减少收费项目、降低收费标准一直是国家政策改革和调整的方向。本案不动产登记部门依旧按照旧的文件规定，使周某交换获取的房屋所交的手续费比一般买卖交易收取的费用高，明显不符合国家政策精神。为此，三分院将该案提请抗诉。案件由市人民检察院向法院抗诉后，法院启动再审。再审期间，被告行政机关主动退回周某多收的手续费。

（二）注重行政瑕疵的监督建议，促进合理行政规范行政

行政诉讼监督案件中，有一部分案件虽然法院判决认可被诉行政行为的合法性，但是行政执法中却存在一定的瑕疵和轻微违法，这些执法瑕疵由于没有在诉讼中得到负面评价，往往得不到行政机关足够的重视，容易重复发生。对此，检察机关通过穿透式监督可以主动介入及时矫正，推动行政裁量基准更加合理科学，维护行政的公正性和权威性。三分院对于案件中行政瑕疵问题，区分不同情况，运用检察建议开展监督。

1. 针对个别行政机关在履行职责时审查不全面、不严格的问题

如吴某与某区房管局征收补偿协议纠纷一案，在系争公房动迁时吴某兄弟之间为实际承租人是谁发生争议。区房管局根据吴某弟弟提供的证据启动调查程序，认为原先将承租人登记为吴某系工作失误所致，随即进行纠错，将承租人变更为吴某的弟弟，并与其弟签订了征收补偿协议。由于区房管局的纠错行为符合法律规定，法院没有支持吴某要求确认房屋征收补偿协议无效的请求。检察机关审查中发现，区房管局在主持纠错工作时，对吴某弟弟及其家人在他处动迁中已经享受居困人员安置待遇的事实未作调查核实，造成在对本案房屋承租人纠错变更时，未将上述情况综合考量，致使吴某弟弟变更为系争房屋承租人后，他本人及其家属不应享受的居困人员安置待遇没有及时追回，违反了市政府的相关征收补偿政策。对此，三分院向区房管局制发检察建议，建议该局在针对同类问题时，应全面审查事实情况，综合考虑各种因素，通过公平、公正执法来维护当事人的合法权益。同时加强征收动迁过程中的资料审查和保管存档，防止类似错误登记行为的发生。区房管局回函采纳了三分院的检察建议，并研究制定了相关措施加强对相关征收事务所的管理，规范档案工作的管理，对用不正当手段获取国家动迁安置利益的，及时与其他国家机关联系、沟通，配合其他国家机关工作，切实维护国家利益。

又如王某鋆、王某婷与某区房管局房屋征收补偿协议纠纷一案，动迁基地在征收补偿协议的签订过程中，对当事人的委托材料审查不严，造成相关人员持伪造委托书在补偿协议上签字。虽然上述虚假签名代表的房产份额不

足以影响补偿协议的效力，但是动迁基地制度漏洞和工作差错应当及时整改。对此，三分院向区房管局和动迁基地提出检察建议，建议其严格遵守《国有土地上房屋征收与补偿条例》（国务院令第 590 号）、《上海市国有土地上房屋征收与补偿实施细则》（上海市人民政府令第 71 号）、《关于进一步规范上海市房屋征收补偿工作的通知》（沪房管征〔2014〕243 号）等相关规定；建立健全委托审查制度，规范房屋征收补偿安置程序。区房管部门认真接受检察机关的建议，在各动迁基地进行了学习，建立完善了委托审查制度，明确委托手续办理公正的要示主，并将审查不严造成的工作差错纳入征收工作人员的业绩考核。

2. 针对工作差错和文书瑕疵问题

2019 年三分院受理了多起涉司法鉴定的行政监督案件，如倪某诉市司法局司法鉴定执业活动投诉处理答复一案中，一方面，鉴定采用的标准与委托书约定的不符，鉴定人表示委托书中勾选笔误；另一方面，鉴定报告中遗漏对应当鉴定项目的评价，即对当事人主要争议的腰椎滑脱这一损伤没有任何认定、否定、排除或者建议的结论性评价。在另一起王某某向市司法局投诉司法鉴定机构的案件中，司鉴所鉴定中心所做的笔迹鉴定，将鉴定检材和样本的标号写错，其中《特征比对表》中应当标注为“YB2”的检材写成“YB1”、应当标注为“YB3”的写成“YB2”。当事人因此认为鉴定结论是偷换了检材而做出的。上述问题中司法鉴定单位都以笔误和打印差错为由予以解释。为了引起鉴定从业人员和上级主管部门对于这类问题的足够重视，三分院就几起案件中的同类问题和相关制度和管理方面的问题，向市司法局提出检察建议，要求进一步加强监管，并制定科学严密的流程规范，杜绝在关键节点、关键文书上出现差错。司法局结合《上海市司法鉴定管理条例》的制定，对检察建议提出的问题进行综合考虑，加大了对司法鉴定行为的监管和规范力度。针对司法鉴定委托书的格式，也将在下一步进行调整修改。

3. 针对在信息公开案件中，行政机关应当制作、保存而未制作、保存的问题

信息公开类行政案件中，对于行政机关经过合理检索查找未发现的信

息，法院一般认为行政机关已经履行了信息公开的义务，对于原告要求公开或确认违法的请求一般不予支持。法院的这类判决虽然从信息公开的法律规定来看，并不违反相关法律和最高人民法院的通报案例精神，但是对于一些行政机关因疏于档案管理和工作留痕，未依法履行制作、保存政府信息职责的问题，没有通过司法监督进行有效规制，某种意义上使“尽到合理检索义务”成为掩盖未依法履行制作保管义务的借口。如陆某向某区房管局申请获取“××路××号地块拆迁计划和拆迁方案”一案，某区房管局以尽到合理检索义务为由告知信息不存在。虽然依据法律规定区房管局应当获取并保存该地块的拆迁方案，但是由于拆迁行为发生在2002年，当时动拆迁的各项规范还不完善，档案保管也不规范，现经区房管局查找客观上并未发现申请的信息，因此以“信息不存在”答复申请人并无不当。但是该区房管局在信息制作和保管上存在的问题，损害了政府的公信力，应当引起重视和有效整改。对于这类问题，三分院召开法院、行政机关和法学专家座谈研讨会，建议行政机关重视这类信息公开案件呈现的问题，共同研究对这类问题的司法监督和制度规制。

2019年，三分院先后就案件中反映的行政执法瑕疵问题，向3家单位制发检察建议3份，并对2起案件开展检察建议的公开宣告，1起当面送达。被建议单位均回函接受检察机关的意见和建议，进行了整改，并修订完善相应的内部规范。

（三）注重权利的救济和保障，实体和程序并重

针对行政审判和行政执法中存在的“重实体、轻程序”的问题，三分院在开展穿透式行政检察监督中，注重平衡当事人合法权利救济和行政执法权威之间的关系，选择有典型意义的案件提出监督意见，促进行政机关强化程序意识，树立法治政府的良好形象。

如张某不服交通违法行政处罚一案，虽然现场执法过程中公安交警佩戴了执法记录仪，但由于交警在张某对处罚有异议的情况下，未按规定及时妥善保存执法记录仪、现场监控记录的声像资料，造成案件涉诉后交警队除现

场交警证言外，无法提供现场执法记录的声像证据。法院采信了交警队关于执法记录仪录制的现场资料因公安网络系统被病毒感染造成数据丢失，适用“一对一”执法的特殊情形，以行政执法机关证据具备优势为由，即“优势证据”原则，判决驳回张某的诉讼请求。三分院审查认为，根据公安机关现场执法视音频记录工作规定，以及上海公安机关执法记录仪的使用管理规定，执法交警应当记录保存现场执法资料，本案在有执法记录仪的情况下，不应适用“优势证据”原则。案件反映的交通执法存在的“重实体、轻程序”、忽视执法证据的保存问题比较典型，对此三分院向上海市人民检察院提请抗诉。

再如，王某与某区教育局履行法定职责一案中，王某因不服区教育局信访答复向区政府信访办申请信访复查。区政府信访办以王某信访事由不属于信访范围为由撤销了区教育局的信访答复。之后，王某以同样的内容向区教育局提出行政履职申请，并提供了区政府信访办撤销信访答复的复查决定。而区教育局以重复信访为由，对于王某的申请不予处理。虽然王某两次申请的内容相同，但是第二次申请是依据《教师法》而不是《信访条例》的规定，区教育局应当依据《教师法》规定的行政程序作出处理。但是区教育局未将该申请划入行政申请件予以处理，简单作为重复信访进行处理，虽然实体处理结果未必有不同，但是程序上明显违法，显属失职。三分院审查该案后发现王某申请的退休待遇问题已经得到解决，故向王某作出了不支持监督申请的决定。但是对于区教育局将行政申诉和一般信访（重复信访）不作区分一并处理的做法，向区教育局提出检察建议，建议该局认真贯彻落实《教师法》关于保障教师合法权益的申诉处理工作制度，保证申诉渠道畅通，切实提升教育行政工作的法治化水平。同时加强窗口人员的培训，做好一般信访和行政申诉件的分类办理，防止因工作粗疏造成混淆，造成不必要的诉讼和纠纷。

（四）注重高铁安全的风险规制，促进部门协作与区域治理

在履行铁路检察职能，服务保障铁路运行安全方面，三分院从办理一般

的涉铁刑事、民事和行政案件中发现的铁路安全执法和行政监管方面的问题入手，对严重威胁高铁运行安全的行政履职缺位和违法情形，发挥跨行政区域监督的优势，与基层铁路检察院一起探索开展了长三角一体化、跨区域的“维护高铁沿线安全专项检察监督活动”，针对跨行政区域社会治理难点和盲点，监督行政机关依法履职、完善管理漏洞，促进部门协作与区域治理。

专项活动主要针对高铁安全保护区和红线区域等非法侵占、非法施工、非法搭建、非法穿越等严重危害铁路运行安全行为方面相关行政监管缺位，向依法承担监督管理职责的地方政府及部门、铁路监督管理局、铁路企业提出履职建议，督促其履行维护高铁安全的法定职责。2016 年专项监督活动开展以来，在沪苏浙皖三省一市 4000 多公里的高铁沿线，排查整治安全隐患 883 处，其中京沪高铁重点隐患 38 处，对维护高铁运行安全、推动高铁外部环境安全防控法治化进程发挥了重要作用。2019 年，三分院就高铁安全监管的法治化问题形成研究专报，向最高人民检察院和中央主管部门反映，提出加强法制宣传、严格落实铁路沿线监管责任、明确政府及相关部门维护铁路安全运行的职能等建议，得到国家主要领导人的重要批示。国务院相关职能部门和全国检察机关迅速行动起来，贯彻落实中央领导的指示，在全国形成高铁风险齐抓共管的良好治理格局。

三　行政检察穿透式监督的深化与发展

为了进一步提升穿透式监督的实效，充分发挥行政检察服务大局，促进司法公正和依法行政的职能作用，下一步三分院行政检察穿透式监督探索将在以下几个方面进一步深化发展。

1. 深入贯彻落实党的十九届四中全会精神，切实明确行政检察监督的指导思想

要深入贯彻落实党的十九届四中全会《中共中央关于坚持和完善中国特色社会主义制度　推进国家治理体系和治理能力现代化若干重大问题的决定》精神，要按照最高人民检察院检察长提出的以检察履职能力的现代化助推国家治理能力现代化的工作要求，切实提高开展行政检察穿透式监督的

认识，主动聚焦“三大攻坚战”，聚焦上海新的三项重大任务，下大力气提升行政检察的履职能力，优化监督方式和监督手段，努力查找司法审判和行政执法的痛点、难点、堵点，提出检察监督意见和建议，为促进上海社会治理体制和治理能力现代化提供检察助力。

2. 充分运用公开听证程序，推动行政争议在检察环节的实质性解决

根据最高检关于各级检察机关加大在执法办案中公开听证的力度，回应人民群众的需求的指示要求，在行政诉讼穿透式监督中加大公开听证的比例，对于争议较大、问题突出、社会关注度高的案件，都要实施公开听证。通过公开监督程序、充分听取意见、邀请多方参与的形式，对行政争议进行充分的研究分析，公开讨论共同化解行政纠纷。一是进一步通过听证促进各方当事人面对面的交流。在听证环节耐心听取当事人诉求，给当事人充分发言的机会，把行政纠纷的实质性问题和症结说出来，消除双方误解，实现相互谅解。二是进一步扩大社会各方和专业人员的听证参与度。强化监督活动的公开性、专业性和正当性。对于重大疑难复杂案件，根据案件特点主动邀请与案件没有利害关系的人大代表、政协委员、人民监督员、特约检察员、专家咨询委员、人民调解员或者当事人所在单位、居住地的居民委员会委员以及专家、学者等其他社会人士参加听证。充分听取各方意见，共同研究争议解决的方法，并顺应重视人民司法意见的要求，构建听证意见与案件处理结果衔接程序。[①] 三是进一步细化落实公开听证的程序规范，保证公开听证达成的化解方案的执行力和权威性。

3. 强化类案检察建议，发挥类案检察建议的作用

类案检察建议是在个案监督的基础上，对监督内容的系统化、专业化归纳，体现了穿透式监督从制度层面反思和修补监管漏洞的功能，是穿透式监督的主要特征和手段。[②] 一是进一步规范类案建议的内容、制发程序、发送的对象和范围。在监督办案过程中，加强对类型化问题的调研，并组织开展

---

① 何艳敏：《做好行政检察听证促进争议实质性化解》，《检察日报》2020 年 1 月 20 日，第 3 版。

② 张永胜、张亮：《类案检察建议的适用与提高行政监督实效》，《检察日报》2019 年 12 月 3 日，第 3 版。

研讨、座谈等多种活动，听取理论和实务专家的意见，提升类案建议的质量。二是进一步丰富类案建议的形式，探索多元化的联席会议通报、年度报告、专项报告等类案建议形式和送达通报方式，扩大监督影响，提高监督权威和监督实效。

4. 加大对金融和知识产权专门法院和行政监督的行政检察监督力度

通过对案件涉及领域及特点的研判，发现金融行政监督发展趋势以及行政诉讼风险点。通过研判结果的反馈，提升行政监管质效，促进行政争议诉源治理。发挥分院金融创新检察研究中心作用，深化与上交所的配合协作，实现打击信息披露、涉区块链、互联网金融犯罪与行政监管衔接配合，防范化解金融领域重大风险。与法院、金融监管机构建立工作协作机制，积极发挥法律共同体作用，联动化解行政争议。借助金融消费纠纷调解中心、银行纠纷调解中心等平台，推动纠纷调解，力争案结事了。贯彻落实“严保护、大保护、快保护、同保护”知识产权保护意见，深化知识产权案件“三合一”办理机制，注重刑事、民事和行政案件在办案理念、办案思路上的深度融合。以上海检察机关知识产权保护研究中心为平台，加强知识产权案件办理的理论研究，继续完善网络著作权案件证据规格和证明标准。

5. 加强与法院、行政机关的交流协作，共同促进司法公正和依法行政

充分发挥跨行政区划检察院、法院行政诉讼联席会议制度的作用，加强检法沟通交流。进一步加强对疑难复杂案件的探讨，统一司法理念和释法标准，提升监督质量。针对行政审判和行政检察办案中发现的行政执法问题，加强合作形成一致意见，共同当好党委和政府的法治参谋。共同探讨新型案件办理机制，加强行政检察和行政审判专业化建设。

建立健全行政检察与行政执法的衔接沟通机制，对于检察监督中发现的问题，加强与行政执法机关的沟通交流，充分了解行政执法的法律规定和政策考量。认真听取行政机关的专业性意见和存在的实践问题，共同研究具体执法中问题的症结，协助行政机关完善管理漏洞，提出合法合理的可操作可替代方案。

6. 加强业务学习和素质培养，全面提升监督能力

一是加强行政检察人员的专业理论学习。采取进修、集训、专题培训等多渠道、多形式开展检察官业务学习，保证研修制度的落实。在办案中注重专家型人才的培养，特别是针对性地加强金融、知识产权方面专门人才的培养，打造人才集聚的业务办案团队。二是提高释法说理和做群众工作的能力。按照“谁执法谁普法”的要求，学会在办案中普法，学会用群众的语言把法理讲清楚，把道理讲明白，引导当事人通过合理、有效的途径解决问题。

B.6

审判权力运行风险防控体系的探索与构建

——以上海市法院的实践为分析样本

顾 全　俞小海*

摘　要： 党的十九大关于“深化司法体制综合配套改革，全面落实司法责任制”的部署，对建立“让审理者裁判、由裁判者负责”的新型审判权力运行机制提出了新的更高要求。随着司法责任制改革的深入，审判权力运行过程中的风险也逐渐凸显。以往关于审判权力运行机制改革的实践在一定程度上起到了防范化解审判权力运行风险的作用，但是由于缺乏系统性、整体性的风险防控理念和制度设计，审判权力运行机制的发展呈现碎片化的倾向，亟须重新梳理优化。围绕构建审判权力运行风险防控体系这一全新的命题，本文主要分四个部分具体展开：第一，审判权力运行中的风险点分析；第二，审判权力运行机制的构成要素；第三，审判权力运行风险防控体系的构建；第四，审判权力运行风险防控体系的实践应用。

关键词： 审判权力　防控体系　司法改革

深化司法体制综合配套改革，全面落实司法责任制，是党的十九大提出的重大改革任务。从司法体制改革到司法体制综合配套改革，其更加强调改

---

* 顾全，法学博士，上海市高级人民法院研究室主任，上海司法智库学会秘书长；俞小海，上海市高级人民法院研究室副科长，法官助理。

革的系统性、整体性、协同性，同时也对改革提出了更高的要求。周强院长指出：“司法责任制，对于人民法院来说，就是建立‘让审理者裁判、由裁判者负责’的新型审判权力运行机制。”① 新型审判权力运行机制的建立，既需要在处理好放权和监督二者关系的基础上对以往审判权力运行机制进行体系性、结构性优化，也需要转型升级适应新型审判权力运行规律的审判监督管理模式。在这一变动过程中，审判权责落实、审判监督管理、法律适用统一、权责主体廉政等方面隐藏的风险日益增大。如果不从理论上对这些风险予以系统性梳理，并从整体上探索构建审判权力运行风险防控的体制机制，则可能影响审判权力运行的实效，并最终对全面落实司法责任制产生消极的反面作用。因此，有必要对这一全新的命题展开分析研究。

一 逻辑起点：审判权力运行中的风险点分析

（一）审判权责不实的风险

理论界一般认为，“裁判者负责中的‘负责’有两层含义，一是裁判者对案件实体裁判的做出享有最终裁决权，二是裁判者对独立做出的实体裁判结果承担对应的审判责任”。② 虽然中央、最高人民法院从顶层设计层面对审判权力做了制度性规定，但是一方面，由于缺乏系统的梳理和更深层次的细化，加上各制度文件规定的审判权责清单存在一定程度的交叉重合，实践中行使审判权的主体对于具有什么样的审判权力并不是十分清楚，对于与审判权力相对应的审判责任的认识也停留在一个较为浅层的意识上，由此审判责任在一定程度上“悬”在半空；另一方面，“责任界定与责任追究制度的

① 周强：《全面落实司法责任制切实提升审判质效和司法公信力》，《人民司法》2019 年第 19 期，第 4 页。

② 重庆市高级人民法院课题组：《审判管理制度转型研究》，《中国法学》2014 年第 4 期，第 98 页。

合理设定与实施，是形塑权力运行机制的关键要素"[①]，尽管最高人民法院出台的多个司法责任制意见对于审判责任认定和追究做了原则性规定，但是因为缺乏配套的细化措施，导致故意枉法裁判、重大过失造成的错案与一般性工作差错、办案瑕疵、合理主观认识差异导致的错误始终难以区分。无论是最高人民法院年度工作报告、司法体制改革专项报告，还是人民法院报等官方媒体，都几乎找不到关于审判责任追究的案例。这从一个侧面说明，权力分散、责任主体分散后的审判权责并未落到实处，由此将审判权力运行置于一定的风险之中。

（二）监督管理真空的风险

"在人民法院的发展历程中，审判管理与审判相伴而生，有审判就有管理。"[②] 司法体制改革以落实司法责任制为核心，"此种司法责任机制，是以确认司法权是判断权和裁决权为前提，同时确认作为判断权行使条件的司法亲历性，确认审理与裁决的统一性、权力行使与责任承担的统一性。这种司法逻辑，与办事和决定相分离以及上命下从的行政逻辑有根本区别"。[③] 因此，落实司法责任制的必然要求是通过改变审判权力运行的传统模式、建立新型的审判监督管理模式，达到"去行政化"的实效。但是，放权后作为审判监督管理主体的院庭长面临两种境地。一是不敢管、不愿管。院庭长在没有参审案件的情况下，行使监督管理权往往存在顾虑，担心违背"让审理者裁判"要求，也担心因行使监管权不当承担相应司法责任。二是不善管。裁判文书签发制度改革，客观上使得院庭长失去了个案监管的抓手，新的手段和方式尚未完全建立。最高人民法院明确院庭长可以行使个案监督权的"四类案件"，因识别机制和启动机制不明确，效果也不明显。目前的实际情况是，"院长、庭长对所分管的审判业务，既可以主动且深度介入，又可以被动敷衍，甚至放手不管，是否参与到某一具体案件的处理过程之中，

① 龙宗智：《审判管理：功效、局限及界限把握》，《法学研究》2011 年第 4 期，第 35 页。
② 江必新：《国家权力科学管理视阈下的审判管理》，《法律适用》2017 年第 5 期，第 2 页。
③ 龙宗智、孙海龙：《加强和改善审判监督管理》，《现代法学》2019 年第 2 期，第 38 页。

随机性、甚而随意性很大”。[1] 由此容易出现监管盲区，产生个别案件脱离监管的风险。

（三）法律适用不一的风险

“从人民法院定案方式看，虽然各法院的具体实践有很大差异，但都有一个共同特征：‘多主体、层级化、复合式’。”[2] 这一模式下的案件裁判，由于经历不同主体、不同层级的复合评价，虽然案件质效能够得到保障，但是行政化倾向明显。新型审判权力运行机制的建立，消解了审判权力运行中的“多主体、层级化、复合式”特征及其弊端，但是一方面，放权后法官的权力比以往更大，自由裁量权也更大；另一方面，新型审判权力运行机制并未从根本上改变我国审判权力运行“多主体、层级化、复合式”的基本框架（主要是“四类案件”和重大疑难复杂个案），而是对“多主体、层级化、复合式”这种逻辑的重新梳理、矫正，实现多主体、多层级在遵循司法规律、按照法定程序对案件裁判予以“复合式”评价。在尚未理顺之前，法官对自由裁量权的把握尺度不一、对法律规范理解存在个体差异等客观因素，无疑会增大“类案不同判”的潜在风险。正如最高人民法院李少平副院长指出的：“有的法院在贯彻执行司法责任制时变形走样，或者不敢大胆放权，仍然变相审核把关，或者完全放任不管，导致案件质效下滑，法律适用不统一现象抬头。”[3]

（四）权责主体廉政的风险

新型审判权力运行机制的导向之一就是放权给法官，通过放权，真的做到“让审理者裁判”。但是，“如果配套改革缺位，法官权力增大，其腐败

---

① 顾培东：《再论人民法院审判权运行机制的构建》，《中国法学》2014 年第 5 期，第 288 页。

② 顾培东：《人民法院内部审判运行机制的构建》，《法学研究》2011 年第 4 期，第 5 页。

③ 李少平：《当前深化司法体制改革的形势、任务及重点》，《法律适用》2016 年第 8 期，第 3 页。

概率就可能增大”。① 应当看到，“我国法官数量很大但普遍素质不高，而且保证其勤勉廉洁的机制不健全，这种情况下，按照司法本身的要求对他们放权，不可避免地会带来腐败与不公正问题”②。实践中，我国法院干警利用审判执行权力违法违纪的情况也不断增多。通过对最高人民法院历年工作报告的分析，我们发现，2013 年以前全国各级法院查处利用审判执行权违纪违法干警的情况总体较少，2008～2012 年全国法院共查处利用审判执行权违纪违法干警 1548 人，而 2013～2017 年各级法院查处利用审判执行权违纪违法干警 3338 人，2018 年首次突破 1000 人（见图 1）。干警利用审判执行权违纪违法情况不容乐观，且总体呈现上升趋势。这种上升趋势与审判权力运行机制改革时间的正相关性，从一个侧面说明审判权行使主体的廉政风险日益成为审判权力运行中一个不容忽视的风险点。

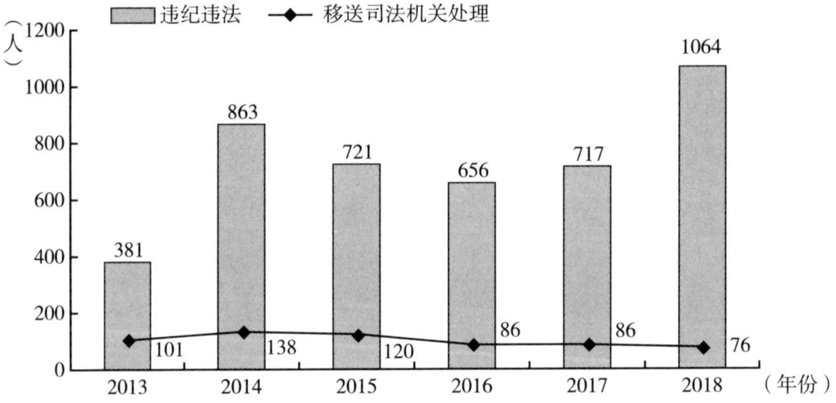

图 1 全国各级法院查处利用审判执行权违纪违法干警情况

二 防控基础：审判权力运行机制构成要素的确定

应当看到，审判权力运行中的风险并非自建立新型审判权力运行机制后

① 龙宗智：《审判管理：功效、局限及界限把握》，《法学研究》2011 年第 4 期，第 24 页。

② 龙宗智：《审判管理：功效、局限及界限把握》，《法学研究》2011 年第 4 期，第 24 页。

产生，而是在新型审判权力运行机制建立以前就已存在，只不过尚未凸显而已。从这个角度来说，我国顶层设计中关于审判权力运行的制度规定，虽然目的并非着眼于防控审判权力运行中的风险，但是客观上对于防控审判权力运行的风险确实具有积极意义。因此，有必要对我国顶层设计中关于审判权力运行的制度设计做一梳理，并在此基础上明确审判权力运行机制的构成要素，从而为审判权力运行风险防控体系的构建提供基本依据。

（一）审判权力运行机制的历史沿革及构成要素演变

1. 关于审判权力运行机制认识的不断深化

我国关于审判权力运行制度的相关规定，主要体现在中央有关文件和最高人民法院颁布的五个“五年改革纲要”里面。“一五”改革纲要并未明确提出“审判权运行”或“审判权力运行”的概念。[①]“二五”改革纲要首次出现了“审判权运行”的概念。“二五”改革纲要在基本任务和目标中指出：“改革和加强人民法院内部监督和接受外部监督的各项制度，完善对审判权、执行权、管理权运行的监督机制，保持司法廉洁。”“三五”改革纲要进一步提出“改革和完善人民法院司法职权运行机制”，但主要着眼于优化审判业务部门、综合管理部门以及上下级法院之间的职权配置、职权机构、组织体系等方面，是一种侧重于审判管理的视角。“实现审判运行合理化，所要求的不仅仅是审判管理的改善与加强，更富有本质意义的是审判运行机制的构建。”[②] 经过不断探索，真正意义上的“审判权力运行机制”这一概念，产生于2013年10月最高人民法院印发的《关于审判权运行机制改革的试点方案》。党的十八届三中、四中全会两个《决定》使用的名称则是“司法权力运行机制”。2014年6月6日，中央深改委审议通过的《上海市

① 1999年10月20日，时任最高人民法院副院长祝铭山在关于《人民法院五年改革纲要》的说明中指出：“要确保办案质量，提高工作效率，推行审判长和独任审判员选任制度，建立一种既能充分发挥审判长主导作用，又能集中合议庭集体智慧的审判组织运行机制是十分重要的。”“审判组织运行机制”可以说是“审判权力运行”这一概念的雏形。

② 顾培东：《人民法院内部审判运行机制的构建》，《法学研究》2011年第4期，第4页。

司法改革试点工作方案》中也沿用了“司法权力运行机制”的表述。“四五”改革纲要明确提出“健全审判权力运行机制”，“五五”改革纲要进一步提出“健全以司法责任制为核心的审判权力运行体系”。

由此可以看出，从“一五”改革纲要到“五五”改革纲要，我国对审判权力运行机制的认识经历了一个从无到有、逐步深化的过程。伴随着“审判权运行”“司法职权运行机制”“审判权运行机制”“审判权力运行机制”“审判权力运行体系”等概念的不断演变，审判权力运行机制的内容也日益丰富（见表1）。

表1　五个五年改革纲要关于审判权力运行机制的相关规定

项目		“一五”改革纲要 1999年10月20日	“二五”改革纲要 2005年10月26日	“三五”改革纲要 2009年3月17日	“四五”改革纲要 2015年2月4日	“五五”改革纲要 2019年2月27日
1	法官及合议庭权责	强化合议庭和法官职责。审判长和独任法官依审判职责签发裁判文书	强化合议庭和独任法官的审判职责。合议庭、独任法官负责制	完善合议庭制度。加强合议庭和主审法官的职责。完善人民陪审员制度	健全主审法官、合议庭办案机制。改革裁判文书签发机制	强化独任庭、合议庭的组织地位。审判团队建设。案件分配机制
2	审委会权责	讨论少数重大、疑难、复杂案件的法律适用问题，总结审判经验，指导审判工作	改革成员结构、审理案件的程序、方式、表决机制。健全办事机构	完善讨论案件的范围和程序，规范职责和管理工作。落实检察长列席审委会的规定	强化宏观指导职能。先行过滤机制，规范案件范围。决议事项督办、回复和公示制度。委员履职考评和公示机制	强化宏观指导职能。拟讨论案件审核、筛选机制。事务公开。决定及其理由在裁判文书中公开。列席人员范围和工作程序
3	院庭长权责	参加合议庭担任审判长审理案件。不得个人改变合议庭的决定	参加合议庭审理案件。明确其审判管理职责和政务管理职责，探索建立新型管理模式	院庭长的“一岗双责”制度，一手抓审判、一手抓队伍	院庭长担任审判长参加合议庭审理案件。明确其审判管理职责。内部督导机制	院庭长办案常态化机制，合理确定办案工作量。办案情况内部公示、定期通报等机制

续表

项目		"一五"改革纲要 1999年10月20日	"二五"改革纲要 2005年10月26日	"三五"改革纲要 2009年3月17日	"四五"改革纲要 2015年2月4日	"五五"改革纲要 2019年2月27日
4	审判监督	加强上下级法院审判监督。纪律、社会、法律、新闻监督。规范与当事人、律师的关系	建立审判质效评估体系。法官考评制度。人大、政协、新闻媒体监督。落实检察长列席审委会制度	加强上、下级法院的监督指导工作机制。接受党委、人大、检察机关、新闻舆论监督	明确院庭长审判监督职责。主审法官会议、专业法官会议机制。入卷存档、全程留痕	明确院庭长的权力清单和监督管理职责。全程留痕。审判监督管理制度体系
5	审判管理	建立案件审理流程管理制度,由专门机构对立案、送达、开庭、结案等不同审理阶段进行跟踪管理	健全审判流程管理制度。随机分案制度。案件审判、审判管理、政务管理、人事管理协调。案例指导制度	制定案件质量评查标准和审判流程管理办法。规范审判管理部门职能和工作程序	健全审判管理制度。强化审判流程节点管控,改善案件质量评估工作	审判流程标准化建设。将各个节点的流程标准、岗位指引等嵌入信息化办案平台
6	职业保障	未涉及	人事管理制度	对非法干预办案行为的责任追究制度。违法过问案件的备案登记报告制度。人身安全保障、任职保障	内部人员过问案件的记录、责任追究制度。规范与当事人、律师等的交往行为	履行法定职责保护、受侵害救济保障和不实举报澄清机制。人身意外伤害保险制度。审判绩效考核办法
7	法官惩戒	严肃查处各种利用审判职权违法违纪的行为	建立健全符合法官职业特点的法官惩戒制度	健全责任追究制度和领导干部失职责任追究制度。审务督察制度。强化惩戒措施。构建责任体系	评价机制、问责机制、惩戒机制、退出机制与保障机制有效衔接	设立法官惩戒委员会。健全与纪检监察机关的工作衔接机制,保障当事法官权利

2. 审判权力运行机制构成要素的体系性争议

尽管我国对审判权力运行机制的认识日益深化，但是，关于审判权力运行机制到底包括哪些构成要素依然存在不同的认识。从理论层面来看，有学者在论述法院内部运行机制改革的具体举措时从赋予法官独立办案的权限、明确院庭长的角色、明确审委会的职责三个方面展开。① 有学者认为，审判权运行机制改革所要解决的主要问题是如何恰当配置人民法院内部各主体、各层级的职权，合理确定各主体、各层级在审判活动中的地位与作用。②

从改革实践来看，一方面，从"一五"改革纲要到"五五"改革纲要，在对与审判权力运行相关的制度体系安排上，呈现一定的混乱现象。比如，"一五"改革纲要将建立审判长、独任审判员的审查、考核、选任制度放在"建立符合审判工作规律的审判组织形式"项下的"强化合议庭和法官职责"，"二五"改革纲要则将改革法官考评制度放在"改革和完善人民法院内部监督与接受外部监督的制度"中；"二五"改革纲要将"法官惩戒制度"放在"改革和完善人民法院内部监督与接受外部监督的制度"中，"三五"改革纲要则放在"加强人民法院队伍建设"中；"一五"改革纲要、"二五"改革纲要、"三五"改革纲要均将人民陪审员制度放在"审判组织"中，而"四五"改革纲要则放在"健全审判权力运行机制"项下作为与合议庭办案机制并列的一项改革任务，"五五"改革纲要则将人民陪审员的内容放在"健全人民法院人员分类管理和职业保障制度体系"项下；关于随机分案，"二五"改革纲要、"四五"改革纲要和"五五"改革纲要分别放在审判流程管理、优化人民法院内部职权配置、健全审判权力运行机制里面。另一方面，《关于审判权运行机制改革的试点方案》《上海市司法改革试点工作方案》以及"四五"改革纲要、"五五"改革纲要等明确提出"审判权力运行机制"的改革文件中，关于审判权力运行机制的构成要素也不尽相同（见图2）。

---

① 陈卫东：《司法机关依法独立行使职权研究》，《中国法学》2014 年第 2 期，第 46 ~ 48 页。

② 方乐：《审判权内部运行机制改革的制度资源与模式选择》，《法学》2015 年第 3 期，第 26 页。

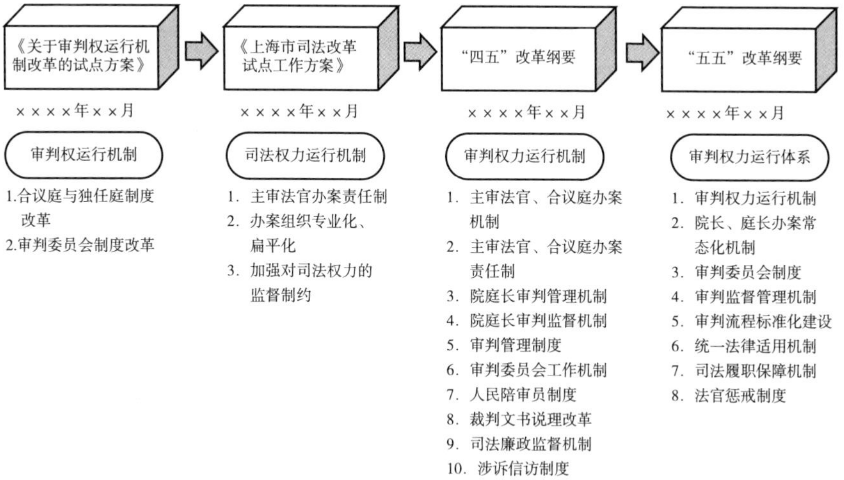

图 2　官方文件关于审判权力运行机制构成要素的不同认识

（二）审判权力运行机制构成要素的规范确定

理论和实践关于审判权力运行机制构成要素的不同认识，导致了审判权力运行相关体制机制的“各行其是”，呈现碎片化倾向，各项改革举措之间的整体性、耦合性、配套性不强，推进力度也不平衡，在一定程度上遮蔽了对审判权力运行风险的整体认识。尽管如此，上述关于审判权力运行机制的相关规定，为我们找寻其中的共性规律进而确定审判权力运行机制的构成要素提供了丰富的素材。我们以此为基础，结合新一轮司法体制综合配套改革的精神，将审判权力运行机制的构成要素确定为 10 个方面 36 个细项。这 10 个方面分别是：①独任庭、合议庭；②机构组织运行；③审委会制度；④配套工作机制；⑤院庭长办案常态化；⑥审判监督管理机制；⑦审判流程标准化建设；⑧法律适用统一机制；⑨司法履职保障；⑩法官惩戒制度。10 个方面 36 个细项之间相互衔接、彼此配套，构成审判权力运行机制的基本要素，这些基本要素，既是审判权力运行过程中可能的风险源，也是审判权力运行风险防控体系构建的切入点和着力点（见图 3）。

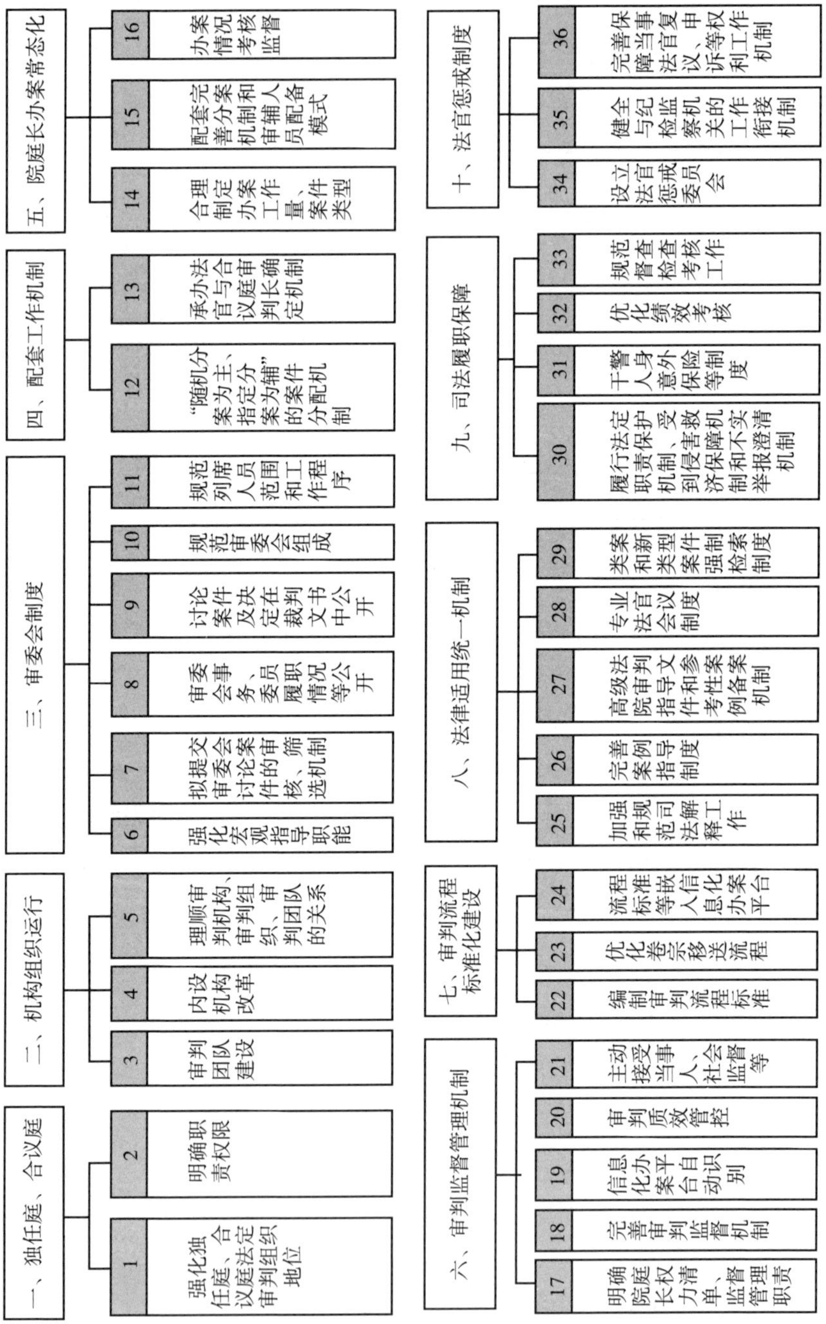

图3 审判权力运行机制的构成要素（10个方面36个细项）

三　具体构建："3+3+3"审判权力运行风险防控体系模型

根据对审判权力运行机制构成要素10个方面36个细项的分类施策，我们设定了"3+3+3"审判权力运行风险防控体系模型。

（一）"3"：构建审判权力运行风险防控体系的3条思路

1. 从微观管理到系统防控

"司法改革是一项系统工程，牵扯到诸多的因素，这些因素相互交叉、错综复杂，共同作用于司法改革。"① 审判权运行也是一项复杂的系统工程，针对某个主体、某个环节或者个案的单兵作战模式已经无法适应新形势下风险防控的要求。必须着眼于审判权运行涉及的各个领域、所有环节、全部流程，立足于审判工作的综合指导、裁判标准的统一、审判质效的监管、案外干扰的排除等宏观视角，打造配套完善、衔接到位、系统集成的风险防控体系。

2. 从结果干预到过程管控

"传统的案件审批监管，直接作用于法官裁判权本身。"② 这是一种对审判权力运行结果层面的风险管控，属于事后防控，与司法规律不符。"尊重司法规律，要求审判机关尊重案件的审判及其管理的规律，特别是要遵循司法的亲历性、判断性和程序约束性。"③ 结果由过程而来，审判权力运行的风险防控，既要着眼于结果，更要着眼于整个过程，只有通过事前、事中、事后的全方位防控和程序性约束，才能够真正防患于未然。

---

① 陈卫东：《改革开放四十年中国司法改革回顾与展望》，《中外法学》2018年第6期。

② 李少平：《正确处理放权与监督坚定不移全面落实司法责任制》，《人民法院报》2018年3月28日，第5版。

③ 陈光中、龙宗智：《关于深化司法改革若干问题的思考》，《中国法学》2013年第4期，第11页。

3. 从单向制约到双向制约

在传统多主体、多层级、复合式的审判权力运行机制下，审判权的行使受到审判管理权、监督权的单向制约。“正常化或常规化的判断和阶层式的监控变得特别明显，个人处于具体、严格的考察之下。”① 这种单向制约成为司法行政化的一个重要原因，也是审判权力运行过程中的风险源。审判权力运行的风险防控，必须以制度化手段约束审判监督管理权，以信息化手段实现审判权行使、监督管理、外部不当干预等全程留痕，并配套确立审判权行使的保障机制，使审判权能“反制”审判监督管理权，推动实现审判权和审判监督管理权由单向制约向双向制约转变。

（二）“3+3”：三大基础性长效机制+三个配套实施项目

三大基础性长效机制分别是权责清单机制、权力监督机制、权力保障机制。“从我国法院的司法实践来看，审判权内部运行机制所存在的制度性问题，首先是因内部审判主体职责的不明晰进而容易造成案件处理过程与结果的不确定性，导致审判权力运行秩序的失范甚至混乱。”② 因此，我们将权责清单机制作为审判权力运行风险防控的首要考虑因素，它主要是针对审判权运行中各类主体的权责不清、权责不一、责任不明等问题，明晰权责行使边界。权力监督机制，主要着眼于构建信息化、标准化、规范化的审判监督管理新机制。权力保障机制，主要着眼于为法官依法独立公正行使审判权提供坚实有力的制度保障。三大基础性长效机制分别对应三个配套实施项目，各基础性长效机制、各配套实施项目之间有机联系，相互促进、相互补充，形成了审判权力运行风险防控的完整闭环（见图4）。

① 〔英〕安东尼·吉登斯：《社会理论与现代社会学》，文军、赵勇译，社会科学文献出版社，2003，第171页。

② 方乐：《审判权内部运行机制改革的制度资源与模式选择》，《法学》2015年第3期，第27页。

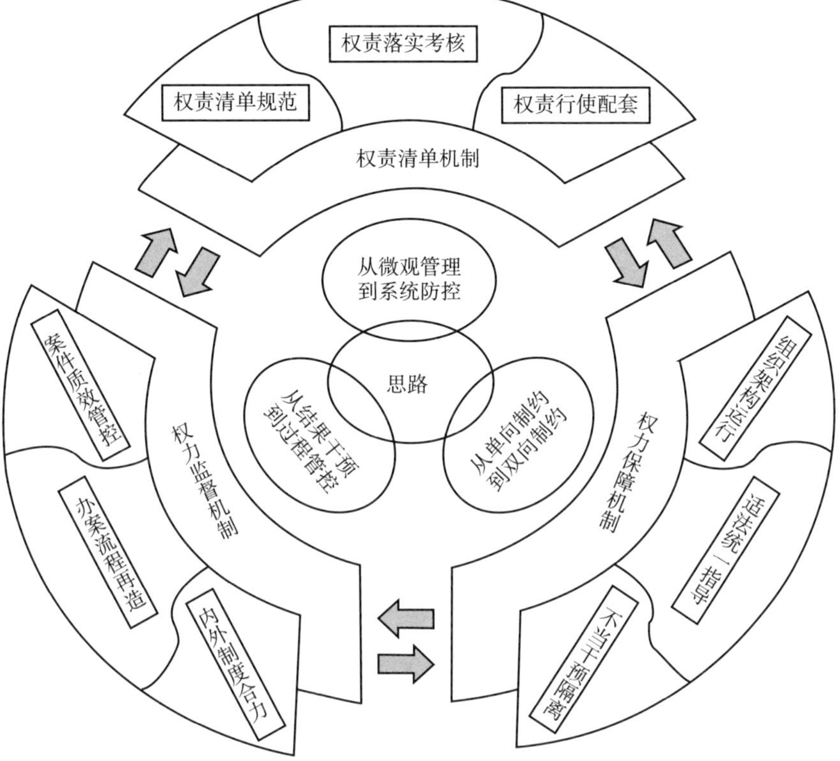

图4　“3+3+3”审判权力运行风险防控体系

四　实践检验：以S市法院经验为样本的应用前景展望

S市是中央确定的司法体制综合配套改革试点地区。两年来，S市法院在巩固前一轮审判权力运行机制改革成效的基础上，紧扣审判权力运行机制构成要素和风险防控体系，以规范审判主体权责、监督审判权力运行全流程、保障审判权依法独立公正行使为主线，以制度化、系统化、信息化、常态化为导向，系统集成权责清单、权力监督、运行保障三大基础性长效机制，不断夯实权责明晰统一、监督保障有序的审判权力运行体系（见图5）。S市法院对审判权力运行风险防控体系的全景式实践，既是该体系实际应用的一个鲜活样本，其各项具体举措本身也是该体系内容的进一步细化，由此而形成的可复制、可推广的制度经验，具有较为广阔的应用前景。

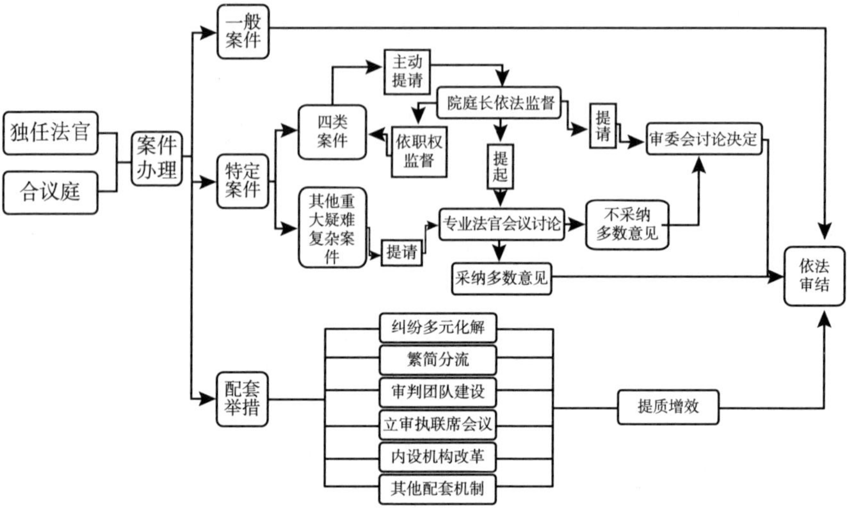

图 5　风险防控体系下 S 市法院审判权力运行流程

（一）权责清单机制及其风险防控

针对司法责任制落实的实际需求，S 市法院着力完善落实权责清单机制，将审判权责行使与日常办案、监督、考核全面无缝对接，明晰审判权运行边界和责任，并通过对权责清单内嵌信息化系统进行深度运用和科学配套保障，努力实现权责行使、管理、评价的科学规范、智能高效（见图 6）。

1. 梳理完善权责清单制度，明确权责内容边界标准

在规范和引导 S 市法院建立健全权责清单机制的基础上，进一步梳理出中央、最高人民法院、S 市高院有关文件中涉及的各项权责清单 300 余项（其中，审判权责 130 余项，审判管理监督权责 110 余项，执行权责 120 余项），涵盖审判人员、法官助理、书记员、合议庭、审委会等各类主体和审判组织，覆盖分案、办案、执行、监督、管理全流程，明晰了放权后各类人员、审判组织权责行使的界限（见表 2）。依托要素自动抽取等现代化技术

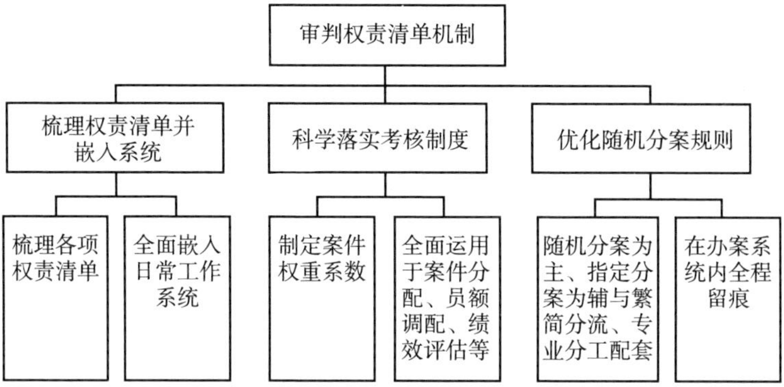

图6　S市法院权责清单机制模型

手段，将梳理出的权责清单全面嵌入S市法院全流程网上办案、案件质效评估、法官业绩档案、审判执行监督预警分析等日常工作系统[①]，贯穿事前、事中、事后，全方位记录并评估各级法院、部门、法官及辅助人员的工作业绩和质效，使之成为司法人员的常态化行为评价标准，逐步实现对分案、办案、执行、监督、管理等各项审判权责的全覆盖、标准化、可视化管理（见图7）。

表2　S市法院权责清单梳理统计

单位：项

序号	权责主体类别		权责种类		合计
			审判权责	审判监督管理权责	
1	审判人员	独任法官	19	/	19
		审判长	11	12	23
		承办法官	22	/	22
		合议庭其他成员	7	/	7
		院长	10	34	44
		庭长	10	31	41
		审判团队负责人	/	14	14

① 近两年，S市法院审判权责清单细化分解出的300余项质效指标、考核标准、工作流程或风险提示点，系统嵌入转化率达96%。

续表

<table>
<tr><th rowspan="2">序号</th><th rowspan="2" colspan="2">权责主体类别</th><th colspan="2">权责种类</th><th rowspan="2">合计</th></tr>
<tr><th>审判权责</th><th>审判监督管理权责</th></tr>
<tr><td rowspan="2">2</td><td rowspan="2">审判辅助人员</td><td>法官助理</td><td>19</td><td>/</td><td>19</td></tr>
<tr><td>书记员</td><td>13</td><td>/</td><td>13</td></tr>
<tr><td rowspan="2">3</td><td rowspan="2">司法行政人员</td><td>司法行政人员</td><td>4</td><td>/</td><td>4</td></tr>
<tr><td>司法警察</td><td>4</td><td>/</td><td>4</td></tr>
<tr><td rowspan="2">4</td><td rowspan="2">审判组织</td><td>合议庭</td><td>9</td><td>6</td><td>15</td></tr>
<tr><td>审判委员会</td><td>/</td><td>11</td><td>11</td></tr>
<tr><td rowspan="2">5</td><td rowspan="2">其他组织</td><td>立审执联席会议</td><td>/</td><td>4</td><td>4</td></tr>
<tr><td>专业法官会议</td><td>/</td><td>12</td><td>12</td></tr>
<tr><td>6</td><td colspan="2">执行人员</td><td colspan="2">125</td><td>125</td></tr>
<tr><td colspan="5">合计</td><td>377</td></tr>
</table>

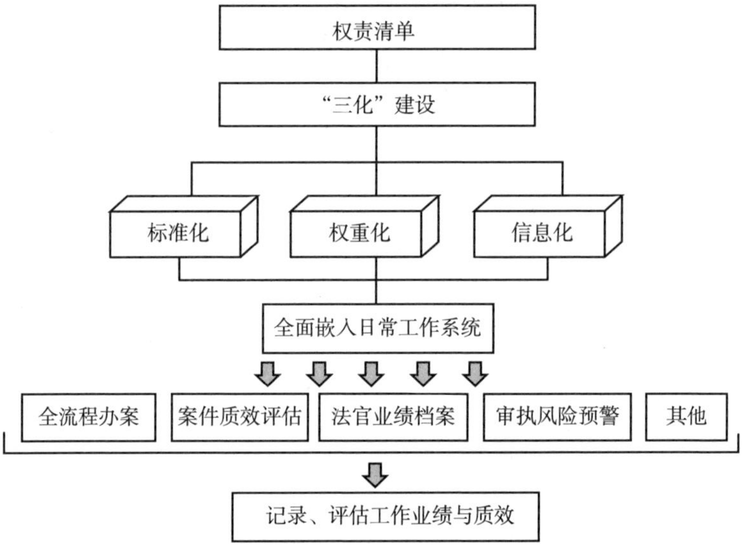

图7　S市法院权责清单嵌入日常工作系统情况

2. 科学制定案件权重系数，健全权责落实考核机制

“法官绩效考评体系是贯穿司法改革‘主体工程’和‘综合配套’的关

键环节。”① 在厘清权责的基础上，S 市高院通过科学制定案件权重系数，将权责清单权重化，科学考评权责落实情况。案件权重系数是 S 市法院通过选取近年来海量案件数据进行大数据分析，采集影响审判工作量的各项因子和专家意见，采用固定系数 + 浮动系数等方式，为不同案由设置权重形成的完整体系（见图 8），通过对不同类型的案件赋予不同的权重系数，综合考虑各种不确定因素，对某类案件审理在全部案件审理中的相对复杂程度进行量化处理，实现审判工作量的科学测算及不同案件工作量的换算比较，从而较为真实客观准确地反映法官的权责运行绩效和工作成效。目前，S 市法院 903 个案件权重系数已经覆盖全部三级案由，全面应用于案件分配、员额调配、绩效评估等工作（见图 9）。基本建成覆盖全市 23 家法院、263 个内设机构和 8000 多名工作人员德能勤绩廉等全面信息，形成客观公开可视的一体化信息化考核平台，法官和辅助人员季度、年度绩效考核常态化，专业等级晋升等全部实现绩效量化考核。

3. 建立健全随机分案制度，夯实权责行使配套机制

建立“随机为主、指定为辅与繁简分流、专业分工配套”的分案规则。首先，制定案件繁简分流方案。根据诉讼请求、标的、刑罚轻重等因素明确

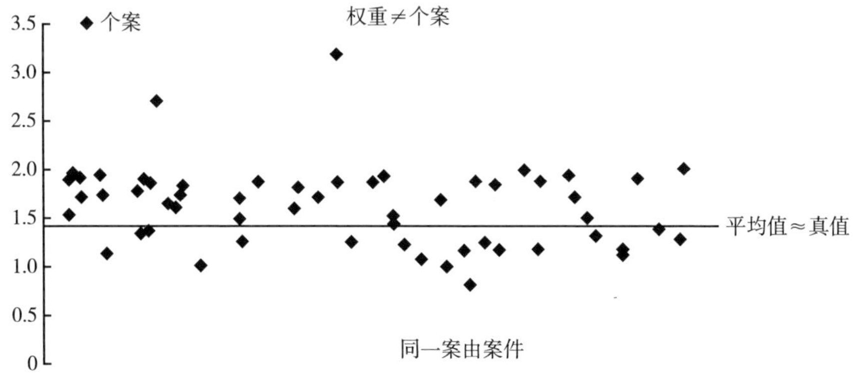

图 8　S 市法院案件权重系数

---

① 陈敏光：《综合配套改革背景下的法官绩效考评体系的完善》，《法律适用》2018 年第 19 期，第 99 页。

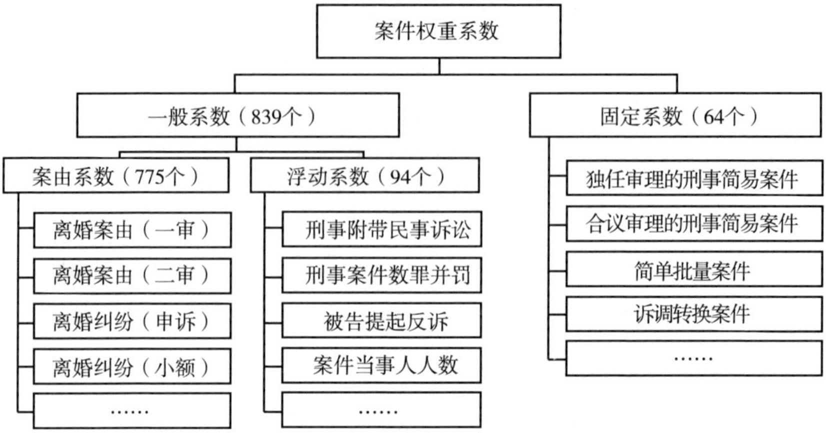

图9　S市法院案件权重系数框架

简案、一般案件和繁案的识别要素及标准，通过办案系统自动识别和人工辅助的方式实施；其次，根据本院各庭和审判团队的繁简分流目标和审判专业分工，实施大、中、小三种随机分配模式①；最后，确属重大案件，需指定主审法官的，按指定分案规则分配，并在办案系统内全程留痕（见图10）。

（二）权力保障机制及其风险防控

针对法官依法独立办案对组织机构、智力支持、自由裁量权规范、不当干预隔离等的多重需要，S市法院建立完善权力保障机制，构建符合审判权力运行实际需要的组织架构、司法智库支持平台和法官权益保护机制，保障审判权规范运行（见图11）。

1. 完善审判组织架构

根据专业化、扁平化要求稳步推进内设机构改革和审判团队建设，S市全市基层法院按照“7+3+1+X”模式设置常规内设机构和金融、知识产权、未成年人与家事审判等集中管辖特色审判庭，并形成以速裁团队、普通办案团队、重大复杂案件机动团队为骨干，集约化辅助团队为补充的新型审

① 大随机模式：在承办部门所有法官范围内随机分案；中随机模式：在承办部门下多个审判团队范围内随机分案；小随机模式：在承办部门下特定的审判团队范围内随机分案。

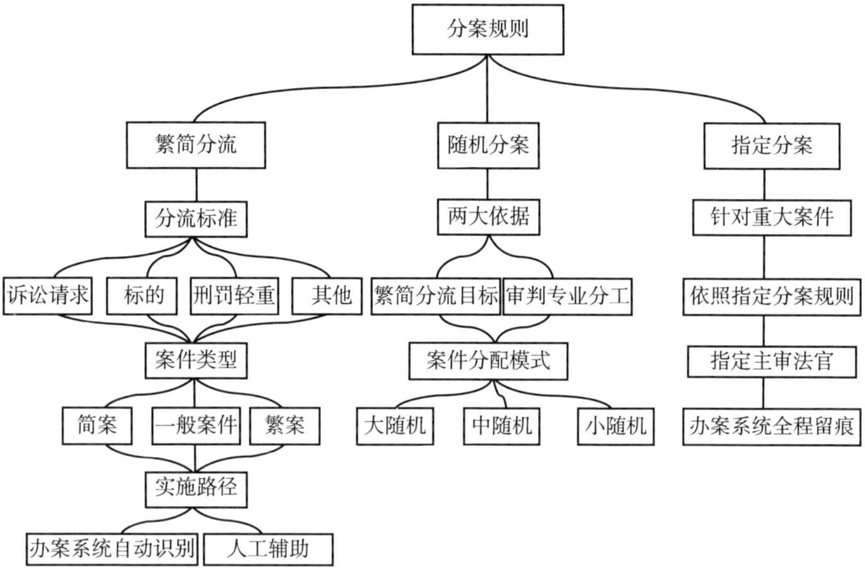

图 10　S 市法院随机分案流程

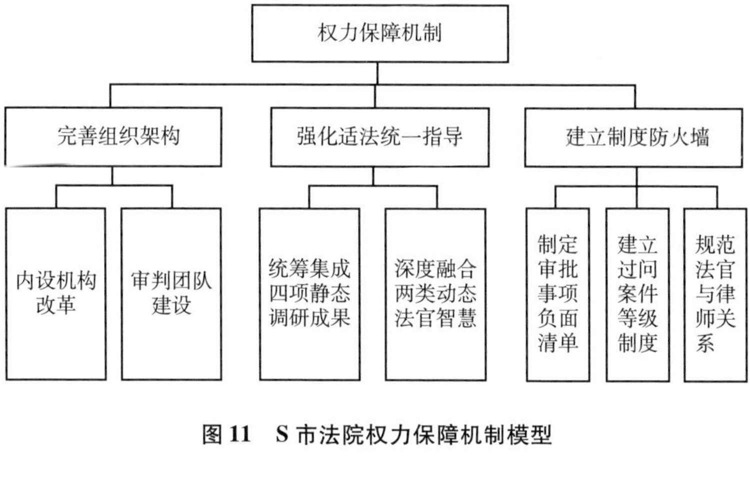

图 11　S 市法院权力保障机制模型

判团队配置模式，推动形成分工协作、岗额适配、精简高效的新型审判组织构架运行格局（见图 12、图 13）。为进一步应对案多人少矛盾和专业化审判的要求，S 市法院还建立审判组织架构的配套机制，严格按照以责定岗原则实施员额制管理，通过案件权重系数科学测算审判工作量，在全市法院统一建立“以量定额”的员额动态调整机制，将编制、员额等资源向办案任务重的基层法院和部门倾斜，最大限度夯实新型审判组织架构的基础，为保障审判权力运行、防范审判权力运行风险提供坚实的组织和人力保障。

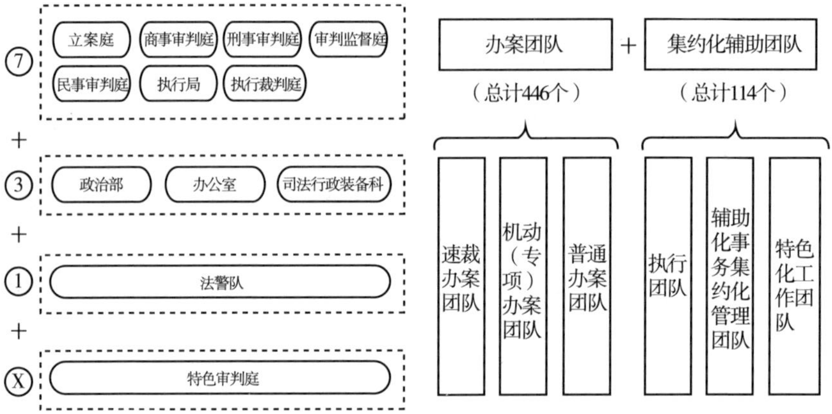

图 12　S 市法院内设机构和审判团队配置情况

图 13　S 市法院优化审判组织架构初步成效

2. 强化适法统一指导

集中整合审判调研资源，将典型案例指导、司法课题研究与类案裁判规则、证据标准指引统筹集成，将条线适法意见、专家法官意见与适法疑难问题专家咨询支持系统深度融合，通过S市司法智库平台和智能辅助办案系统，为全市法官提供一体化、智能化的业务支持和规范指引，促进适法统一（见图14、图15）。①

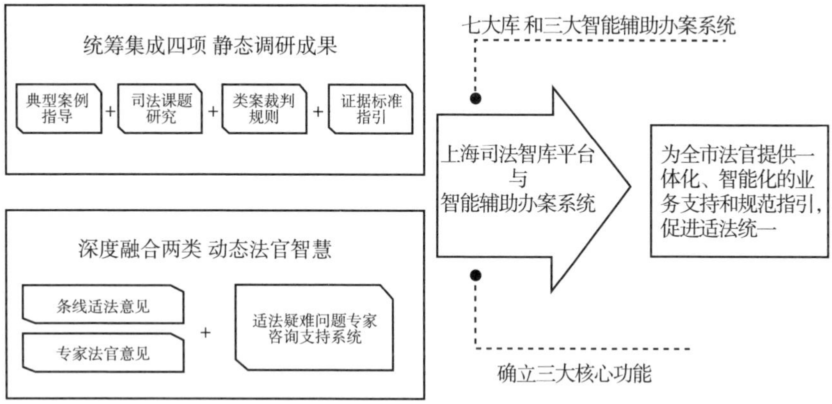

图14　S市法院强化适法统一指导架构

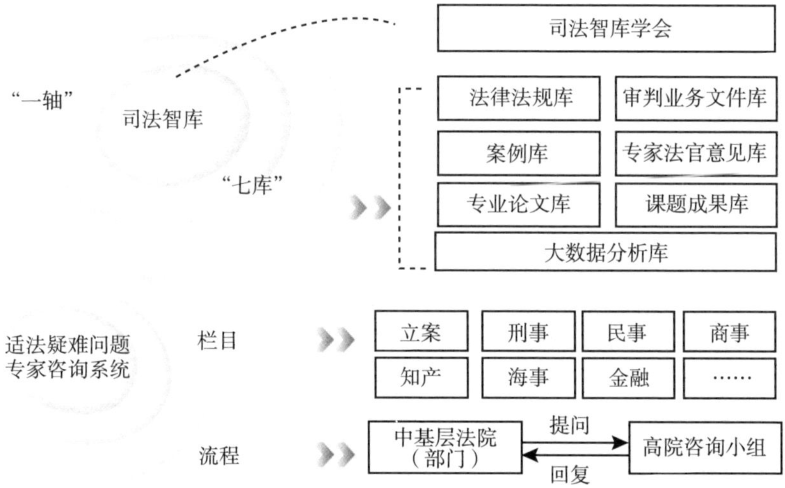

图15　司法智库“一轴七库”和适法疑难问题专家咨询系统

① 近两年，S市高院审委会讨论发布参考性案例8批74件，典型案例300余件；司法智库“一轴七库”和适法疑难问题专家咨询系统建设工程初步完成，类案裁判指引和智能辅助办案系统开发已覆盖刑事所有常涉罪名及57%的民商事、行政案件。

3. 建立制度防火墙

制定审批事项负面清单，严格执行领导干部干预案件和内部人员过问案件登记制度，进一步规范法官与律师关系，保护法官依法履职，不断夯实“审理者裁判、裁判者负责”的配套保障机制（见图 16）。近两年，S 市法院法官权益保障委员会处置 200 多起侵害法官权益事件。

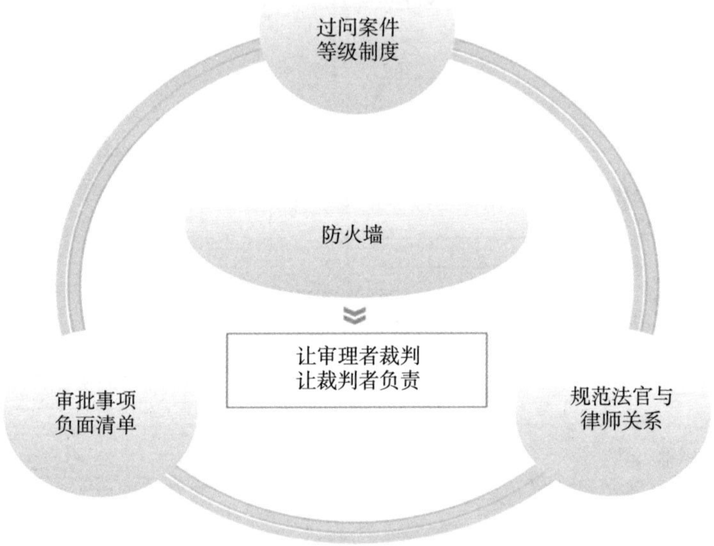

图 16　S 市法院打造制度防火墙情况

（三）权力监督机制及其风险防控

针对放权后监督的新形势和现实需要，S 市法院着力完善落实权力监督机制，以案件质效管控体系化、监督流程信息化、监督力量整合化为抓手，完善多层次审判监督制度链（见图 17），有效防范审判监督管理中可能存在的风险点。

1. 打造案件质效管控体系

一是将审级监督、个案监督与案件质量评查、责任评估认定相结合，上诉法院对改判发回案件进行分析讲评、认定案件瑕疵责任，原审审委会对瑕疵责

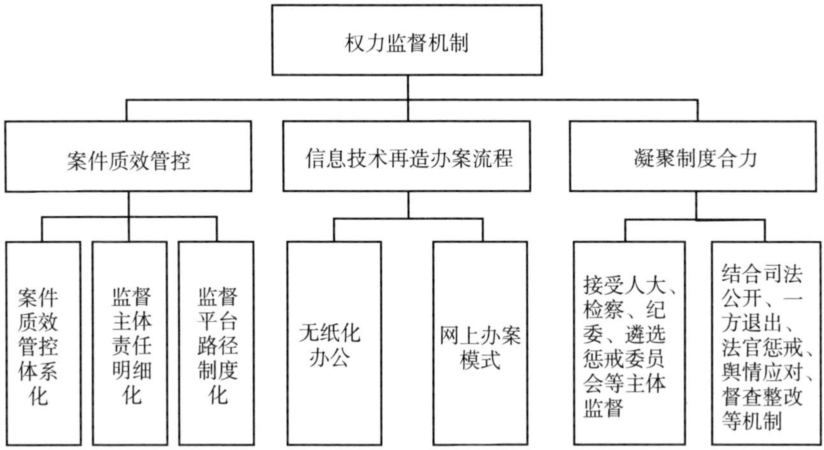

图 17　S 市法院权力监督机制模型

任案件进行研判，认定案件差错责任、评估违法审判责任；二是将审判质效管控、审务督查与法官绩效考评、审执风险预警相结合，审判质效指标方面全市法院按季度、年度实施“合理区间”统一管控、实时预警，院、庭、个人分级考核；三是明确监督责任主体和路径，细化院庭长、审判团队负责人带头办理疑难复杂案件和重点监督“四类案件”的标准，将立审执联席会议、专业法官会议分别作为监督案件程序性事项和法律适用问题的制度性平台，为审判委员会讨论决定少数重大案件和审判管理宏观事项过滤把关（见图 18）。

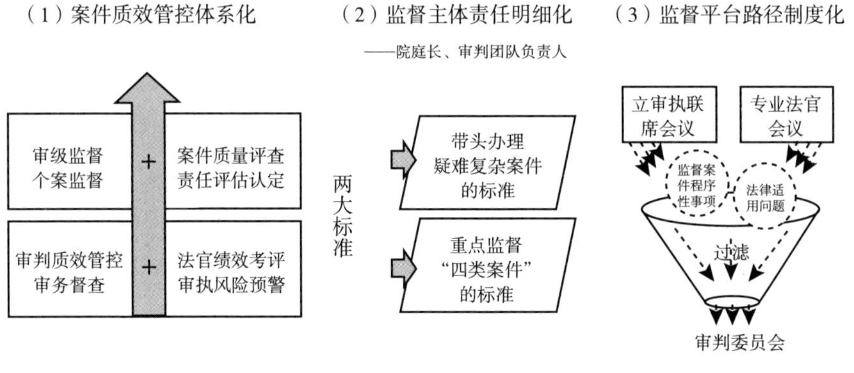

图 18　S 市法院案件质效管控体系结构

2. 利用信息技术再造办案流程

不断升级硬件建设，并大力推进诉讼电子卷宗随案同步生成和全程网上政务管理、办公办文，依托全流程办案、案件质效评估、法官业绩档案、审执风险预警等日常工作系统的建设完善，建立覆盖审执办案、政务管理、绩效考核、风险提示的信息化工作流程标准和规范（见图 19）；积极开展“移动微法院”试点工作，推广刑事办案辅助系统的庭审应用，提高办案质量；探索民商事案件全流程网上办案，对符合条件的案件实施网上立案、电子送达、远程庭审、在线调解、网络拍卖，提高办案效率。

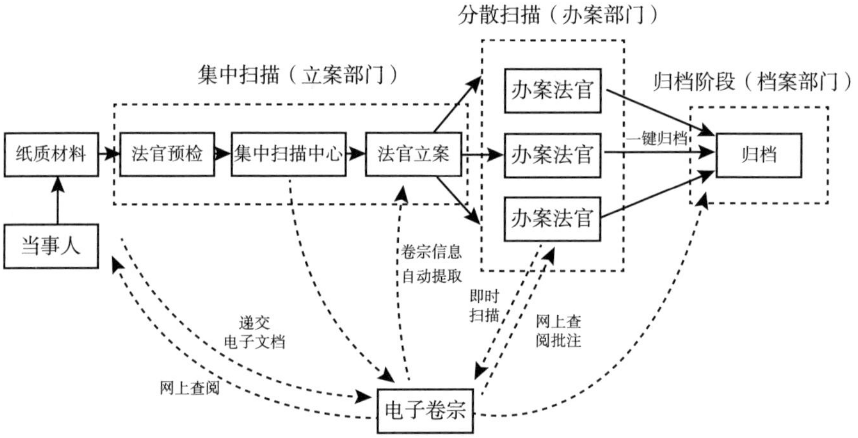

图 19　S 市法院电子卷宗随案同步生成应用流程

3. 凝聚监督制度合力

将自觉接受检察、人大、法官遴选（惩戒）委员会、纪委及社会多渠道监督与司法公开、一方退出、法官惩戒、舆情应对、督查整改等工作机制相结合，推动形成依法有序、全程覆盖、内外结合的审判权力监督格局（见图 20、图 21）。

五　结语

理念是行动的先导，缺乏理念的指引，改革实践注定缺乏生命力，改革实效也必将大打折扣。审判权力运行的风险防控，对于理论界和实务界来说

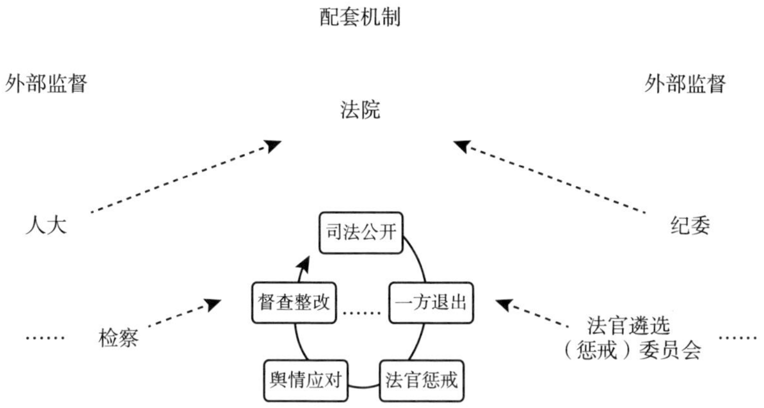

图 20　S 市法院审判权力内外监督格局

图 21　S 市法院权力监督机制初步成效

都是一个全新的命题。本文基于对以往改革实践和制度规定的深度梳理，首次提出审判权力运行机制构成要素及风险防控体系理论，就是出于将改革实践上升到系统理论高度的一种初心。虽然 S 市法院对此所做的全景式实践充分证明审判权力运行风险防控体系具有较强的生命力和广阔的应用前景，但我们也承认，审判权力运行风险防控理论和体系仍不够成熟，需结合改革实践不断调整补充、深化完善。但我们相信，作为司法责任制改革的重要内容，对于审判权力运行机制的这种研究，是具有理论和现实意义的，也必将为新时代全面深化司法体制综合配套改革提供有益的知识资源。

B.7
P2P 金融监管的路径选择

何艳敏　毛文静　刘彦琦*

摘　要： P2P网贷平台问题频发，严重危害着经济社会的稳定。目前P2P行政监管体系中存在着援引法阶层次低、监管主体分散、监管忽略市场准入和交易环节、监管手段落后等困境。行政检察作为“四大检察”之一，具有综合性、前瞻性的独特优势，能够总结个案中暴露出的金融监管漏洞，推动行政监管部门依法履职，补齐P2P金融监管的短板，弥补刑事检察的滞后性短板，推动社会治理体系和能力的现代化，推进P2P金融监管有序发展。

关键词： P2P　行政检察　金融监管

一　问题的引出

上海是我国的金融中心，金融业发展活跃。但随着互联网金融的发展，以“金融创新”“互联网金融”为名的刑事案件数量呈攀升态势，大案要案频发，涉众型案件如e租宝、大大宝、快鹿、盈玺巨玺、善林金融等涉案金额百亿级、涉及出借人上万，地域范围跨越全国的重特大案件都与上海密切相关，办理案件和防控风险压力比较大。窥一斑而知全豹，

* 何艳敏，上海市人民检察院第七检察部主任；毛文静，上海市静安区人民检察院第五检察部主任；刘彦琦，上海市静安区人民检察院第五检察部检察官助理。

P2P 金融在促进金融蓬勃发展的同时，其显现出来的社会危害性也应当引起足够的关注和思考。

（一）P2P 金融促进金融领域发展

P2P 网络借贷作为互联网金融的表现形式之一，不同于传统的熟人借贷方式，它能够借助网络实现个人对个人的借贷。P2P 网贷公司为借贷双方提供包括信息数据、技术支持、交易管理、网络平台在内的多项服务，实际上网络借贷公司在双方之间充当着服务中介的角色。[①] P2P 网络借贷能够将传统金融和互联网科技密切结合，拓宽了出借人的资金贷款途径，在一定程度上缓解个人和中小企业的融资难问题，同时也能够为大量出借人的闲置资金找到新的理财渠道，符合普惠型的金融发展理念。

（二）P2P 金融发展带来的问题凸显

以 2007 年我国第一家 P2P 网贷机构成立为序幕，我国网络借贷由此进入高速发展阶段，“对比一下，P2P 网贷最先兴起的英国和美国，网贷平台只在个位数，贷款规模也不过数十亿美元量级，远不能和 P2P 网贷在中国的繁荣相提并论”。[②] 但随着 P2P 网络借贷平台的数量增加，P2P 网贷平台参差不齐、真假难辨的情况也不断增加，P2P 爆雷[③]的新闻更是频频见诸报端[④]，严重影响 P2P 金融的稳定发展。尤其是 2015 年开始，问题平台的数量节节攀升，由此督促银保监会等监管部门自 2015 年以来频频亮剑，以求解决 P2P 行业长期无序发展的弊端（见表 1）。

自银保监会、工业和信息化部、公安部等多部门联合颁布《网络借贷

---

① 刘然：《我国 P2P 网络借贷平台的法律性质》，《法学杂志》2015 年第 4 期。

② 彭冰：《P2P 网贷与非法集资》，《金融监管研究》2014 年第 6 期。

③ P2P 爆雷是指 P2P 网络借贷平台因为逾期兑付、经营不善或其他原因导致不能如期兑付出借人的本息，而导致平台停业、清盘、法人跑路、平台失联、倒闭等。

④ 孟永辉：《P2P 平台持续爆雷，互联网金融将归于何处?》，《科技与金融》2018 年第 8 期；毕丹丹：《网贷再爆百亿元“大雷”》，《上海金融报》2019 年 6 月 25 日，第 9 版。

表1　P2P网络借贷平台数量统计

单位：个，亿元

平台情况	2013年	2014年	2015年	2016年	2017年	2018年
平台数量	523	2358	4948	6635	7257	7705
问题平台数量	75	287	1156	938	736	1215
成交额	892	3291	11805	28049	38952	19366

数据来源：《网贷大数据分析》，第一网贷，http：//www/p2p001. com/Analysis/index. html，2019年11月4日。

信息中介机构业务活动管理暂行办法》（以下简称《业务活动暂行办法》）后，各个行政机关对P2P的金融监管逐渐趋于严格。但即使在监管的重压之下，P2P原生累积问题的爆雷也无法得到阻止。自2017年12月钱宝网创始人自首的零星爆雷，到2018年6月1日至7月12日短短的42天共108家P2P机构集中爆雷，[①] P2P网络借贷平台的问题频发已经严重影响了P2P金融的有序发展，成为危害经济社会正常发展的不稳定因素。

截至2019年10月，我国正常运营的P2P网贷平台数量仅剩572个。从现运营P2P网贷平台的地域分布来看，北京、广东、上海的平台数量居全国前三。就贷款余额量来看，上海居全国第二（见表2）。可见，上海P2P金融的稳定对全国P2P金融的健康发展起着至关重要的作用。不容忽视的是，上海P2P金融在取得傲人成绩的同时，问题也日益凸显。上海P2P金融主要涉及的集资诈骗案，特别是非法吸收公众存款案的数量逐年陡增（见图1）。

表2　2019年10月各地区P2P网贷平台的运营及问题平台数量

单位：个，亿元

地区	正常运营平台数量	问题平台数量	贷款余额量
全国	572	29	5892
北京	132	5	2847
广东	109	5	772

① 《多地宣布取缔网贷平台 P2P时代就此终结?》网贷之家，https：//www. wdzj. com/news/hangye/5278431. html，2019年11月19日。

续表

地区	正常运营平台数量	问题平台数量	贷款余额量
上海	54	1	1477
浙江	35	2	382
山东	28	0	0

数据来源：《P2P 网贷行业 2019 年 10 月月报》，网贷之家，http：//www. wdzj. com/news/yc/5227330. html，2019 年 11 月 18 日。

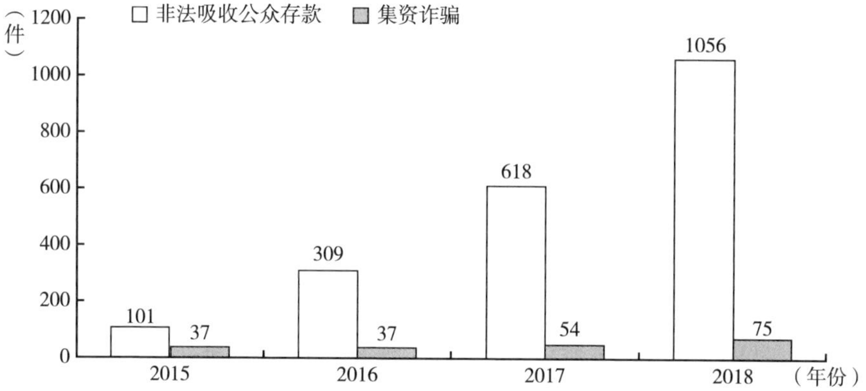

图 1　上海市关于非法吸收公众存款和集资诈骗刑事案件数量

数据来源：上海市历年金融检察情况通报。

上海市的 P2P 金融涉刑事案件呈现的特征明显：一是犯罪主体专业化，P2P 网络借贷平台以专业化模式进行包装，采用多层级、跨区域、集团化运作的新模式，涉案犯罪场所位于高端地段，公司大多在南京西路、常德路等高级写字楼或者嘉里中心、东海广场等高档商圈内设立办公场所；二是传播手段多样化，为夸大 P2P 借贷平台实力，绝大部分的涉 P2P 刑事案件采用线上线下相结合的销售模式，即除了在线上开展业务外，还在线下铺设实体网点，采用拨打电话、在人流密集区发布小广告宣传单的方式，并利用纸媒、电视媒体、户外广告、冠名赞助商、明星代言等发布代价高昂的大型广告，还出现利用微信等社交网络平台宣传等新兴手段。三是涉案金额巨大化，P2P 网络借贷平台借助网络的发达在短时间内聚集大量钱款，一旦发生平台负责人跑路的情况，这些钱款都难以兑付，给出借人带来极大的财产损失。

二 P2P 金融监管困境之缘由探究

当前P2P爆雷仍未停止，严重影响着互联网金融的正常发展，危害社会稳定。不少地方政府已停止批准P2P网贷公司的设立，此举虽可以从根本上杜绝P2P金融可能引发的问题，但显得有些因噎废食、矫枉过正。要想让P2P金融真正迸发互联网金融创新的活力，减少其可能引发的刑事犯罪风险，就更应从现有的P2P金融监管角度入手，深刻剖析P2P金融市场乱象的原因，分析P2P金融监管存在的空白与短板，从而亡羊补牢，在整改的同时实现P2P金融应有的价值。

（一）P2P 金融的法律法规体系不完善

2015年7月以来，中国人民银行、银保监会、国务院办公厅等金融监管部门就陆续出台相关指导意见及监管政策，初步形成“一个暂行办法，三个指引”[①] 的监管政策，明确准入门槛设立备案登记制，经营运行方面明确主要权利义务与业务边界，资金安全方面实行资金存管制度，以期为P2P金融有序发展保驾护航，然而就目前来看，P2P金融监管之路仍任重道远。

1. 现行的 P2P 金融监管依据多为政策性文件

目前我国P2P金融监管多依据中国人民银行及银保监会等部门发布的指引文件，其法律阶层多为规范性文件，法律位阶低，对P2P金融缺乏专门的具体的实质性规定，内容过于原则性，可操作性不强，且在时效上存在一定的滞后性，远远落后于行业发展的需要，适应不了金融创新发展的速度。特别是随着2018年对P2P金融专项整治工作的开展，监管部门根据当时的情况密集出台政策文件，严格控制P2P网络借贷平台的数量和业务增量，对避免险情升级发挥了良好的效果，但2018年紧密出台的政策文件多

---

① “一个暂行办法”指《网络借贷信息中介机构业务活动管理暂行办法》；“三个指引”指《网络借贷信息中介机构备案登记管理指引》《网络借贷资金存管业务指引》《网络借贷信息中介机构业务活动信息披露指引》。

为临时性应对，而没有明确长远的监管政策，特别是清退和备案完成后下一步 P2P 金融的走向仍然存疑。

2. P2P 金融监管法规援引的规定系“空白”

我国对 P2P 金融的监管主要是规范网络借贷平台的业务行为边界及应负义务，而法律责任采用准用型条款予以规定。[①] 如《业务活动暂行办法》第四十条[②]就有援引“其他法律法规”的表述，但关键在于现行法规并不存在对 P2P 金融的“有关法律法规”，只有各部门颁布的部门规章和规范性文件，无法实现有效援引，P2P 金融监管措施缺乏有效的行政责任体系。

（二）P2P 金融监管主体分散且缺乏统一的行政执法力量

我国现阶段实行“分业经营、分业监管”的金融监管模式，从目前的部门规章及规范性文件来看，其明确了银保监会负责 P2P 行为监管，地方金融监督管理部门负责 P2P 机构监管。但由于 P2P 金融具有跨业性、跨区域性、新兴性、复杂性的特征，单靠金融监管机构难以完成有效的监管，加之 P2P 网络借贷平台往往还涉及工商登记、广告发布、网站审核等其他多方面的内容，存在着监管交叉、多头监管的现象。各监管主体之间没有高效的业务协作平台，业务会商多通过公函，信息共享效率较低，未能形成监管合力。目前 P2P 金融的业务范围和经营模式还在不断更新，相关监管部门之间协调配合工作的默契度还有待实践的考验，未能形成治理的闭环系统。

目前我国虽然已经成立了互联网金融风险专项整治办公室及网贷风险专

---

① 窦一豪：《P2P 网贷平台“中介化”前后刑法适用的实证分析及反思》，东南大学硕士学位论文，2018。

② 《网络借贷信息中介机构业务活动管理暂行办法》第四十条第一款：网络借贷信息中介机构违反法律法规和网络借贷有关监管规定，有关法律法规有处罚决定的，依照其规定给予处罚；有关法律法规未作出处罚规定的，工商登记注册地地方金融监管部门可以采取监管谈话、出具警示函、责令改正、通报批评、将其违法违规和不履行公开承诺等情况记入诚信档案并公布等监管措施，以及给予警告、人民币 3 万元以下罚款和依法可以采取的其他处罚措施；构成犯罪的，依法追究刑事责任。

项整治办公室，但两个办公室都是临时性质的，分设在中国人民银行和银保监会之下，没有专门机构的领导，监管范围难以全面覆盖。从地方层面来看，地方金融局（办）作为地方金融监管主体，并未配备相应的行政执法力量，缺乏对监管主体的制约能力，监管方式大多依靠平台自查上报或聘请第三方核查，而监管措施就是约谈 P2P 网络借贷平台的高管、出具警示函、通报批评等，难以切实履行相应的监管职责，当发现险情时只能借助公安机关或其他监管机构的力量进行监督，此时险情可能已经暴发，难以达到预防险情的良好效果。

（三）P2P 金融监管忽视市场准入和交易环节

目前金融监管的重点在于清退环节，忽视准入和交易环节。就市场准入阶段来看，P2P 金融所要求的准入门槛[①]中虽注册、备案、登记手续繁多，但很多 P2P 网络借贷平台利用传统监管以市场准入而非交易环节为重点的这一盲区，通过注册在 A 地，但实际在 B 地租地开展业务，以避开注册地的金融监管。且在交易环节中，监管规则对筹集资金的过程如利息设定、资金筹集渠道、贷款回购等缺乏全程监管和重点监控，甚至部分 P2P 网络借贷平台存在虚构借款信息或承诺高额回报的违法行为，以此提高网站业务量。因对交易环节监管不到位，这些公司在敛财初期未被及时发现，资金链断裂后已造成巨大的财产损失，资金更是难以追回。

（四）P2P 金融监管手段较为落后

目前 P2P 准入门槛涉及金融监管、工商、电信等多个行政主体，包括申请、登记、审核等多个步骤，但仅凭注册和备案并不能对 P2P 网络借贷平台进行有效监管。我国金融监管采取传统的准入门槛和业务种类审批的静

① P2P 网络借贷平台注册的步骤：办理工商登记并领取营业执照，完成工商登记后向注册地地方金融监管部门提出备案登记申请并提交相关资料，地方金融监管部门采取多种手段审核后办理备案登记，并向通信主管部门申请获得增值电信业务经营许可，与银行业金融机构签订资金存管协议，地方金融监管机构在官网上公示。

态审批方式，已难以适应“互联网+”模式下金融创新、业态多样的动态发展现状。由于监管大多只进行书面形式的审查，而书面审查往往难以及时发现问题，这也就为P2P的爆雷埋下了不少隐患。

三　引入行政检察加强P2P金融监管之考量

习近平总书记多次提出“法治是最好的营商环境”。目前，P2P金融监管主体只有行政机关，监管主体单一，行政监管效能时有失灵，而司法监管作为法治保障的最后一道屏障，存在着天然的被动性和滞后性。检察机关是宪法规定的法律监督机关，在金融发展和创新的过程中理应发挥更大作用，尤其是行政检察在监督行政司法审判的同时，必须着力于“治未病”，积极主动发挥“一手托两家”职能，积极推动行政机关完善P2P金融监管，形成良性有效的治理新模式。

（一）P2P金融监管缺位，需引入外部主体予以制约

P2P网络借贷作为金融模式与现代互联网科技的紧密结合体，有效解决了中小企业融资难的问题。然而目前P2P金融仍是风险高发之地，非法P2P网贷平台引发的群众性事件时有发生。由于P2P金融监管主体分散、缺乏统一的行政执法力量，加之监管手段落后，未能形成长期有效的监管合力，往往造成“九龙治水水不治”的尴尬局面。行政性金融监管存在自身不可填补的空白，必然要求其他公权力介入填补。[①] 检察机关是宪法赋予的法律监督机关，若介入P2P金融监管，可以形成一种有效的外部制约机制，为P2P金融监管注入新的力量。

（二）现有司法监管滞后，需行政检察前置性介入P2P监管

从目前P2P爆雷后的解决方式来看，通常而言，出借人的维权方式有

① 朱广胜：《检察机关介入金融监管的实践与探索》，《山西省政法管理干部学院学报》2014年第3期。

两种。一是通过民事诉讼手段起诉 P2P 网贷平台和借款人违约，基于民事合同请求还款，但民事诉讼阶段耗时长且收效甚微，难以追回资金。二是最常见的方式，即出借人作为被害人，刑事起诉 P2P 平台相关负责人进行追赃，然而此时出借人数量众多，往往容易造成危害社会稳定的公众事件，且犯罪嫌疑人退赃率低，出借人难以弥补损失。刑事法律在金融领域中惩罚打击犯罪本应是最后一道防线，应是在穷尽一切市场监管手段和行政处罚手段后仍达不到治理效果才采取的，但在我国 P2P 一旦发生风险，就循环到刑法冲在第一线的怪圈，这也引起学理界对刑法谦抑性的讨论。由此可见，民事手段、刑事手段其实均关注于 P2P 金融事后的救济，这种事后监管并非介入 P2P 金融监管的有效方式。要实现对 P2P 金融的良好监管，更需要在事前和事中发挥检察监督的作用，以推动社会治理为目的、具有前置性的行政检察无疑提供了一个良好的思路。

（三）行政检察介入 P2P 金融监管于法有据，能够助力社会治理

党的十八届四中全会提出检察机关在履职中发现行政机关违法行使职权或不行使职权的行为，应当督促其纠正，为检察机关开展行政监督提供政策依据。[①] 行政检察坚持监督与支持、维权与维稳、纠错与解纷有机结合，督促行政机关建章立制，促进社会治理。[②] 行政检察可以在 P2P 爆雷的个案中总结经验，从中发现 P2P 刑事案件中暴露出的金融犯罪趋势和行政监管职权中的漏洞，提前对金融监管部门提出相关的决策依据和预防建议，从而实现检察的超前性，[③] 确保以最低的时间成本及行政资源成本、最高的监管效益实现对 P2P 出借人的保护，弥补刑事检察滞后性的短板，体现出事前监督的检察监督保障功能，更好地为 P2P 金融发展保驾护航。

---

① 张本才：《新时代检察机关法律监督的新内涵》，《中国检察官》2018 年第 15 期。

② 傅国云：《创新机制推动行政争议实质性化解》，《检察日报》2019 年 9 月 9 日。

③ 王莹、赵凯：《金融综合改革背景下民间融资的检察保障途经设想》，《法制博览》2015 年第 1 期。

（四）检察机关介入 P2P 金融监管的有益经验

现实中，已有不少检察机关介入 P2P 金融监管的实践经验，如上海市静安区检察院通过梳理辖区内办理的非法集资类案件，发现静安区金融办在互联网金融领域存在监管力度不足、监管滞后等问题。静安区检察院主动作为，在依法办结案件后，也积极与区金融办沟通，并向其制发《检察建议书》，对其提出要完善数据共享机制、健全风险甄别机制等建议。区金融办也高度重视检察建议，及时回函表示已开展全面排摸核查等工作，切实提高金融风险防范能力。由此可见，在实践中检察机关通过梳理刑事犯罪中出现的金融不法行为，及时向监管部门提出改进工作的检察建议，确实能够在一定程度上帮助金融监管部门提高对金融犯罪的防范能力，从而形成一种良性互动。

但也需要指出的是，目前检察机关对 P2P 金融的监管检察建议大多集中在大规模刑事案件爆发后，其社会危害已经形成，大规模的财产损失已经造成，具有时间上的滞后性。“行政执法的领域极为广泛，内容复杂，形式多样，亟须行政检察介入。”① 从行政机关法律活动类型化视角探索行政检察触角，发挥行政检察的事前监督作用，也为督促 P2P 金融监管提供了一个新的思路。

四　完善 P2P 金融监管的建议

“之所以在现实治理非法集资的刑事法律适用过程中出现种种问题，归根到底的原因不在于刑法制度本身，而在于支撑刑法制度的基础性金融法律规范。”② 我国形成以银保监会、国家互信办等部门为核心的监管机构，以规范网贷平台“信息中介”地位为保障的监管抓手，并且加入中国互联网

---

① 应松年：《新时代行政检察未来发展六点思考》，载《检察日报》系列文章《新时代行政检察监督：“做实”的路径和方法》，2019 年 9 月 9 日。

② 黄滔：《刑法完不成的任务——治理非法集资刑事司法实践的现实制度困境》，《中国刑事法杂志》2011 年第 11 期。

金融协会作为行业自律协会。[①] 然而需要正视的是，要实现对 P2P 金融的有效监管，不应只依靠刑法冲在第一线的刑事判决，更应从行政检察督促监管履职入手，完善对 P2P 金融的行政监管立法和手段，加强对 P2P 的治理，保护出借人权益，推进监管方式革新，增强社会治理驱动力，为打造上海金融中心贡献出检察智慧。

（一）引进检察机关作为 P2P 金融监管的监督主体

早在 2018 年，上海检察就已与行政机关对接，探索建立行政规范性文件备案审查机制，以期形成行政监督和司法监督合力。[②] 在此基础上，检察机关可以实现对 P2P 金融监管规范性文件的备案审查工作，探索实现共同参与行政机关对 P2P 金融监管规范性文件的制定和合法性审查，通过总结实践中个案已暴露出的金融监管漏洞为指导，在行政机关制定规范性文件前提出预防性法律建议，从源头推动 P2P 金融的合规化发展。

此外，检察机关还可与金融监管部门探索建立协作机制，将预防金融犯罪防线提前到金融监管工作运行中，[③] 形成司法规制与行政监管的有机衔接，通过信息共享、互通有无，实现资源的有效整合和充分利用，建立以法律风险识别、评估、控制、改进为基础的风险防控体系，在法律框架内梳理可能涉及的问题。[④] 在尊重 P2P 金融发展的客观运行规律的基础上，通过行政监管和行政检察监督强化 P2P 金融监督效果，不断提高社会治理现代化水平。

（二）制定 P2P 金融监管专门行政法规

目前关于 P2P 的监管要求大多来自《业务活动暂行办法》等部门规章

① 窦一豪：《P2P 网贷平台"中介化"前后刑法适用的实证分析及反思》，东南大学硕士学位论文，2018。

② 张本才：《新时代检察机关法律监督的新内涵》，《中国检察官》2018 年第 15 期。

③ 贺英：《金融检察与民间金融监管的协调与衔接》，《人民检察》2013 年第 9 期。

④ 程曙明、林越坚、陈文雅：《检察机关参与社会治理的定位及路径思考》，《人民检察》2017 年第 17 期。

及规范性文件中，未从法律法规层次加以认定，法阶层次较低。就域外经验来看，美国对 P2P 金融监管已形成了成文的法律要求，包括开展金融服务业务要遵守的《诚实借贷法》等金融法律，及开展互联网业务要遵守的《个人隐私及数据安全法》等电子商务法。[①] 专门金融性法案与网络安全法案并轨的成文监管模式，为美国 P2P 监管提供了基础法律索引。韩国也早于 2015 年就正式通过了《资本市场法》修正案，明确规定要将 P2P 金融纳入韩国金融委员会监管范围。[②] 可见，尽管各国颁布的法律不同，但在 P2P 金融监管制度设计上都不约而同地采取了成文立法的形式。鉴于目前 P2P 易引发的各类金融风险和法律风险，为切实保护 P2P 金融消费者的利益，维护金融市场的安定有序，需要以法律的形式明确在准入机制、业务边界、资金安全、信息披露以及金融消费者保护等多个方面对 P2P 展开金融监管，以规范行业发展。我国目前关于 P2P 的法规阶层较低，可以通过立法的形式明确 P2P 网络借贷机构的信息中介性质，杜绝平台参与吸储、放贷，恪守居间人的角色，并明确相应的法律后果，从而填补目前我国 P2P 金融监管援引法条上的空白。特别是地方金融局（办）作为地方金融监管主体尚未配备相应的行政执法力量，监管措施不具有刚性，应通过立法赋予 P2P 金融监管部门执法权限，梳理明确 P2P 金融监管部门调查核实权的种类方式及 P2P 网贷机构拒绝配合的相关法律后果，以提高 P2P 金融刚性监管水平，形成监管的有力威慑。

（三）完善现有 P2P 金融行政监管措施

1. 多监管主体实现联动，统一执法力量

目前我国 P2P 金融监管为分业监管，各部门之间未能形成有效联动，同时没有统一执法力量，只是依靠临时性的互联网金融风险专项整治办公室进行调配。建议提高信息共享效率，推动大数据、区块链等现代科技与 P2P

---

① 张宏：《美国 P2P 网贷平台的法律规范及对中国的启示——以美国 Prosper 网站为例》，《财经界》（学术版）2013 年第 20 期。

② 董新义：《韩国投资型众筹法律制度及其借鉴》，《证券市场导报》2016 年第 2 期。

金融监管深度融合，打造监管合力，推动各监管主体之间实现联动，提高执法敏感度和执法力度。如可以就严重失信者形成网贷老赖信息收集公示和多部门联动机制，深圳市就已探索建立失信名单联动公示制度。由 P2P 网贷机构收集并公示网贷平台中的“老赖”，报市互联网金融协会筛查并公示，再报送市地方金融监管局，经认定后形成名单数据库，推送至市政务服务数据管理局，并通过该地的信用管理系统，实现各个网贷监管部门之间的充分共享，打破数据壁垒，为跨部门协同监管、联合惩戒提供强有力的数据支撑。[①] 因此在 P2P 金融监管方面应实现监管部门多方协动，充分打通各部门监管之间的数据壁垒，有效整合各方力量，从而推动数据共享，在节约行政资源成本的基础上统一执法力量，实现共同监管的高效化和精准化。

2. 监管聚焦市场准入和交易环节

随着“能退尽退、应关尽关”整治原则的确定，对 P2P 金融的监管重点放在了现营的 P2P 网络借贷平台上，更加侧重于清退环节，可见目前金融监管更加侧重于事后监管。然而，要真正推动 P2P 网贷行业的良好有序发展，更应主动从 P2P 金融的源头抓起，聚焦 P2P 网贷机构的准入门槛和市场交易环节，从而推动 P2P 金融监管的关口前移、重心下移，真正实现“治未病”的良好效果，切实提升社会风险防范化解水平。

（1）准入环节采取资本实缴制

就市场准入环节来看，我国网贷机构仅要求简单备案，当然这也符合新修订《公司法》资本认缴的规定要求。由此可见在我国成立一家 P2P 网贷机构准入门槛之低，无任何实际资金背景也可以成立一家网贷公司。正是由于准入门槛低，甚至有部分非法 P2P 网贷机构设立的目的就是非法集资，负责人圈钱成功后立刻携款出逃，而 P2P 网贷中出借人的权益却难以得到维护。虽早在 2015 年规范性文件《关于促进互联网金融健康发展的指导意见》中 P2P 的性质就被明确界定为网络借贷信息中介机构，然而鉴于 P2P 网贷平台从事为借贷双方提供资信评估、借贷撮合等业务，其仍然具有一定

① 沈勇：《深圳建立网贷老赖联合惩戒机制》，《深圳特区报》2019 年 7 月 6 日，第 A04 版。

的金融风险。为保护出借人权益，实现事前监管，应在一定程度上提高 P2P 网贷机构准入门槛。如英国行业自律协会准则中就确定了 P2P 网贷机构的最低营运资本标准。我国也可根据 P2P 网贷机构的业务规模对其注册资本或营运资本的资金提出要求，以确保其有一定的偿债能力。[①] 以特别规定的方式要求 P2P 网贷机构注册实行资金实缴制，并根据规模大小设立相应的准入资金门槛，从而倒逼 P2P 网贷机构合规经营，提高 P2P 网贷机构的抗风险能力。

（2）交易环节注重日常监管

监管部门应主动适应 P2P 金融领域面临的新情况、新问题，加强对交易环节的日常监管，以日常工作监管机制建设为着力点，运用制度威力防风险、解难题、补短板，不断提高治理水平，维护社会稳定。我国目前已按照借款人的主体性质不同而作出借款的上限限制，堵住了风险的下游通道。除此之外，也可以从出借资金的上游源头抓起，如韩国对 P2P 出借人进行分类并分别设定最高投资限额。[②] 日本也规定单个投资者的投资限额，[③] 美国的肯塔基州和俄勒冈州规定出借人不得投资 10% 以上的净财富于 P2P。[④] 可见，其更多的是从 P2P 资金来源，即出借人角度进行额度限制，我国也可综合考虑 P2P 出借人的资金收入水平、个人投资风险偏好等因素，将其进行等级划分，从而分别为其设定投资限额，建立投资者分层与限额制度，从源头预防社会不稳定风险。

3. 实现 P2P 金融监管手段多样化

要实现对 P2P 的实时动态监管，就要充分利用现代化技术手段，以监管手段的现代化促进信息科技与金融监管的进一步融合，推动建立 P2P 金融监管技术的支持、统计、报告、披露系统。在网络安全方面，要求 P2P

---

① 伍坚：《我国 P2P 网贷平台监管的制度构建》，《法学》2015 年第 4 期。

② 董新义：《韩国投资型众筹法律制度及其借鉴》，《证券市场导报》2016 年第 2 期。

③ 曹晓路：《金融消费者利益保护与 P2P 网络借贷监管博弈分析——兼评现行网络借贷监管办法》，《金融监管研究》2016 年第 11 期。

④ 陈敏轩、李钧：《美国 P2P 行业的发展和新监管挑战》，《金融发展评论》2013 年第 3 期。

网贷机构进行国家信息系统安全等级备案，保护好用户个人隐私安全；纳入国家互联网应急中心实时系统，实现最新动态的实时数据抓取；对接 P2P 自律协会的信息披露系统，及时披露 P2P 网贷平台的交易数据及风险评估。资金方面，业务全量接入银行存管系统，实现资金分离，并严格强化一日一对账机制。通过实时统计、网站对接、数据动态分析、资金监管等一系列现代技术手段，掌握第一手的 P2P 网贷机构最新动态，做好防护预警，形成系统化的 P2P 金融风险防范体系。

（四）建立完善金融消费者保护制度

金融科技监管的核心就是保护金融消费者。英国为此推出金融服务补偿计划（FSCS），并将 P2P 网贷纳入赔偿范围，一旦金融机构破产，将依法给予储户一定数额的补偿。① 在我国，部分 P2P 网贷平台也曾以“保护金融消费者”为名恶意搭售人身保险，但是这已偏离互联网平台保证保险的初衷。我国应探索建立金融消费者保护机制，建立完善 P2P 网贷平台保证保险体系。一方面，P2P 网贷需要保险行业风险控制、风险分散功能的支持，从而鼓励投资者积极向网贷平台投入闲散资金；另一方面，在我国尚未建立完善的社会征信体系的情况下，可以凭借保险公司多年以来积累的大数据资源，为 P2P 网贷平台审核债务人的个人征信资质提供信息共享服务，从而更好地降低风险，推动整个网贷平台良性发展。②

除建立金融消费者保护制度外，也应积极引导金融消费者树立理性金融投资意识，真正实现“卖家尽责，买家自负”的交易原则，打破刚性兑付在金融消费者心中的“保护伞”作用，倡导正确的投资理念。

（五）规范 P2P 行业自律协会发展

英国作为 P2P 网贷的诞生之地，其 P2P 行业自律协会已经颇为成熟，

---

① 戴润静：《金融科技监管的国际经验》，《清华金融评论》2017 年第 10 期。

② 孙宏涛、王丽莉：《完善风险管控，促进互联网平台保证保险业务发展》，《中国保险报》2017 年 11 月 22 日，第 004 版。

其要求协会会员必须履行“8 个必须”和 10 项原则。[①] 这些行业制定的自律规则囊括 P2P 网贷机构运营的方方面面，既包括 P2P 网贷平台的最低运营资本、从业人员资质要求，也包括平台日常经营等方面。反观我国，我国 P2P 行业的自律协会是中国互联网金融协会，该协会性质是互联网金融的综合性协会，包括银行、证券、基金、保险等多个会员，并不能适应 P2P 行业的针对性和专业性，加之互联网金融协会中的自律规章较为笼统含糊，缺乏对 P2P 运行的细化专门规定。从中我们可以看出，P2P 金融监管部门可以借鉴域外行业自律协会的有益经验，推动创建我国 P2P 网络借贷专门的行业自律组织，并且推动建立完善统一的细化可操作的 P2P 金融行业自律要求，以此来协调网贷平台的发展，促进行业健康发展。[②]

五 结语

党的十九届四中全会强调要坚持和完善共建共治共享的社会治理制度。P2P 金融的有序发展不能仅靠行政监管部门有限的行政监管手段，而应依靠行政机关、司法机关、企业、公民形成良性互动体来共同推动行业的进步和发展。正如习近平总书记指出的，“金融是国家重要的核心竞争力，金融安全是国家安全的重要组成部分”。当前针对 P2P 的专项清退整治活动并不是宣告了 P2P 金融的死刑，与之相反，这标志着 P2P 金融已结束了无序野蛮生长的上半场，随着严格的多方监管，P2P 金融将迎来有序发展的下半场。这也必然对 P2P 金融安全提出更高的要求，发挥好 P2P 普惠金融价值，更好地服务经济社会的快速发展，就必须完善 P2P 金融监管，引入具有综合性、前瞻性独特优势的行政检察，让 P2P 在有法可依、有章可循的基础上迎来更快的发展。

---

① 黄震、邓建鹏、熊明、任一奇、乔宇涵：《英美 P2P 监管体系比较与我国 P2P 监管思路研究》，《金融监管研究》2014 年第 10 期。

② 冯果、蒋莎莎：《论我国 P2P 网络贷款平台的异化及其监督》，《法商研究》2013 年第 5 期。

B.8

上海市检察机关服务保障民营经济发展工作研究

上海市嘉定区人民检察院课题组*

摘　要：　民营经济是上海经济发展的重要力量，新形势下民营企业期盼检察机关在打击涉企犯罪、强化诉讼监督、助力合规经营、落实宽严相济、提供法治服务等方面有所作为。上海市检察机关积极发挥检察职能，强化制度供给，以办案为中心，以"四大检察"为抓手，开展多项司法专项活动，强化企业产权司法保护。但服务保障民营经济发展的观念、制度、机制、能力仍有提升空间。上海市检察机关应当严格把握涉企案件的法律界限，审慎适用强制性措施，正确对待企业经营的历史问题。推动完善相关法律的"立改废释"，细化宽严相济刑事政策的标准，依法打击侵犯民营企业及经营者合法权益的犯罪。探索创新服务保障机制，强化涉企民事行政监督，加强与上海市以及长三角区域司法、行政机关的协作，提高服务民营经济健康发展的司法能力。

关键词：　上海检察机关　民营经济　服务保障　转变司法理念

改革开放以来，民营经济已经成为我国以公有制为主体、多种所有制经济

---

* 课题组负责人：高振国，上海市嘉定区人民检察院党组书记、检察长；课题组成员：郭箐、徐海清、梁春程、彭曦、曹俊梅。

共同发展的基本经济制度的重要组成部分，是推动社会主义市场经济发展的重要力量。上海是我国最大的国际化大都市，也是我国经济、金融、贸易、航运和科技创新中心，在经济发展方面，已经形成公有制经济与非公有制经济“两翼齐飞”，国资、民资、外资“三资联动”，在沪央企、地方国企、民营企业和外资企业“四轮驱动”的格局。其中，民营企业创造了全市1/4的生产总值、1/5的进出口总额和1/3的税收收入。在上海科技企业中，民营企业占比超过九成，高新技术企业中民营企业占七成，近半数的专利授权由民营企业获得。全市每年新增就业岗位60万个左右，民营企业新增就业人数占比超过七成。新注册企业中，民营企业数量占96.4%，活跃度达到80%。[①] 民营企业在推动发展、促进创新、增加就业、改善民生和扩大开放等方面发挥了不可替代的作用。

上海营商环境总体良好，在第三方测评中，上海排在2019中国城市营商环境指数首位，上海企业对上海营商环境的满意度在85%以上。但对比国际一流的企业和营商环境，上海还有很大的优化空间，绝大部分民营资本只能布局于整个价值链和产业链的末端环节。[②] 在经济发展进入新常态和国内外诸多不确定因素的影响下，民营经济的发展遇到市场、融资、转型“三座大山”，如何鼓励、支持、引导民营企业发展，营造更好的发展环境，成为体现城市营商环境核心竞争力的重要方面。

“法治是最好的营商环境。”一个经济体的整体营商环境取决于诸多要素。其中，透明、可获得并可有效执行的监管措施，在明晰产权、降低争议解决成本、提高经济活动的可预期性等方面发挥着重要作用。[③] 党的十九届四中全会审议通过的《中共中央关于坚持和完善中国特色社会主义制度 推进国家治理体系和治理能力现代化若干重大问题的决定》中也明确提出，“健全支持民营经济、外商投资企业发展的法治环境”。2019年，上海市人

---

① 刘士安、李泓冰：《为民营企业营造更好发展环境——专访上海市市长应勇》，《中国产经》2018年第12期。上海市民营经济统计范围包括私营企业、集体企业个体经营户以及私营控股、集体控股企业，本文有关上海民营经济的数据由上海市工商联提供。

② 汪亮：《上海民营经济发展短板的理性思考》，《上海产业》2018年第12期。

③ 罗培新：《世界银行营商环境评估方法论：以“开办企业”指标为视角》，《东方法学》2018年第6期。

大常委会开展了“加强司法保障优化营商环境”专项监督调研，11 月 15 日听取和审议了“两院”的专项工作报告。调研审议中发现，新时代民营企业对法治保障、司法环境、法律服务等方面有强烈期待。如何结合上海城市发展实际，强化民营经济的检察服务保障，回应和满足民营企业对于法治营商环境的需求，打造属于上海检察的工作样板，值得深入研究。

一　民营经济发展的检察司法需求

（一）期盼检察机关为民企撑腰，打击涉企侵权刑事犯罪

1. 严厉惩治“套路贷”“职业索赔”等涉黑涉恶犯罪

在调研中有民营企业家反映，在企业融资过程中碰到虚假走账、垒高金额、虚假诉讼、暴力索债等“套路贷”犯罪，侵害了企业正常生产秩序和企业家人身安全。有的商超和电商企业反映“职业索赔人”对民营企业实施敲诈勒索、恶意索赔的情况，企业防不胜防、不堪其扰。还有的小微企业反映并举报在其经营领域存在“敲墙党”“餐消联盟”等强迫交易、欺行霸市的犯罪团伙。民营企业期望检察机关能够重视上述违法犯罪行为，依法严惩，维护企业及经营者的合法权益。

2. 依法打击侵占挪用、商业贿赂等职务犯罪

相较于国企和外企，民营企业大多规模较小，在财务、仓管、安保、销售等环节内控制度不够健全，存在廉洁风险。在调研中，不少民营企业说及企业内部管理人员和其他工作人员“吃回扣”“私收货款”等问题，期望检察机关在严肃办理此类犯罪案件的同时，帮助企业追赃挽损，适时开展廉洁守法方面的培训宣传。

3. 加大力度打击侵权假冒、窃密泄密等知识产权犯罪

上海高科技民营企业较多，国内外知名品牌也较多，企业对于知识产权的保护尤为关注。不少民营企业反映，创新成果不敢或者不热心申报专利，害怕申报后遭遇产品仿制、人才流失、技术外泄、不正当竞争等问题。实践

中，知识产权犯罪大多为异地侵权、网络销售、小量多次，企业在刑民界限、行刑衔接、损失认定、证据获取等方面存在困难，起诉打官司非常麻烦。[①] 民营企业，尤其是科创企业，期望检察机关加强知识产权保护，加大立法、执法和处罚力度，为企业产品技术交流、科创技术成果转化和科研人才队伍建设保驾护航。[②]

（二）期盼检察机关为民企壮胆，强化涉企案件法律监督

1. 强化对涉企案件的刑事诉讼监督

调研中，民营企业特别希望检察机关加强立案监督工作，既要防止公安机关以侦查犯罪为名插手企业民事经济纠纷，也要监督公安机关对于合同诈骗、职务侵占等破坏企业生产经营的犯罪依法立案查处，更要在涉及民营企业与国有企业的经济纠纷中，准确认定恶意侵占国有资产、贷款诈骗等经济犯罪的性质，防止选择性司法。

2. 强化对涉企案件的民事行政监督

相较于刑事检察职能，民营企业对于检察机关的民事行政检察职能较为陌生，但在调研中，不少民营企业反映的问题都涉及民事行政诉讼。例如，有企业提出民事诉讼胜诉后常遭遇“执行难”的问题，企业合法权益得不到实现。还有企业提出在“五违四必”环境综合整治要求企业签约搬离、违章拆除时，应当监督行政执法机关依法依规推进工作，对于企业早期改扩建为生产线的部分能否通过补交土地出让金等手续予以合法化，避免影响优质企业生产经营。[③]

（三）期盼检察机关为民企借脑，助力企业依法合规经营

上海市民营企业以服务经济和总部经济为主，一方面，以民营经济为主

---

① 汤亮：《平出于公　公出于道——法律为民营经济健康发展保驾护航之刍议》，《上海人大》2019 年第 1 期。

② 上海市工商联课题组：《民营经济与科技创新中心的市场化、社会化建设——以上海为例》，《行政管理改革》2015 年第 10 期。

③ 谢东升：《推进“五违四必”综合治理工作应注意的几个风险点》，2017 年 4 月 18 日。

体的电子支付、互联网金融、网络视听、电子商务等企业发展迅猛，在全国居于前列;[①] 另一方面，鉴于上海在科技、人力资本、税收、信息、外资聚集等方面的优势，不少外地民营企业把总部或主体部分迁移进上海，为上海民营经济发展注入活力。[②] 但随着近年来经济下行压力加大，以福建钢贸和P2P互联网金融为代表的不少民营企业触及红线，出现“跑路”“爆雷”等问题。更有甚者，擅自注册成立公司非法从事期货交易、虚开逃税、数据买卖、古玩诈骗、非法放贷等犯罪活动，而部分员工法治意识和法治观念淡薄，参与其中，暴露出企业在合规经营方面存在较大问题。

（四）期盼检察机关为民企原情，保障企业正常持续运营

民营企业发展中新领域、新产业、新业态不断涌现，刑民交织案件多，法律规定相对滞后。调研中不少民营企业反映，当前司法办案存在入罪标准过低、强制措施过滥、服刑管理过严、司法解释过时等问题，不利于企业正常经营。例如，有的违法和不规范的问题主要发生在企业初创时期，是否可以通过后续审批、补办手续等方式予以合法化。有的犯罪立案标准数量金额在各省（区、市）并不统一，外地民企在上海触及入罪门槛时是否可以暂缓追究。有的犯罪设立针对的情形已经发生变化，企业虽然具有违法性但并没有侵害刑法保护的法益。[③] 希望检察机关能够在具体案件办理过程中平等对待民营企业，避免动辄入罪。

（五）期盼检察机关为民企传音，搭建政企良性互动平台

民营企业对于政府所采取的改善营商环境的措施应当有所感知，对相关的法律、政策和做法应当知悉，这样才能保证二者的良性互动。实践中，民

---

① 徐惠明等：《2012 年长三角地区民营经济发展报告》，《中国民营经济发展报告 No. 10（2012～2013）》，社会科学文献出版社，2013，第 290～291 页。

② 全广明：《长三角三省市民营经济发展路径的差异及原因》，《浙江树人大学学报》2008 年第 3 期。

③ 孙利国：《加强企业产权保护应考量的刑法因素》，《人民检察》2019 年第 17 期。

营企业中大部分为小微企业，其管理能力、融资能力和抗风险能力较弱，与政府之间信息不对称情况较为明显，需要政府加强指导协调。[①] 尤其是在上海自贸区各项制度改革、长三角一体化发展和虹桥商务区建设推进过程中，包括长三角在内的全国知名民营企业将加快汇集到上海，亟须政府和司法部门加强对于贸易金融、税收土地、行业准入等法律政策的解读，加强长三角区域司法协作、统一区域法律适用标准，传达民营企业对政府服务的各项需求。

二 上海市检察机关服务保障民营经济发展的基本情况

（一）强化制度供给，构建民企健康发展的制度环境

1. 细化实化检察专项行动举措

近年来，上海检察机关深入贯彻中央、市委和高检院决策部署，坚持把服务和保障民营经济健康发展作为服务大局的重要内容，先后制定实施了服务保障科创中心建设20条、服务保障上海法治环境建设43条、服务保障优化营商环境20条、参与打好防范化解重大金融风险攻坚战28条等意见。2019年又制定了进一步服务保障优化营商环境检察专项行动方案，落实金融创新和知识产权保护等6项重点任务。各级检察院根据市检察院统一部署，结合区域经济发展特点，找准检察工作服务区域营商环境建设的切入点，打造区域服务优化营商环境品牌矩阵。如嘉定区检察院聚焦强化汽车全产业链司法保障推出“优化营商环境‘嘉检在行动’专项举措”、畅通涉营商环境信访件绿色通道等特色举措；松江区检察院着眼于服务G60科创走廊建设，制定全年工作推进表等。

2. 主动服务落实国家重大任务

积极服务长三角一体化发展国家战略，牵头召开环太湖流域生态环境保护检察协作联席会议，与苏浙皖检察机关会签《沪苏浙皖检察机关加强环太湖流

① 上海市工商联：《上海市小型微型企业调研报告》，2012年“小型微型企业保生存谋发展”研讨会论文集，第83页。

域生态环境保护检察协作三年行动方案》《沪苏浙皖检察机关关于依法服务保障长三角区域民营企业健康发展的意见》《沪苏浙皖社区服刑人员外出管理办法（试行）》。青浦区检察院与浙江嘉善、江苏吴江检察院，嘉定区检察院与江苏昆山、太仓检察院会签长三角区域检察协作的意见，在护航高质量发展、强化法律监督、推进数据融通等方面加强协作。浦东新区检察院设立自贸区民营企业家法律服务工作站和证券期货办案基地，支持并促进政府监管部门有效识别和化解风险，积极服务保障自贸区法治环境建设。打造“办案+培训”的专业化建设阵地，加强对科创板设立后金融犯罪新动态、新风险等新情况、新问题的研究。

3. 积极构筑对外沟通协作平台机制

各级检察机关与工商联签署工作备忘录或合作协议，形成常态化联动机制，推出联合调研、专业咨询、法治服务等具体工作举措。市检察院聚焦金融、知识产权、自贸区、大数据等领域聘请20位检察智库专家，为专业办案和检察决策提供“外脑”支持。积极推动建立优化营商环境法治保障共同体，通过联席会议、专家咨询、宣传培训等机制，加强共同体成员间信息沟通和协作配合，针对优化营商环境过程中的制度瓶颈和体制机制问题开展研究并提出立法政策建议。

（二）突出权益保障，营造民企创新创业的市场环境

1. 强化民营企业财产权利的保护

2016～2018年，上海检察机关共办理强迫交易、非法经营、合同诈骗等扰乱市场秩序、妨害企业管理秩序的犯罪1517起。深挖侵犯民营企业财产的内部“蛀虫”，依法严惩职务侵占罪、挪用资金罪564起。加强对走私犯罪的打击和治理，办理涉企走私案件258起，涉及企业200余家，有效应对走私犯罪新变化，维护健康市场环境。突出“套路贷”、非法“现金贷”等打击重点，批准逮捕“套路贷”案件324件774人，提起公诉241件628人，新发的“套路贷”犯罪基本得到遏制。办理破坏金融管理秩序、金融诈骗犯罪3245起，依法妥善办理“中晋系”“快鹿系”等一批涉互联网金融非法集资犯罪案件。同时，推动完善金融风险防范机制，探索构建系统化的追赃挽损工作体系，加强金融领域“行刑衔接”，协调公安机关、金融监

管部门等单位，从资金流向协查、涉案账户冻结、法律适用等多方面入手，探索建立追赃挽损工作标准流程，减轻企业或投资者的损失。

2. 强化知识产权司法保护

2016 年至 2019 年上半年，上海检察机关共办理侵犯知识产权罪 586 起。其中，三分院办理了全国首例国际司法合作打击制售假冒“中华”等品牌香烟系列案件；浦东新区检察院办理的陈卫堂等人销售非法制造的注册商标标识系列案、奉贤区检察院办理的李海雁侵犯著作权案入选高检院“2018 年度检察机关保护知识产权典型案例”。加大知识产权权利人保护力度，探索开展知识产权诉前和解工作，积极推进知识产权权利人实质参与刑事诉讼，如三分院办理的正大公司侵犯商业秘密案，促成当事人赔偿和解，最大限度保障涉案单位新合作项目的正常生产经营。

3. 强化新兴业态市场主体合法权益保护

2015 ~2018 年度，普陀区检察院共受理审查起诉各类互联网经济领域刑事案件 33 件 51 人，其中有很大一部分被侵权的互联网企业是具有较好公众口碑和一定社会影响力的知名网络品牌。黄浦区检察院聚焦新营销和物流业，办理骗取淘宝网退运险保险金、向淘宝商户销售提高商品搜索排名虚假软件、利用“飞猪旅行”平台漏洞诈骗豪华酒店等互联网行业系列案件，为企业追回损失。长宁区检察院聚焦技术应用、内部管理、线上交易等六大方面对互联网企业刑事法律风险进行防控提示，强化与新兴业态市场主体的沟通协作机制，与互联网企业签署合作备忘录，为上海首个“互联网 + 生活性服务业”创新试验区健康发展保驾护航。

（三）强化法律监督，维护安全有序的法治环境

1. 开展涉企刑事执法活动专项监督

2019 年上半年，上海市检察机关针对公安机关应当立案而未立案的案件排摸监督线索 22 件，监督立案 3 件，对不应当立案而立案监督撤案 4 件，对立而不侦、久侦不决以及违法查封、扣押、冻结涉案财物等违法情形，制发纠正违法通知书、检察建议书等 16 件。如虹口区检察院依法监督公安机

关撤销一起久立不侦、涉案金额达2000余万元的涉企诈骗案件，并进行公开答复，依法保护企业合法权益。

2. 强化涉企民事行政检察监督

2013年至2019年5月，上海市检察机关共办理民事行政检察、公益诉讼等各类监督案件10200件，向法院提出抗诉案件348件，制发检察建议931件。对涉企债权债务、股权分配、劳动争议、工伤赔偿等民事裁判、执行监督申请快审快办，受理执行监督案件1048件，制发检察建议234件。持续开展虚假诉讼监督活动，共审查涉及民间借贷、道路交通事故人身损害赔偿、金融借款合同、建设工程施工合同等纠纷的虚假诉讼209件，向法院提出抗诉和再审检察建议110件，涉案金额共计2.38亿元，对79名涉嫌虚假诉讼罪、妨害作证罪的当事人追究刑事责任。受理行政诉讼案件2231件，向法院提出抗诉12件，法院审结6件，其中5件采纳检察机关抗诉意见。向行政机关制发督促履职类或堵漏建制类检察建议111件，回函采纳104件。全市行政检察部门设置专门办理企业申请监督案件的检察官，三分院探索开展行政诉讼监督年度报告制度，黄浦区检察院依托行政检察监督办公室强化行政检察、司法公开和职务犯罪预防宣传。

3. 强化涉企公益诉讼检察监督

积极稳妥开展公益诉讼“等外”探索，加大城市公共安全、公民信息安全等领域公益诉讼保护力度，针对以隐蔽方式获取授权、强制索权、过度索权等个人信息保护问题，向10家App和应用商店制发检察建议，促使企业重视并加强用户个人信息保护。持续深入开展食品药品安全、生态保护等领域公益诉讼检察工作，督促政府职能部门将有犯罪记录的食品药品生产经营者及时完整地纳入“黑名单”，督促行政机关查处销售假冒伪劣食品药品8种，对56家存在食品安全问题的商户进行依法处置。

（四）改进工作方式，打造亲民便民的服务环境

1. 落实宽严相济刑事司法政策

2019年上半年，上海市检察机关对犯罪情节轻微、积极退赃退赔的涉

企案件犯罪嫌疑人不批准逮捕247人，不起诉44人。部署开展涉企案件羁押必要性审查专项活动，对上海市相关刑事案件进行排查摸底，实行“每案必审”，共对30名民营企业法定代表人、实际经营人等主要负责人建议变更强制措施并被采纳。优化司法资源配置，建立健全符合涉民营企业刑事案件特点的认罪认罚从宽工作机制，依法从快办理涉企案件。

2. 对接企业检察司法需求

2019年上海市各级检察机关走访数百家企业，访谈企业家及工作人员1000余人。检察机关入驻“一网通办”开设“检察为民”栏目，提供网页和“随申办市民云”App移动服务，开通企业家法律服务热线、民商事纠纷电话专线等检察服务。健全企业家法律服务工作站机制，提供“一站式”司法服务。积极运用检察建议方式，帮助企业堵漏建制，推动政府部门事中事后监管方式创新，向企业制发检察建议77件，向政府有关部门制发检察建议230件。

3. 加大教育培训宣传力度

一方面，提升检察官服务保障民营企业发展的能力和水平。加快构建全方位的金融犯罪预防体系，在设立全国首家预防金融从业人员犯罪教育基地基础上，筹备设立证券期货、银行保险、金融创新、知识产权犯罪办案研究中心。牢固树立“一个案例胜过一沓文件”理念，充分发挥典型案例规范引导作用，如杨浦区检察院办理上海A国际贸易有限公司刘某拒不支付劳动报酬案，坚持依法保护劳动者合法权益与促进民营企业守法经营有机结合，被高检院评为“全国首批涉民营企业司法保护典型案例”。

另一方面，强化法治宣传教育，增强民营企业的守法经营意识。围绕助力企业健康发展，举办检察开放日活动，发布典型案例，梳理企业常见刑事法律风险，及时向企业预警提示法律风险，增强企业家依法从业和权利保护意识。借助新媒体，通过漫画、动画视频等多种形式，制作发布服务企业发展的法治栏目，扩大宣传效果。积极选派检察官参加企业论坛、沙龙等活动，通过主题演讲向企业传递维权理念和方法，提高企业经营管理的法治化水平。

三　上海市检察机关服务保障民营经济发展的主要困境

（一）司法理念有待进一步转变

1. 罪刑法定原则重视不够

罪刑法定原则强调“法无明文规定不为罪”，禁止不适当的类推和扩大解释。以非法经营罪为例，《刑法》第二百二十五条最后一项规定的“其他严重扰乱市场秩序的非法经营行为”必须要违反国家规定，而这里的国家规定应当理解为设定相关行政许可、批准的国家法律、行政法规，而不包括部门规章。实践中，有的检察人员存在就案办案的僵化思维，未能从经济社会变化发展的视角看待一些民营企业历史上存在的不规范行为，在办理案件过程中，对企业的“非常规行为”作扩大解释，不当扩大犯罪圈，忽视了民营企业及经营者合法权益的保护。①

2. 疑罪从无原则重视不够

疑罪从无原则是指在直接影响被告人有罪认定的事实不清、证据不足时的特殊处理方式。其中“疑罪”是指有一定的证据，但未达到“确实、充分”的程度；“疑罪”是指关涉犯罪构成要件基本事实的存疑，而不是细枝末节问题和不影响关键性事实的存疑。实践中，有的办案机关对于一些疑罪案件存在疑罪从有、疑罪从轻、疑罪从挂的固化思维，有的案件证据不足，经补充侦查仍然达不到定罪要求，却未能及时撤案、解除强制措施，给涉案民营企业和企业人员的权益造成较大伤害。

3. 检察裁量原则重视不够

检察裁量原则是指检察官在审查批准逮捕、审查起诉时，根据法律规定，结合案件具体情节行使裁量权。实践中，不少检察官在办案中存在较重

---

① 袁彬、张馨文：《民营企业产权刑法保护的司法困境与出路》，《人民检察》2019 年第 17 期。

的入罪思维，形式符合犯罪构成要件即予以批捕起诉，忽略了对案件实质违法性和社会危害性的审查。尤其是在运用刑事强制措施的过程中，还缺乏对社会危险性以及羁押、查封、扣押必要性的分析，构罪即捕、一扣了之的情况还没有实质性转变。对于可捕可不捕、可诉可不诉的案件，从确保企业正常生产经营角度出发行使检察裁量权的主动性和积极性还不高，未能充分行使法律赋予的检察职能。

（二）服务机制有待进一步健全

一方面，在对接服务保障民营经济发展需求提升服务保障工作的精准度、感受度上仍需下大功夫。侦防部门转隶前，与工商联沟通联系工作以及对民营企业预防犯罪等司法保护工作主要由预防部门牵头开展，上海市检察机关企业家法律服务工作站由预防部门牵头设立。侦防部门转隶后，办案部门在与工商联和行业协会等建立长效服务机制、前置犯罪预防等方面的工作相对薄弱。入驻“一网通办”开设“检察为民”栏目，提供网页和“随申办市民云”App 移动服务等检察服务的实效还不够明显，与当前加强对民营经济保护的现实需求还存在一定的差距。

另一方面，与其他行政执法和司法机关之间的沟通协作机制还不完善。服务保障民营经济发展是一项事关全局的工作，需要依托各方力量。从目前情况来看，检察机关与公安、法院、司法、行政执法部门之间还未形成较为完善的民营经济保护常态化工作协调机制。特别是在“两法衔接”领域，由于行政执法机关与公安机关在立案标准、鉴定规则上不统一，行政执法机关取证的标准不符合刑事追诉标准，重新取证、固证难度较大，导致对部分案件刑事打击不力。

（三）办案标准有待进一步明确

1. 经济纠纷与经济犯罪界限模糊难以把握

涉民营企业的经济合同类案件往往存在刑民交叉的问题，如何区分经济纠纷与经济犯罪，如何实现法律效果、社会效果与政治效果三者有机统一，是检察机关在服务保障民营经济发展过程中面临的重要问题。

2. 宽严相济刑事政策适用标准不够明确

民营企业管理人员涉嫌犯罪案件中，为降低对企业生产经营的影响，在采取强制措施等方面要求依法从宽把握，但在实践中对从宽把握的标准没有具体规范。如对民营企业家采取强制措施的例外情形，对处于关键岗位、可能影响到企业正常生产经营的具体界定，对民营企业涉案财物采取查封、扣押、冻结等措施的范围等，缺乏统一的实施标准。

3. 知识产权司法保护力度难以满足企业需求

侵犯企业知识产权、商业秘密类案件往往由于证据标准要求严格而难以侦办。如在走访调研过程中，某著名网络游戏开发公司反映商业秘密被侵犯，但是对于如何认定商业秘密、如何计算遭受的损失、如何认定企业是否对商业秘密采取了技术性保护等存在司法上的认定难度，导致难以启动刑事司法程序。

4. 新经济模式下法律滞后界定不明

新经济模式带动产能转型、改造升级传统动能，其创新性和复杂性有别于传统的经济模式。检察机关在处理因新经济模式而产生的案件时常常会遭遇法律空白，如何把握罪与非罪界限存在一定困难。如“游戏币”等虚拟货币是否具有财产属性，销售竞价排名、虚假竞价排名软件的定性，“职业索赔”的刑事介入边界等问题，在检察办案中存在较大的认识分歧。

（四）服务能力有待进一步提升

1. 服务保障重大任务的能力有待提升

上海承担自由贸易港和科技创新中心建设两大重点国家战略。检察机关服务保障民营经济发展，需要结合上述重大任务，创新服务手段，提升服务能级，促进形成法治化、国际化、便利化的营商环境，但从现有的工作实践看还有所差距。例如，自贸区海关监管创新措施扩大开放，对走私犯罪的总体形势和法律规范体系造成一定影响，检察机关在打击虚假跨境贸易、高档物品走私等妨害自贸区健康发展的各类犯罪，依法平等保护自贸区内各类主体的合法权益时，对于相关企业货物入区后漏报不报、“自行运输”后偷梁换柱、保税货物国内销售、跨境电子商务平台“刷单”进口行为等，如何配合海关加强监管，“一元公司”“一人公司”走私单位犯罪认定以及境外证据实质性审核等方面，还需要继续探索。①

2. 跨区域检察司法协作能力有待提升

经济一体化是长三角区域一体化的重要方面，长三角地区的企业跨区域经营已成常态。当前沪苏浙皖四地检察机关在涉企案件办理过程中，在入罪标准、数据共享、线索移送、调查取证、案件会商、追赃挽损、犯罪预防、跨区域公益诉讼等方面还未能形成整体联动、同频共振的工作格局。各地检察机关除了统一业务应用系统外，其他公检法平台、智能辅助办案系统并不相联，区域间数据无法实现互联互通，不仅存在重复开发的弊端，也阻碍了长三角检察区域协作的发展空间。

3. 民事行政监督办案的供给支持力度有待提升

目前检察机关开展民事、行政监督办案的线索来源主要依赖于群众提出申请、来信来访，监督办案的主动性和实效性还不够高。以民事检察工作为例，当前涉企经济纠纷日益增多，虚假诉讼和“执行难”问题突出，相较于法院数以千万件的民事审执案件，民事检察案件 8 万余件的办案数量显然远远不能满足新时代人民群众对于公平正义的新要求新期待。

四　上海市检察机关服务保障民营经济发展的完善建议

（一）树立促进民营经济发展的办案方式和司法理念

1. 严格把握涉及民营企业案件的法律政策界限

更新立法和司法理念，准确区分民营企业经营者自然人犯罪与单位犯

① 高孝义：《走私犯罪案件法律适用问题探析》，《检察风云》2016 年第 2 期。

罪、合法财产与违法所得、民营企业正当融资与非法集资等界限，对民营企业经营者在正当生产、经营、融资活动中发生的失误，不违反刑事法律、行政法规或者司法解释规定的，不得以犯罪论处，防止影响民营企业创新创业积极性。在犯罪投资收益所得追缴的问题上，要综合考量投资所得的获取途径、先前犯罪行为所侵害的法益，以及追缴与民营企业稳定发展的关系。①要注意分析案件具体情况，看情节、看本质，依法落实好认罪认罚从宽的有关要求。

2. 坚持主客观相一致原则，把握罪与非罪的界限

严格把握涉民营企业案件起诉条件，在涉及企业经营、融资活动的罪名审查中，要区分刑法与其他行政法律法规之间的界限，区分民事上可撤销的欺诈行为与刑法上诈骗罪的实行行为，坚决防止将经济纠纷当作犯罪处理。要落实保护改革创新的“容错”要求，对于锐意作为，但出现决策失误、偏差，造成一定损失的行为，要区分情况慎重对待，听取相关行业主管、监管部门和上级检察机关的意见，充分考虑法令行为、正当业务行为和行政许可等违法阻却事由②，从实质违法性和社会危险性角度，依法规范行使不起诉权。

3. 审慎适用强制性措施

严格把握批准逮捕条件，对涉嫌犯罪的民营企业管理或技术等关键部门、岗位人员，认罪认罚态度较好且采取取保候审不致发生社会危险性，采取逮捕措施可能导致企业经营管理或技术创新发生困难等情况的，应当依法慎用逮捕措施。对确有羁押必要的，要考虑维持企业生产经营需要，在对外联系生产经营决策等方面提供必要的便利和支持，防止引发崩盘效应。细化涉案企业和人员财产处置规则，严格规范涉案财产处置，最大限度降低对企业正常生产经营活动的不利影响，避免出现因司法查封而导致的“资金链断裂”问题。对于有关部门移送的刑事案件，涉及民营企业或者民营企业

---

① 庄绪龙：《“犯罪所得投资收益”追缴的影响因素与判断规则》，《中国法学》2019 年第 5 期。

② 张明楷：《刑法学》，法律出版社，2016，第 231 ~ 237 页。

家的，要依法审慎采取强制措施，充分考虑保护企业发展需要。要落实好修改后《刑事诉讼法》有关认罪认罚从宽的规定，对符合改变羁押强制措施的及时改变，对符合从宽处理的案件依法坚决从宽。

4. 正确对待民营企业经营不规范的历史问题

严格落实《中共中央 国务院关于完善产权保护制度依法保护产权的意见》的规定，对于历史形成的涉及民营企业产权刑事案件，应当提供疑罪从无、罪刑法定和从旧兼从轻的出罪路径。对已过追诉时效的“原罪”问题，不再追究；对定罪证据不足的，坚持疑罪从无。持续开展涉产权刑事申诉案件清理工作，依法保障涉案民营企业及经营者的申诉权，规范受理涉民营企业及经营者的民事行政诉讼监督、控告申诉和国家赔偿案件。对检察机关错捕、错诉的，及时启动纠错程序；对法院判决错误或明显不当案件，依法提出抗诉、检察建议等，依法维护民营企业合法权益。

（二）推动完善促进民营经济发展的制度建设

1. 推动完善涉及民营企业法律的“立改废释”

“更好的制度，更好的生活。”对于民营企业来讲，真正能够优化营商环境、促进企业发展的依然是法治，需要通过规则的“立改废释”巩固改革的红利。一方面，围绕民营企业在市场准入、产权保护、投融资、公平竞争等方面遇到的困难和问题，会同工商联对相关民营企业、行业协会开展调研，推动制定和完善相关司法解释、规范性文件。

另一方面，按照各类市场主体诉讼地位平等、法律适用平等、法律责任平等的要求，集中清理现有司法解释、规范性文件中有悖于平等保护原则的相关内容。及时解释或者调整完善《消费者权益保护法》《食品安全法》《广告法》《反不正当竞争法》中涉及的“消费者”和“欺诈”的规定，强化制度约束，限制“职业索赔”。[①] 进一步落实民营企业投资主体地位，全面保护

① 罗培新：《恶化营商环境　伤害社会诚信——关于职业打假的一些法律问题（上）》，《中国市场监管报》2019 年 4 月 30 日，第 4 版。

民营企业物权、债权、股权、知识产权等各种类型财产权，充分保障民营企业平等获取政府投资的机会，促进民营企业与其他市场主体公平竞争。

2. 进一步明确服务民营经济发展有关司法标准

一是建议明确单位行贿罪中的“谋取不正当利益”。2012 年 12 月 26 日发布的《最高人民法院、最高人民检察院关于办理行贿刑事案件具体应用法律若干问题的解释》第 12 条对行贿犯罪中的“谋取不正当利益”的规定较为原则性。实践中，“不确定利益”处在“应得利益”与“禁止性利益”之间的模糊地带，如何判断成为关键。张文中案再审判决提供了可比性判断和客观化判断两个视角。① 我们认为，为平等保护民营经济发展，应延续上述实质性解释思路，进一步缩限“不正当利益”判断的客观标准。

二是建议明确挪用资金罪中的“挪用本单位资金归个人使用或者借贷给他人”。刑法对于挪用公款罪的用途表述为“归个人使用”，而对于挪用资金罪的用途表述为“归个人使用或者借贷给他人”，实践中民营企业之间相互拆借的活动十分常见，挪用单位资金拆借给其他公司的是否构成挪用资金罪，理论上存在争议。② 我们认为，从保护民营企业的角度对挪用资金罪的用途应采用限缩性解释。

三是建议适当修改侵犯民营企业利益的入罪标准。出于历史原因，我国现行刑法许多条款规定对不同所有制产权采取区别对待的态度，对非公有产权的保护明显弱于对公有特别是国有产权的保护。③ 例如，在国有企业中，为亲友非法牟利的行为，失职行为，签订、履行合同失职被骗行为，以及徇私舞弊低价折股、出售资产的行为，构成犯罪。相反，若行为侵犯的是民营企业的财产权利，就不构成犯罪。类似的罪名还有职务侵占罪与贪污罪、挪用资金罪与挪用公款罪、非国家工作人员受贿罪与受贿罪。建议对于上述刑

① 袁彬：《民营企业产权刑法保护的司法出罪路径及其扩张》，《法律适用》2018 年第 12 期。

② 游伟、徐虹：《挪用公款罪界限认定》，《法学》2000 年第 8 期；安文录、程兰兰：《论挪用资金罪“借贷给他人”构罪之转变》，《河南师范大学学报》（哲学社会科学版）2011 年第 5 期。

③ 王峰：《修改刑法罪名　平等保护民营企业产权》，《21 世纪经济报道》2019 年 3 月 14 日，第 6 版。

法罪名的构成要件、犯罪数额和刑罚适时予以调整，对公有制经济和非公有制经济实行平等保护。

3. 细化宽严相济刑事政策标准和操作细则

优化营商环境，需要执法司法的审慎包容。针对行政执法领域的机械适用法律现象，2019 年上海市司法局会同市市场监管局、市应急管理局发布《市场轻微违法违规经营行为免罚清单》，向市场释放温情和善意。检察机关办理涉及小微民营企业的案件过程中，同样需要准确把握法律政策界限，贯彻落实宽严相济刑事政策，对情节较为轻微，违法经营存在现实原因，且案发后均积极整改，未造成严重后果的犯罪，在依法认定案件事实的前提下，酌情从宽处理。

（三）探索完善促进民营经济发展的机制建设

一是加强与公安、法院、行政执法部门的协作配合，完善联席会议机制，建立多部门协同参与的常态化沟通联络机制。各部门共同会商研讨与民营企业生产、经营、融资等经济活动息息相关的案件的立案标准、证据标准等相关法律适用问题，就慎重发布涉案信息、慎重使用强制措施、审慎办理涉民营企业各类刑事案件等方面形成共识，切实将办案与保护、服务结合起来。

二是完善行政执法机关和司法机关信息资源共享平台和执法办案配合机制，掌握行政机关对相关案件的处理情况，充分利用“两法衔接”信息平台发现线索，重点审查已经达到刑事立案标准的涉民营企业案件，加强立案监督，建立健全涉民营企业案件提前介入机制，引导侦查取证。对侦查机关应立案而不立案的，及时监督立案，严格掌握入刑标准，防止和纠正对民营企业违法立案、越权办案。依法监督纠正对涉案民营企业违法查封、冻结、扣押、保全等行为。建立涉民营经济领域的执法司法有效衔接机制，协同市场监管部门、市民热线、政府法制机构、公安法院，提高对“职业索赔”行为的监管效率和惩戒力度。①

---

① 罗培新：《恶化营商环境　伤害社会诚信——关于职业打假的一些法律问题（下）》，《中国市场监管报》2019 年 5 月 7 日，第 4 版。

三是建立与各级工商联、相关行业协会的联络机制，为民营企业提供更加精准高效的法律服务。回应性规制理论认为，除非信息能有效地从规制者传输至被规制者，而且规制者与被规制者之间能进行真诚的对话，否则将无法产生金字塔式的回应。[①] 结合专题大调研活动，深度了解民营企业发展中的现实需求。进一步运用互联网、信息技术、新媒体平台等，建立与民营企业的多元化联系渠道，综合运用多种方式，提供更加便捷、高效、精准的司法服务，提高民营企业法律风险防控能力。

（四）依法打击侵犯民营企业及经营者合法权益的犯罪

一方面，要依法打击针对民营企业及经营者的犯罪行为。结合扫黑除恶专项斗争，严惩以暴力、胁迫等方式欺行霸市、强买强卖，向民营企业收取“保护费”，“围标串标”等扰乱市场的黑恶势力犯罪。打击侵犯民营企业知识产权、损害商业信誉和商品声誉、合同诈骗、破坏生产经营、敲诈勒索等破坏市场经济秩序和侵犯企业财产犯罪，打击故意伤害、绑架、非法拘禁、侮辱、诽谤等侵犯民营企业经营者人身权利的犯罪，切实保障民营企业及经营者的合法权益。

另一方面，要依法打击和预防民营企业从业人员利用职务便利实施的犯罪。从严办理民营企业从业人员利用职务便利挪用资金、职务侵占、收受贿赂等犯罪案件，切实维护民营企业财产权和正常生产经营活动，坚决制止不法分子把民营企业及经营者的合法权益当成“唐僧肉”。

（五）依法正确处理涉及民营企业的民事行政监督案件

1. 加强涉及民营企业民事行政监督案件的办理

积极受理、审查涉及民营企业的债务纠纷、股权分配、知识产权、劳动争议等民事诉讼监督和行政诉讼监督案件。通过调查核实、公开听证等方

---

① 〔英〕罗伯特·鲍德温、马丁·凯夫、马丁·洛奇编《牛津规制手册》，宋华琳等译，上海三联书店，2017，第142页。

式，提高办理涉及民营企业监督案件的实效，实质性化解纠纷。经审查认为需要提出检察建议或者抗诉的，应当依法向人民法院提出再审检察建议或者抗诉。

2. 落实涉及民营企业民事执行活动的监督

积极开展对人民法院涉及民营企业案件的民事判决、裁定等生效法律文书执行活动的法律监督，保障民营企业胜诉权益及时有效实现。对涉及民营企业的明显超标的执行、消极执行、选择性执行和违法处置被执行财产等违法情形依法提出检察建议。支持配合人民法院对涉及民营企业的执行案款滞留、执行款物管理混乱等问题开展集中清理，促进滞留执行案款发放给申请执行的民营企业及经营者。民营企业及经营者确无财产可供执行，法院穷尽执行措施仍不能执行到位的，要配合法院做好释法说理工作。申请执行的民营企业及经营者生活陷入困境、符合救助条件的，要开展司法救助。

3. 强化对涉及民营企业虚假诉讼案件的法律监督

加大宣传力度，探索通过大数据平台推送线索工作。聚焦债务纠纷、股权分配、劳动争议、工伤赔偿等重点领域开展精准监督，强化多方联动，发挥检察机关内部协作机制，健全公检法防范和查处虚假诉讼的协调配合机制，探索将虚假诉讼监督工作纳入社会诚信体系建设。[①] 对涉及民营企业的刑事、民事、行政判决或裁定确有错误的，应当依法及时纠正，切实维护司法公正。

（六）加强长三角检察机关服务保障民营经济发展的区域协作

1. 进一步加强信息资源互联互通

充分发挥区域检察协作的比较优势，依托统一办案业务系统平台，加强内部信息共享，打破区域界线壁垒，在前科材料调取、犯罪嫌疑人户籍信息材料等环节和领域，进一步畅通信息交换流转渠道，拓展数据运用范围，完善平台数据项设置，强化汇总、分析、利用数据的能力，实现涉企案件信息

① 林贻影：《检察机关依法平等保护民营经济的路径》，《人民检察》2019 年第 19 ~ 20 期。

的互联互通，进一步优化区域法治环境。

2. 进一步统一执法司法办案标准

依托“沪苏浙皖”“青嘉吴”“嘉昆太”等检察交流平台，对现实存在的一些财产型犯罪案件的数额、检察裁量基准等执法标准问题，加强联合调研和业务交流，协商区域内案件办理在执法尺度上的统一，在刑事案件量刑平衡、宽严相济刑事司法政策的落实方面努力达成共识，促进长三角区域法律政策执行的统一。

3. 进一步健全管辖权协商机制

因跨区域犯罪涉及管辖权问题的，及时会商，或者移送行为发生地处理，或者由现行立案审查地作并案处理。同时，选择重点领域，在严厉打击相关刑事犯罪的同时，开展社会综合治理。例如，在食品药品、生态环境等全国性的专项活动中，探索开展联合检察监督，共同参与，堵漏建制，以发挥出三地检察监督的合力。

（七）提高服务民营经济健康发展的司法能力

1. 建立专业化办案组织，提高专业办案能力

提高涉民营企业案件尤其是新类型犯罪案件的办理水平，实现精准打击、有效保护。加强知识产权案件专业性办案组织建设，适应检察职能变化和内设机构改革，实行专业案件和监督事项由专业性办案组织承办的办案模式，加强对企业知识产权与商业秘密的保护。

2. 加强民营企业风险隐患预防化解能力建设

坚持和发展新时代“枫桥经验”，聚焦民营企业生产经营中的难点问题，立足检察工作建立预防和化解涉民营企业矛盾纠纷机制，主动融入共建共治共享的社会治理格局。对办案中发现的民营企业经营管理中的典型性、普遍性问题开展专题预防，运用检察建议、年度报告、专项报告、白皮书等方式，及时督促产权登记、审批、监管、保护等部门完善体制机制，促进民营企业提升防范风险能力。对涉及民营企业股权、借款、破产、兼并、重组、转制等案件，积极协助有关部门运用和解、调解手段化解矛盾，减少对

民营企业商业信誉和经济权益的负面影响，减少民营企业因资金链断裂而引发的倒闭等不稳定因素。

3. 加强“互联网 +”检察技术应用的能力

加强与公安、法院、行政执法机关的协作配合，探索建立内外部信息共享办案系统，建立智能化、信息化的民事行政公益诉讼检察办案业务数据库，盘活分散在各部门涉及民营企业的相关数据信息，完善搜索功能和法律服务功能，通过互联网技术及时收集、筛选、整理、比对、分析，帮助检察官办案决策，提高法律监督办案能力和水平，更好地服务保障民营经济发展。

B.9 上海市人大常委会规范性文件备案审查的制度与实践

姚　魏*

摘　要： 宪法、法律、地方性法规共同构成了地方人大常委会备案审查权的法律依据。备案审查可以确保本地规范性文件与上位法保持一致，保证中央令行禁止、国家法制得以统一、公民的权利得到保障。上海市人大常委会的备案审查工作具有聚焦且前沿、审查对象范围比较适当、审查的基准较为多元、审查程序具有一定开放性等特点。上海市人大常委会备案审查开展二十年来，相关工作取得了明显实效和成绩。然而，制度实施过程中出现不少难点和痛点，需要及时做出回应与克服。

关键词： 上海市人大常委会　规范性文件　备案审查　人大监督

对上海市政府的规章、决定、命令和区人大的决议、决定等规范性文件开展备案审查，起步于我国《立法法》开始实施的2000年，它是上海市人大常委会行使监督权的重要方式，至今已经整整二十年。二十年来，市人大及其常委会不断加强备案审查的制度建构和组织建设，积极探索和积累备案审查工作的本地经验与特色，为维护国家法制统一和社会主义法律体系的和

---

* 姚魏，上海社会科学院法学研究所助理研究员。

谐完善做出了应有的贡献。时至今日，我们有必要回顾和展望人大备案审查制度在上海的实践与发展，不断充实相关理论与制度，为上海乃至全国的备案审查工作迈上新台阶提供一些智识贡献。

一 上海市人大常委会开展备案审查工作的依据和意义

上海市作为四个直辖市之一，其人大享有省级人大的一切职权，它对特定规范性文件的备案审查权也是其享有的监督权中的一项重要内容。我国的备案审查制度发端于1979年《地方组织法》中“省级地方性法规须报送全国人大常委会和国务院备案”之规定。虽然1982年宪法和历经多次修改的《地方组织法》明确，地方人大常委会可以撤销本级人民政府不适当的决定和命令以及下级人大不适当的决议，但20世纪末并未建立起以备案制度为基础的地方人大对同级政府和下级人大规范性文件的审查及撤销制度（只有两者结合起来才可称为“备案审查”）。地方人大备案审查工作实际始于2000年《立法法》的制定，其后直辖市人大常委会可依法对同级政府制定的规章进行备案审查，然而《立法法》的性质决定了它只能对属于立法范畴的规范性文件作出备案审查的规定，即人大仅能进行范围很窄的立法监督，对规章以外的规范性文件进行备案审查尚缺少法律依据。2006年制定的《监督法》彻底解决了这一问题，该法第五章“规范性文件的备案审查”列明了同级人大可审查的规范性文件，明确了未被《立法法》涵盖的其他规范性文件的审查及撤销程序由省级人大常委会参照《立法法》规定。根据《立法法》和《监督法》的要求，上海市于2012年制定了《上海市人大常委会关于规范性文件备案审查的规定》，之后市人大常委会主任会议又通过了一些内部工作规范，如《市人大常委会规范性文件备案审查工作操作规程》等，由此形成了由宪法、法律、地方性法规及内部规范性文件共同构建的市人大常委会备案审查规范体系。

党的十八大以来，党中央和全国人大多次从加强宪法监督的角度强调备案审查工作，要求“有件必备、有备必审、有错必纠”。显而易见，备案审查工作是落实宪法监督的着力点，亦与合宪性审查有千丝万缕的联系。虽然宪法规定全国人大及其常委会是宪法监督与解释的机关，由其主导备案审查工作和承担合宪性审查任务理所当然，但对违宪违法的文件依法予以纠正也是地方人大必须履行的宪定职责。由于地方人大没有宪法解释权，其对规范性文件的监督以合法性审查为主，然而，通过审查活动可以确保本地的规范性文件与上位法保持一致，以此保证中央令行禁止、国家法制得以统一、公民的权利得到保障。这其实就是地方人大履行宪法监督职责的重要方式，因为在上位法经审查被确认合宪的前提下，依据它们审查下位规范便是间接地进行合宪性审查。因此有学者提出，我国应建构一个以权力机关审查为主导、以行政机关审查为重点、以中央审查为统领、以地方审查为必要补充的全方位、立体式备案审查工作机制。① 当前加强上海市人大常委会备案审查工作的意义表现为以下两个方面。

一方面，以上海市人大为代表的省级人大，在人大系统的纵向结构中处于较高位阶，地位仅次于全国人大，历来是国家法治建设与维护法制统一的中坚力量，受中央高度信任与依赖。它们于改革开放初期便获得地方立法权，省内设区的市（自治州）的地方性法规需要经其批准后才能生效，实质上是中央将法规事前合宪性与合法性审查的权力交给了省级人大，可见其承担了协助中央实现法令政令畅通的重要职责，那么其在事后的备案审查工作中也必然被赋予同样的功能期待。另一方面，我国目前已经形成由党委、人大、政府、军队等各系统分工负责、相互衔接的规范性文件备案审查机制，人大被认为在多元备案审查体系中应占据主导地位，由其统一备案审查基准并赋予审查结果的最终判断权。② 在人大和政府两套备案审查系统的关系上，人大的主导性显现得更为突出，这是由我国人民代表大会制度决定的。这不仅表现为人大的备案对象种类更多，涵盖“一府一委两院”等多部门的规范性文件，而政府只对行政系统的文件进行备案审查（国务院对

① 封丽霞：《制度与能力：备案审查制度的困境与出路》，《政治与法律》2018 年第 12 期。

② 秦前红、李雷：《人大如何在多元备案审查体系中保持主导性》，《政法论丛》2018 年第 3 期。

地方性法规备案除外），而且体现在同一文件双重备案的情况下，同级人大的审查意见更具有权威性和决定性，因而其肩负的法治责任更重大。从纵向和横向两个维度的权力结构来看，上海市人大都处在推进依法治国建设的枢纽位置，其规范性文件备案审查权是维护法制统一和宪法权威的重要手段，必须进一步完善相关制度建设和运行机制。

二　上海市人大常委会开展备案审查工作的特点

地方人大常委会对规范性文件的备案审查制度具有巨大的地方差异，这是由该领域的基础性法律规定得比较简略造成的。《立法法》第 102 条将地方人大常委会对立法性质的规范性文件的备案审查制度交由地方人大自行制定，仅提出须遵循维护法制统一的原则；《监督法》第 29 条则将地方人大常委会撤销本级人民政府不适当的决定、命令和下一级人大不适当的决议、决定所依据的程序规范，交给省级人大参照《立法法》有关规定去作具体规定。无论是提出抽象的立法原则，还是使用“参照”这一概括性准用规则，都给相关地方立法留下了广阔空间，使得各地因地制宜地制定出有针对性的规范，进而产生制度竞争和制度模仿。上海市于 2012 年制定了《上海市人大常委会关于规范性文件备案审查的规定》（以下简称《规定》），虽然制定时间较晚，但具有鲜明的地方特色，依据其开展的工作也较有特点。

第一，备案审查工作聚焦且前沿。与其他省级行政区域相比，上海没有下辖设区的市和自治州，因而没有指导和审批下级地方性法规的职责。尽管省级人大的这项工作不属于严格意义上的备案审查范畴，但是基于维护法制统一目标的一致性以及审查标准的共通性，不少省人大常委会法工委将两个职能都并入备案审查处室。如果经批准的地方性法规出现违宪违法情形而被追责，省级人大还须承担一定的“连带责任”，因此不少省人大既早且深地介入市人大的立法工作，占用了大量的精力，用于事后备案审查的资源相应减少。同为直辖市，重庆市人大的备案审查工作事项更多，不仅因为其下辖的区县数量两倍于上海，相应的需备案的规范性文件成倍增加，而且重庆下辖有自治县，其制定的自治条例和单行条例需要市人大常委会审查后批准，它还涉及对立法变通行为作出合宪性控制，其工作的项目和内容显然更多。可见，上海市人大常委会的备案审查工作的内容非常聚焦，可以集中全部力量专注于规范性文件的合宪性、合法性与合理性考查，更有条件进行超前的制度建设和能力建设，并为全国人大常委会的备审工作做一些试点。上海地处中国改革开放的最前沿，在特大型城市管理、市场经济建设、社会治理等领域都肩负先行先试的使命，因而自主性规范和先行性规范较多，这也给备案审查工作带来了难度。比如在浦东开发开放与自贸试验区建设领域，相关制度设计都是在没有直接上位法的情况下进行的，如何保证此种情况下的法制统一，对备案审查机关来说是一个巨大考验，需要其具备高超的法律和政策把握能力以及成熟的审查技术方法。对此上海已形成一些成熟与新颖的做法，提供了一些具有典型性的备审案例，部分经验可推广、可复制。

第二，备案审查的对象范围比较适当。《规定》将规范性文件概括为“涉及公民权利义务”“具有普遍约束力”“可反复适用”三个特征是比较合理的，获得了普遍共识和推广。具体来说，备案审查对象有五类：①市人民政府规章；②市人民政府发布的决定、命令；③上海市地方性法规授权市人民政府及其相关工作部门制定的与上海市地方性法规相配套的规范性文件；④区、县人民代表大会及其常务委员会作出的决议、决定；⑤依法应当向市人大常委会报送备案的其他规范性文件。其中第1、2、4项属于上位法规定必须备案的，第5项主要是指浦东新区综合配套改革文件。和其他省级地方人大的备案审查对象范围相比，上海市人大有增有减。比如，有的地方将地方政府规章的立法解释纳入，不少地方将政府办公厅发布的规范性文件也纳入，个别省份还将同级监察机关制定的规范性文件作为备审对象，上海则没有完全追随，只是在2016年和2019年通过内部文件的形式增加了“沪府发”文件和“两院”规范性文件。对此上海的态度一直很谨慎，基本上是在普遍纳入和全国人大推动的情况下才有所增加。有一定争议的是第3项，有学者认为这是地方人大违法增加的授权立法情形，不仅不应该备案而且应当禁止。[①] 我们认为，这种看法是不正确的，其实这种情况不是授权立法而是配套立法，制定机关本来就有依法制定的权限，只是地方性法规明确立法内容且限定出台时间而已（一般为 1 年内）。第 5 项是较为特殊的备案对象，它的依据来自《上海市人大常委会关于促进和保障浦东新区综合配套改革试点工作的决定》，由于相关制定主体被特别赋予变通地方性法规的权力，某种程度上行使了市人大常委会的权力，因此由后者给予备案审查符合通行的法理。

第三，备案审查的基准比较多元。《规定》第 6 条明确对规范性文件主要审查是否具有以下情形：①同宪法、法律、行政法规和上海市地方性法规抵触；②同本级或者上级人民代表大会及其常务委员会的决议、决定抵触；③超越法定权限，限制或者剥夺公民、法人和其他组织合法权利，或者增加公民、法人和其他组织义务；④违背法定程序；⑤具有其他依法应当予以撤销的情形。可见，上海市人大常委会规范性文件的审查基准明确涉及合宪性与合法性两个方面，其中又以合法性审查为主，第 1、2 项指向“法的抵触情形”，第 3、4 项指向立法权限与立法程序这两种“法的违反情形”，《规定》对合法性审查基准的细化是比较全面的。至于第 5 项内容，则可以被解释为包含合理性审查基准，甚至可以审查文件内容是否与党中央重大决策部署与国家重大改革方向不一致（按照《法规、司法解释备案审查工作办法》的要求）。因为《立法法》和《监督法》都规定“不适当”是人大撤销文件的标准，而广义的“不适当”包括不合法与不合理两方面。最有争议的是，地方人大是否具有合宪性审查的职权，第 1 项则明确表明是否与宪法抵触也是审查的内容之一。过去普遍认为，只有全国人大及其常委会有宪法解释的权力，而合宪性审查必然启动对宪法的解释，地方人大不能触碰只有全国人大常委会才能行使的合宪性审查权，因此多数省级人大在备案审查的规定中不将“是否合宪”列为审查内容，甚至认为违宪的问题可以在合

① 王锴、刘犇昊：《现状与问题：地方备案审查制度研究》，《江苏行政学院学报》2018 年第 3 期。

法性审查中解决。不过，仍有包括上海在内的 8 个省级人大明确将宪法作为地方备案审查的依据，这其实是符合宪法规定且满足现实需要的。《宪法》第 99 条规定，地方各级人民代表大会在本行政区域内，保证宪法、法律、行政法规的遵守和执行。而审查规范性文件合宪与否等“监督”活动就是“保证”的重要手段，况且并非所有宪法条文都需解释才能适用，即使地方人大作了解释，那也是个案性与非终局的解释，不排除全国人大作普遍、统一和最终的解释，在解释宪法前地方人大也可向全国人大进行请示咨询，或事后履行报告义务。①

第四，备案审查的程序具有一定的开放性。虽然《规定》（总共 16 条）中的程序性规定占主要部分，但仍然很简略，执行的弹性空间很大，个别程序与全国人大和其他省级人大的设计有很大差异。比如全国人大在文件备案阶段是由常委会办公厅秘书局负责接收被监督机关的文件，然后再分送给全国人大专门委员会和常委会法工委进行审查，而上海的做法是由办公厅接收有关文件后直接转送常委会法工委，法工委形式审查后，认为属于备案文件的，再分送给各个专门委员会审查，同时法工委同步进行研究。显然，在全国人大看来，备案和审查分属不同机构。从审查的过程看，上海的规定比全国人大和其他地方人大的规定更加强调协商性，如市人大专门委员会提出审查意见并要求限期改正后，文件制定机关有两次提出无须修改或废止理由的机会，之后有关机构才会正式启动常委会的撤销程序，而全国人大的审查机构提出审查意见、研究意见后，若文件制定机关提出不拟修改的处理意见，有关机构可以立即提起撤销议案或建议。值得注意的是，《立法法》将全国人大常委会的备案审查区分为主动审查和被动审查，后者又将审查动因分为特定国家机关提出的审查要求和公民提出的审查建议，而这种划分在上海的《规定》中却没有出现，这是否意味着上海不存在被动审查尤其是由公民建议而启动的审查呢？根据《宪法》第 41 条的规定，公民享有对国家机关的监督权，公民认为国家机关制定的规范性文件不合法或不合理，当然有权向

① 谭清值：《合宪性审查的地方制度构图》，《政治与法律》2020 年第 2 期。

备案审查机关提起审查建议，后者也有义务予以接收。事实上，市人大常委会曾接纳市民提出的针对规定车牌拍卖制度的政府规章的审查建议。此外，有些省级人大列举了必须主动审查的若干重点文件，而上海没有作出相关规定的原因在于其已经能够做到“有备必审”，而且有关专门委员会在收到备审文件后必须在三十日内提出审查意见。由于上海市人大主动审查的能力和效率较高，且备案审查的文件数量相对较少，某些区分轻重缓急的程序性规定可以适当简略。

三　上海市人大常委会开展备案审查工作的经验成果

自2000年上海市人大常委会对规范性文件开展备案审查以来，相关工作取得了明显实效。通过对人大监督对象制定的规范性文件进行严格“体检”，有效防止了文件违宪违法对公民权利的侵害，同时也保证了国家法制统一、中央令行禁止，宪法法律的权威得以彰显，为法治国家、法治上海的建设奠定了坚实基础。二十年来，上海备案审查的制度与机制也得到完善与进步，为兄弟省市乃至全国人大的相关工作提供了经验，也涌现了不少经典的审查案例，为实务部门开拓了全新工作思路，为理论界提供了研究样本。党的十八大以来，这项工作获得党中央和全国人大的高度重视，上海市人大的备案审查工作也进入全新阶段，市十四届人大及现在的十五届人大都形成了丰硕成果与经验，可供总结与推广。①

党的十八大召开后，上海市进入十四届人大的届期（2013～2017年），市人大的备案审查工作发展迅速，2012年《规定》中的制度被现实地转化为工作实效。五年内，常委会共备案规范性文件243件，年均49件。其中，

① 相关数据与信息主要来源于丁伟《上海市人民代表大会常务委员会法制工作委员会关于市十四届人大以来暨2018年备案审查工作情况的报告》（2019年3月27日在上海市第十五届人民代表大会常务委员会第十一次会议上）与《上海市人民代表大会常务委员会法制工作委员会关于2019年备案审查工作情况的报告》（2020年3月19日在上海市第十五届人民代表大会常务委员会第十八次会议上）。

市政府规章61件、市政府“沪府发”规范性文件87件、区人大决议决定68件、地方性法规配套文件17件、浦东综改配套文件10件。党的十八届四中全会报告提出，要把所有规范性文件纳入备案审查范围。2015年中央办公厅又出台指导性文件，要求备案主体做到“有件必备、有备必审、有错必纠”。在“有件必备”方面，上海市人大常委会于2016年起，将“沪府发”文件纳入审查范围，基本实现了市政府规范性文件的报备全覆盖。在“有备必审”方面，市人大常委会对所有备审文件依职权逐件主动审查，根据国家机关和人大代表的要求以及公民的建议启动依申请审查，并根据上海市中心工作，选取食品药品监管等文件开展专项审查。在“有错必纠”方面，市人大常委会对存在合法性问题的文件，督促依法自行纠错，对存在适当性、程序性以及文字方面问题的，提出工作处理建议。

市十四届人大期间，常委会的备案审查工作在多方面取得成果。在工作制度方面，常委会法工委开始将备案审查工作情况向主任会议汇报，并向常委会会议印发，同时向社会公布。这一举措彻底改变了备案审查“像鸭子浮水，脚在下面动，上面没有看出来”的状况，由此公众对人大的监督工作有了感性认识，文件制定部门也实际感受到了监督压力。同时，市人大还加强了对区人大备案审查工作的指导，在全国率先实现区级人大备案审查工作制度全覆盖。在工作标准方面，上海较早地提出规范性文件的三条认定标准，即“涉及公民权利义务”“具有普遍约束力”“可反复适用”，它为规范性文件的有效识别提供了条件，该标准获得了全国人大的重视和肯定，也得到了兄弟省市的认可与借鉴。在工作衔接方面，确立了常委会法工委在备案审查工作中的中枢职能，它将开展其他委员会职权以外的报备文件的审查工作以及备案审查的工作谋划、审查复核、流程管理、文件归档等工作，承担与市政府法制综合部门沟通联系与相互通报工作情况的职能，并担负通过实地指导和工作培训为区人大工作答疑解惑的责任。在工作方式方面，有关机构在综合运用依职权审查、依申请审查和重点审查方式的基础上，组织邀请市人大代表和专家参与审查，形成了代表专家参与审查的初步工作制度，使得备案审查工作也兼具科学性与民主性。

2018年，市十五届人大开始履职，新一届人大对备案审查工作高度重视，近两年来又持续对相关工作的体制机制进行完善，工作成效获得进一步提升。2018年，常委会共收到报送备案的文件89件。其中，市政府规章19件、市政府其他规范性文件33件、区人大决议决定24件、地方性法规配套文件10件、浦东综改配套文件3件。2019年，常委会共收到备案的各类规范性文件86件。其中，市政府规章12件、市政府其他规范性文件45件、市高院规范性文件15件、市检察院规范性文件4件、浦东综改配套文件1件、区人大及其常委会决议决定9件。从数量上看，这两年的文件报备数量明显高于十四届人大期间的年平均数。我们之所以获得如此详尽的信息，得益于法工委每年向常委会报告备案审查工作情况并由其审议后向社会以公报形式全文公开的举措，其始于2019年3月，至今已有两次。这一重大制度改进来源于对全国人大常委会法工委相同做法的追随，改变了以往常委会组成人员“只阅不审”、公众知晓度不高的情况，提高了人大系统工作信息的透明度，而且公开本身成为一种监督方式。比如，每年的报告都会公布各类规范性文件的报备率以及报备材料是否完整的情况，以此督促有关部门今后不犯同样的错误；报告还会公布地方性法规配套立法的完成情况，方法很简单，即用当年应完成的项目数减去已报备的项目数（配套立法应当于法规施行之日起1年内完成），这就使常委会很好地监督了政府部门的“立法不作为”；同时，报告不仅充分披露备审文件中出现的不合法、不合理等负面情况，而且会提出鼓励性审查意见，为规范性文件制定主体提供积极和正面的立法指导，如对《上海市市场监督管理投诉举报处理程序规定》中争议条款的价值肯定。

通过连续两年的备案审查工作情况向社会公开，我们还可以了解到市人大备案审查工作的几个亮点。一是在全国人大的推动下，自2019年起上海市人大将地方“两院”的规范性文件纳入备审范围，基本实现备案审查全覆盖。2018年上海市人大工作研究会就组织力量专题研究“两院”规范性文件备审的可行性问题，着力解决“规范性文件是否有法律效力和它是否接受备案审查互为因果关系”所形成的监督难题。2019年9月，常委会主任会议通过了《关于市高级人民法院、市人民检察院规范性文件备案审查工作的若干规定》，为“两院”规范性文件备审工作制定专项的规范性文件，在依据形式上开了全国专门规定之先河。二是不断提升备案审查的信息化水平。2018 年 9 月，法工委完成了备案审查信息系统的开发，年底前实现了系统与全国人大信息平台的互联互通，并在机关“一网通”上实现了查询功能，该系统在备案流程外，主动增加了网上审查等流程建设的内容，实现了多项功能。2019 年元旦，市人大规范性文件备案审查系统正式上线运行，报备工作从纸质报备转向电子报备，各报备机关按照“有件必备”的要求，基本做到了报送及时、材料齐全、格式规范。三是 2019 年 5 月，上海市规范性文件备案审查工作研究中心在上海政法学院成立，早于全国人大常委会法工委在北京航空航天大学设立备案审查制度研究中心的时间。全国人大常委会法工委充分肯定了这一创新举措，兄弟省市人大也给予高度关注。此举搭建起备案审查实务部门与高校之间的交流沟通渠道，形成了两者的良性互动。研究中心持续开展理论研究，提供咨询意见，形成了“上海市规范性文件的认定标准和范围”等课题报告，为市人大相关工作提供了智力支持。

四　完善上海市人大常委会备案审查工作的若干建议

尽管上海市人大常委会备案审查工作在二十年时间中获得了长足进步，备案审查的制度体系已初步建成，相关体制机制也运行良好，不少经验得到了及时总结与固化，受到全国人大的肯定与兄弟省市的赞誉，但制度实施中还是出现了不少难点和痛点，需要及时回应与克服。市人大有关部门应当继续做好《规定》的立法后评估工作，适时启动《规定》的全面修改，改进和完善相关工作机制，从而形成制度合力，打开人大监督工作的新局面。基于此，我们认为需要从以下若干方面加以完善与改进。

一是应当继续对备案审查对象的扩展进行研究。除了有必要将“两院”规范性文件等纳入备审范围的文件正式写入法规，还要思考是否需要继续增加备案审查对象，如以政府办公厅名义发布的文件与地方监察机关规范性文件。尽管按照《党政机关公文处理工作条例》，机关办公厅（室）可以对外行文，但这不是规范的做法，凡符合规范性文件应通过机关名义对外发布，当前可行的做法是强化依法行政意识，而不是扩大备案范围，迁就政府的不当做法。针对地方监察机关文件，不能僵化地认为凡属于人大监督对象的规范性文件都应纳入备审范围，毕竟中央尚未认可地方监察机关有权制定对外的规范性文件，而且监察委与党的纪委合署办公，有时无法截然区分两者的权力界限，对其文件进行审查具有一定的政治风险，因而应谨慎对待。

二是应当在《规定》中明确备案审查的三种主要形式，即依职权审查、依申请审查与专项审查，尤其是要细化公民提起审查建议的程序，不能以“即使不规定，也不排除其提出建议的权利”为理由而不做任何规定。因为即使能够做到“有备必审”，那也只是抽象的审查，若不与具体的情况和诉求相结合，有时很难发现文件中的合法性问题，所以必须允许和鼓励公民提出审查建议。从工作报告中的依申请审查案例来看，由市人大处理的公民审查建议多为全国人大常委会移转而来，并非市民向市人大提出的，这就说明《规定》没有明确依申请审查途径给市民很大误解，以为只能向全国人大提出。相比而言，全国人大和个别地方人大接受的审查建议数量庞大，这和制度导向有很大关系，人大监督工作的完善必须和公民监督权的行使紧密结合起来。

三是应当对《市人大常委会规范性文件备案审查工作操作规程》等由常委会主任会议通过的内部文件进行梳理，将一些具有外部影响和效力的规定纳入《规定》中，使得文件制定机关以及提出审查要求或建议的机关和个人，明晰自身的权利义务、办事程序和救济手段。《规定》应对备案的时间与格式要求、主动审查的条件、审查要求与建议的接收与办理、相关工作情况的对外公布等进行规定，推动市人大常委会备案审查工作的进一步规范化和常态化。同时，《规定》应当细化规定区级人大备案审查的工作流程和制度规范，而不能仅通过一句“区县人大常委会依照职权对规范性文件备案审查的具体程序，参照本规定执行”，就让区人大自行探索执行方式，毕竟市区两级人大在监督职能、审查对象以及组织架构上有很大的差别，各方对“参照”的理解也会大相径庭。《监督法》要求省级人大对辖区内所有层级人大的备案审查工作作具体规定，目的就在于实现较大地域范围内的制度统一。据考查，很多省（区、市）的人大备案审查规定都是涵盖多层级人大且作区分规定的。此外，市人大法制委和常委会法工委要加强对区级人大法制委的帮助和指导，因为根据2015年新修改的《地方组织法》，区级人大新成立了法制委，由其具体承担区级人大备审规范性文件的工作，但其能力和经验尚显不足。

四是应当将规范性文件的备案审查与督促文件清理工作结合起来。过去我们常常将这两者割裂开来认识：规范性文件备案审查是当“新下位法违反旧上位法”时，备案审查机关追究制定者违法立法责任的行为；规范性文件清理是当“旧下位法违反新上位法”时，有权机关督促文件制定机关更新旧文件的活动。有人认为，针对前者，应按裁决或审查程序加以处理；针对后者，应确立“新上位法优于旧下位法”的适用规则，由执法机关自行选择适用新上位法。① 但问题是，执法机关往往倾向于执行层级较低的规范（因为它们一般是自己或直接上级制定的），而不论是其制定时就已违法，还是新上位法出台后与之违背。可以说，文件的备案审查和限时清理同等重要，它们都是维护法制统一的手段，后者也应归入广义的备案审查（专项审查）。今后，各级人大常委会应当经常启动专项审查，即只要已备案的文件违反了上位法，不管制定时间先后，一概加以效力上的否定（只不过后者不追究违法立法责任而已），例如，上海市人大常委会已连续三年督促政府方面抓紧开展生态环境保护政府规章和规范性文件的全面清理工作。我们认为，清理工作（专项审查）还应在每年备审工作情况报告的“回头看”部分予以展示，便于公众监督。

五是应当适度激活沉睡已久的制度。上海是比较早且为数不多的规定了

① 杨登峰：《下位法尾大不掉问题的解决机制——“新上位法优于旧下位法”规则之论》，《政治与法律》2014年第9期。

对规范性文件进行合宪性审查的地方，但这项审查基准在审查工作中从未启用，这和全国人大规避合宪性审查的示范效应有关，也与地方人大是否享有这项权力尚存争议有关。我们认为，既然合宪性审查制度已经规定在地方性法规中，且有权审查这部法规的全国人大常委会也未提出异议，就应当大胆地去使用，可以先从依据那些无须解释的宪法条款作出审查决定做起，或在做个案解释前先行征询全国人大宪法和法律委员会的意见。只有通过制度实践与试验，才不至于让十九大提出的“推进合宪性审查工作”沦为口号，才能为合宪性审查积累经验。此外，我们还发现，全国人大和地方人大至今还未撤销过一件违法的规范性文件，所有涉嫌与上位法抵触的规范性文件的修改或废止，都是通过柔性的监督方式实现的，即由人大内设机构与文件制定机关进行沟通协商，再由后者主动加以改正。这种做法体现了一种协商性与非对抗的监督理念，而且可以解决违法文件因自始无效而造成的法之安定性问题。然而，刚性的撤销处理方式也需要偶尔用之，它可以反向激励文件制定机关高度重视备审文件的质量，监督机关也可以实现事半功倍的效果。而且由人大常委会作出处理决定更能显示人大的权威，毕竟人大内设机构只是人大及其常委会的参谋助手，它们不能代替人大的监督，也不能替代人大代表和常委委员的意志。这种刚性监督适合人大系统自下而上地推进，而上海作为全国法治水平最高的地区，可以先行试水，处理的方式也可以由“撤销（自始无效）”扩展至“立即失效”“单纯宣告”“附期限失效”“警告呼吁”等。①

六是应当建立与其他国家机关的审查衔接联动机制。2018 年初，上海市法治政府建设工作领导小组办公室会同市高级人民法院、市人民检察院共同签署了《行政规范性文件审查衔接工作机制的意见》。该意见确立了六项工作机制，即“意见征询机制”“会商通报机制”“涉诉材料共享机制”“协同配合机制”“数据平台对接机制”“业务培训交流机制”。然而该意见存在两个缺陷：一方面，人大也是部分行政规范性文件的备案审查机关，因

---

① 郑磊：《备案审查程序三大板块初探》，《中国法律评论》2020 年第 1 期。

此审查联动衔接机制中不能忽视人大的存在，而且在同级国家机关中，人大的审查意见最具权威性和主导性；另一方面，司法机关不宜过早地介入行政规范性文件的制定，只能进行事后有限度的司法审查，否则可能造成对公民司法救济权的侵害，而人大的适度提前介入不受非议，其在审查衔接机制中的特殊地位不可代替。因此，促使人大审查、法院司法审查与检察院检察监督形成监督合力，是加强行政规范性文件备案审查工作的最佳路径。在人大主导的多方衔接联动审查机制中，我们也应重视司法机关的辅助审查作用。司法机关的审查不同于立法机关自身系统的审查，也不同于行政系统内的上下级审查，与专门的备案审查机关相比，司法机关在进行立法识别、效力判断的过程中具有较强的专业性、针对性和社会回应性优势。利用《行政诉讼法》赋予法院的对行政规范性文件的附带审查权，以及检察院根据宪法法律赋予的法律监督权与检察建议权，司法机关可以将个案办理中发现的规范性文件不合法情况，通报至包括人大在内的备案审查机关，当制定机关不自行纠正时，再由备审机关启动审查撤销程序。

B.10

上海市“五个中心”建设的立法保障

肖军 韩哲*

摘　要： 上海自2009年起先后出台了《上海市推进国际金融中心建设条例》《上海市推进国际贸易中心建设条例》《上海市推进国际航运中心建设条例》，助推了“四个中心”建设。2020年初，《上海市推进科技创新中心建设条例》出台，明确了激发创新主体活力，提升科创能力，完善承载区建设、人才环境、金融环境、知识产权保护、社会环境等方面的要求和措施。上海“五个中心”建设正在法治保障下有力推进。

关键词： 科创中心　立法　“五个中心”建设

2020年上海要在更高水平上全面建成小康社会，形成具有全球影响力的科技创新中心基本框架，基本建成国际经济、金融、贸易、航运中心，“五个中心”建设进入了关键期。2020年1月，上海市第十五届人民代表大会第三次会议审议通过了《上海市推进科技创新中心建设条例》（以下简称《科创中心条例》），这是继以往“四个中心”建设立法后的又一战略立法。上海“五个中心”建设正在法治的强力保障下有力有序推进。

一　“四个中心”建设及其立法回顾

上海于2009年6月出台了《上海市推进国际金融中心建设条例》（以

* 肖军，上海社会科学院法学研究所副研究员；韩哲，上海社会科学院研究生院硕士研究生。

下简称《金融中心条例》)，于2012年11月出台了《上海市推进国际贸易中心建设条例》(以下简称《贸易中心条例》)，于2016年6月出台了《上海市推进国际航运中心建设条例》(以下简称《航运中心条例》)，旨在加快建设国际金融中心、国际贸易中心、国际航运中心和国际经济中心。

(一)国际金融中心建设立法

《金融中心条例》分八章。在金融市场体系建设方面，形成“多功能、多层次、国际化”的金融市场体系，推进货币、外汇、债券等金融市场建设，优化金融市场参与者结构，发展各类金融机构投资者。具体而言，应当加强金融机构体系建设；开发和推广金融产品和金融业务，建设并完善现代金融支持体系，鼓励发展金融专业化服务机构，支持发展金融相关中介服务机构，加强金融机构从业人员的专业技能和职业道德教育以及金融行业协会的规范等作用。在区域布局方面，发挥陆家嘴金融城、外滩金融集聚带、张江金融信息服务产业基地、洋山保税港区以及其他区域优势，完善金融空间布局。在基础设施建设方面，保证金融集聚区的建设用地，完善市政公用基础设施的配套建设，做好电力、通信、交通等服务保障工作。在金融人才环境建设方面，制定人才的集聚、发展规划和培养、引进计划，建立和完善金融人才使用评价机制，鼓励引进国内外各类高层次、紧缺的金融人才。在信用环境建设方面，建设金融业统一的征信平台，健全金融业高级管理人员执业信用记录，建立信用信息共享机制。在金融创新环境建设方面，鼓励各类金融创新成果率先在上海市推广，加强对金融创新成果的知识产权保护。在金融风险防范方面，完善突发事件应急预案和应急处置机制，建立完善金融风险监测信息系统和评估机制，开展金融风险防范意识教育。在法治环境建设方面，要求上海市各级行政机关、司法机关加强对金融违法犯罪行为的预防和打击；各级行政机关提供公开透明、便捷高效的行政服务；各级人民法院完善金融诉讼案件审理机制、加大金融案件执行力度；提高金融仲裁专业水平和国际化程度；支持金融法律服务业发展。

自《金融中心条例》2009年8月实施以来，上海国际金融中心服务能级不断提升。截至2017年，上海汇聚了股票、债券、期货、货币、票据、外汇、黄金、保险、信托等各类金融要素市场，成为全球金融要素市场最齐备的城市之一。上海证券市场股票筹资总额位居全球第二，股票交易额和市值均位居全球第四，上海期货交易所多个品种交易量位居全球第一。2017年，上海金融市场成交总额达1428.4万亿元，同比增长5.3%；直接融资额达7.6万亿元，金融业增加值达5330.5亿元，增长11.8%，占全市生产总值的比重达17.7%，占全国金融业增加值的比重为8.1%，居全国城市之首。2017年各类金融机构新增310家，全市持牌金融机构1537家，外资金融机构占比近30%。[①] 2018年原油期货等金融创新产品成功上市，中国人寿上海总部等一批功能性机构落户，持牌金融机构新增68家，金融市场交易总额突破1600万亿元。[②] 2019年，上海证券交易所设立科创板并试点注册制顺利落地，受理205家企业上市申请，70家企业成功上市，筹资额达到824亿元，持牌金融机构新增54家，金融市场交易总额1934.3万亿元，增长16.6%。[③] 有了法治保障，上海国际金融中心建设步伐稳健有力。

（二）国际贸易中心建设立法

《贸易中心条例》分七章。在市场体系建设方面，鼓励企业优化货物进出口贸易结构，依法规范和扶持建设具有集聚效应和交易规模的大宗商品交易市场；制定并定期发布服务贸易促进指导目录；推动建立服务全国面向全球的技术进出口交易平台；重点建设地标性商业中心、特色商业街区；促进电子商务市场发展，推进电子商务公共服务平台和支撑服务体系建设。在贸易主体建设方面，鼓励境内外企业在上海设立具有贸易营运和管理功能的贸易型总部；鼓励上海市部分先进企业开展跨国经营，鼓励中小企业参与商业流通、贸易服务等产业发展，引导企业开拓市场，依法参与贸易摩擦应对、行业评估、标准制定等相关工作。在区域布局和基础设施建设方面，依托黄

① 吕进中：《上海金融年鉴（2018）》，上海辞书出版社，2019，第19~21页。

② 应勇：《上海市政府工作报告》，2019年。

③ 应勇：《上海市政府工作报告》，2020年。

浦江两岸重点发展区域、虹桥商务区和综合保税区等区域的发展优势，规划建设各类贸易集聚区；探索建立符合国际惯例的自由贸易园区，推进国家进口贸易促进创新示范区建设，拓展离岸贸易等新型贸易服务；推动重点物流园区和物流基地的建设，构建现代物流服务体系。在贸易便利化和贸易促进方面，完善贸易便利化联席会议制度，推动建立贸易便利化的效率指标体系；鼓励设立贸易便利化集中服务场所，方便企业办理通关申报和相关业务，推动进出口货物通关便利化；鼓励金融机构围绕贸易融资需求开展金融创新，推动建设跨境贸易人民币结算和融资业务中心；鼓励会展业发展，促进上海成为国际会展中心城市；引导企业参与相关国际、国家、行业和地方标准的研究和制定；制定贸易人才的集聚、发展规划和培养、引进计划，建立和完善以市场为导向、与上海国际贸易中心建设相适应的贸易人才使用评价机制。在贸易秩序维护和法治环境建设方面，加强进出口公平贸易公共服务，支持行业协会、商会、企业和专业服务机构开展贸易摩擦协调、贸易调整援助、产业损害预警等公平贸易工作。

自《贸易中心条例》2013 年 1 月实施以来，截至 2017 年，中国（上海）自由贸易试验区建设总体实现初衷，100 多项制度创新成果在全国复制推广，新设企业 5.2 万家，超过自贸试验区成立前 20 多年的总和。[①] 2018 年，首届中国国际进口博览会在国家会展中心（上海）成功举办。自由贸易账户累计开立 7.1 万个，自贸试验区企业在“一带一路”沿线投资项目累计超过 200 个，货物进出口总额增长 5.5%。[②] 2018 年，上海市口岸贸易突破 1.2 万亿美元，货物进出口突破 5000 亿美元，服务进出口突破 2000 亿美元。新兴消费快速增长，网络购物交易额超过 1 万亿元，社会消费品零售总额超过 1.2 万亿元，电子商务交易额接近 3 万亿元，商贸业对全市税收增长的贡献率超过 30%。新品首发、新进首店大幅增加，全年超过 3000 个国际国内品牌在沪首发，新进首店 835 家，其中中国首店超过 300 家，是上年

① 应勇：《上海市政府工作报告》，2018 年。

② 应勇：《上海市政府工作报告》，2019 年。

的 2 倍以上，国际品牌首店约占全国半壁江山。制定 2 条世界级商街、10 个国内一流商圈、20 个特色商业街区规划。全市商品销售总额突破 12 万亿元，平台经济交易额突破 2 万亿元，上海期货交易所标准仓单交易平台上线仅7 个月交易额突破 800 亿元，上海宝玉石交易中心正式升级国家级交易平台。[①] 2019 年第二届中国国际进口博览会成功举行。《贸易中心条例》的实施，提高了市场开放程度和贸易便利化水平，加快了现代市场体系建设，营造了良好的贸易发展环境，大大推动了上海国际贸易中心建设。

（三）国际航运中心建设立法

《航运中心条例》分六章。在规划和基础设施建设方面，编制上海国际航运中心发展规划；推进专业化、规模化、现代化港区的建设；加强机场基础设施的集约化建设，推进铁路疏港支线及枢纽联络线建设；推进建设各类中转设施，统筹推进中转业务发展。在航运服务体系建设方面，推进海运企业依托上海港口开辟覆盖全球的海运航线，建设专业化船队；推进上海“中国邮轮旅游发展实验区”建设；拓展贸易、金融、咨询等现代港口服务功能；优化船舶登记及相关业务流程；构建以上海为核心、立足全国、辐射全球的枢纽航线网络；推广应用物联网技术，开展多式联运，加快航空货运业务发展；支持与航运相关的新兴关联产业的发展；鼓励建设高效、安全、智能的信息网络，发展基于大数据的高品质增值信息服务新业态；建立并完善物流信息平台，构建智慧航运服务体系；建设国家级船舶、海洋工程装备以及航用设备研发实验中心；积极为大飞机战略服务。在航运营商环境建设方面，推行负面清单管理制度；制定航运人才的集聚、发展规划和培养、引进计划；法院应当完善航运诉讼案件审理机制，加大对航运案件的执行力度；推动形成有利于航运经济持续健康发展的税制环境；建立高风险危险货物联合监管机制。

《航运中心条例》2016 年 8 月实施后，2018 年，口岸贸易总额突破 1. 2

---

① 王垂芳:《上海商贸年鉴（2019)》，上海科学普及出版社，2019，第 3 ~ 5 页。

万亿美元，完成了虹桥国际机场一号航站楼改造，上海机场航空货邮吞吐量、旅客吞吐量分别保持世界第三、世界第四，邮轮母港旅客发送量保持世界第四，建设城域物联专网，实现千兆宽带市域全覆盖，智慧城市发展水平进一步提升。[①] 2019 年口岸贸易总额继续位居世界城市第一，浦东国际机场卫星厅投入使用，上海港集装箱吞吐量达到 4330.3 万标准箱，连续 10 年世界第一。[②] 本条例为上海国际航运中心建设提供了强大推力。

（四）国际经济中心建设

国际经济中心与其他三个中心之间有一定的特殊关系，其他三个中心建设是上海国际经济中心地位形成的重要方面。与国际经济中心建设相关的点非常多，立法有难度，但以上三个中心建设法制的保障作用，也大大推动了上海国际经济中心建设。2017 年，上海市实到外资 170.1 亿美元，全年共新增跨国公司地区总部 45 家，新增投资性公司 15 家，研发中心 15 家，累计分别达到 625、345 和 426 家。以总部机构为主的商务服务业实到外资占比达 29.4%，已成为第一大引资领域。对共建“一带一路”国家的投资占比 11.6%，较上年提高 1.6 个百分点。大宗商品交易“期现联动”试点稳步推进，支持开展现货衍生品等业务，全市已有百亿级平台 21 家，千亿级平台 5 家，重点监测平台交易额接近 2 万亿元。2017 年，上海成功举办第五届上交会、第十六届中国（上海）国际跨国采购大会，上交会南欧展再度出海受到海内外企业瞩目。[③] 2019 年上海“四大品牌”建设加快推进，制定实施服务业扩大开放、高质量发展等政策措施；培育发展先进制造业集群，创建人工智能创新应用先导区；率先开展境外旅客购物离境退税“即买即退”试点，支持首店经济、夜间经济、海派特色小店、老字号品牌发展；创建中国邮轮旅游发展示范区，黄浦江游览旅客年接待量突破 500 万人

---

① 应勇：《上海市政府工作报告》，2019 年。

② 应勇：《上海市政府工作报告》，2020 年。

③ 王垂芳：《上海商贸年鉴（2019）》，上海科学普及出版社，2019，第 3 ~ 6 页。

次。[1] 上海经济和各方面都在高质量运行，国际经济中心建设正在顺利推进。

二 “科创中心”建设及其立法

（一）“科创中心”的提出与建设

2014 年 5 月，习近平总书记在上海考察时，作出上海“要加快向具有全球影响力的科技创新中心进军”的重要指示。这是总书记高瞻远瞩，从全局高度和长远眼光，对上海发展作出的重大战略判断，也是对上海高质量发展的新期待。上海市委、市政府和全市人民谨记总书记嘱托，积极行动起来，只争朝夕，攻坚克难，不断取得科创中心建设新成就。

2014 年上海完成张江高新区第三轮扩区，全社会研发经费支出相当于全市生产总值的比例达到 3.6%，每万人口发明专利拥有量达到 23.7 件。[2] 2018 年 1 月，应勇市长在市人代会上作政府工作报告指出，回顾过去五年，具有全球影响力的科技创新中心建设重大布局和政策体系初步确立，全社会研发经费支出相当于全市生产总值的比例从 3.3% 提高到 3.8% 左右，C919 大型客机、“蛟龙号”载人潜水器、“墨子号”量子卫星等重大科技成果相继问世；以全球视野、国际标准建设张江综合性国家科学中心，超强超短激光、转化医学等大科学设施开工建设，张江实验室、李政道研究所挂牌成立，张江科学城规划启动实施；智能制造、类脑芯片、石墨烯等 6 个共性技术研发与转化平台启动建设，科创中心重要承载区特色发展格局初步形成，“大众创业、万众创新”蓬勃发展，各类众创空间超过 500 家，是五年前的 5 倍，90% 以上由社会力量兴办；北斗导航、人类表型组等一批重大战略项目和基础工程启动实施，量子计算机、商用航空发动机、超导带材等一批关

① 应勇：《上海市政府工作报告》，2020 年。
② 杨雄：《上海市政府工作报告》，2015 年。

键核心技术取得突破；建设亚太地区知识产权中心城市，每万人口发明专利拥有量达到41.5件，为五年前的2.4倍。2019年，深化科技体制机制改革，推动在国家层面制定集成电路、人工智能、生物医药“上海方案”，制定实施智慧城市、数字经济等政策措施，超强超短激光、转化医学设施等大科学设施建成运营，海底科学观测网、高效低碳燃气轮机试验装置等重点项目开工建设，量子研究中心、清华国际创新中心、国际人类表型组研究院等新型研发机构相继成立，中以创新园开园运营。① 近六年来的发展成绩表明，上海建设科创中心的前景十分光明，上海走在新时代高质量发展的康庄大道上。

（二）“科创中心”立法的必要性与过程

上海需要对“科创中心”建设立法。首先，制定《科创中心条例》是贯彻落实国家战略、确保重大改革于法有据的重要举措。习近平总书记和中央对上海建设科创中心建设作出了重要指示，给予了很高的期望。市委、市政府围绕科创中心战略也作出了一系列重大决策。条例为战略和决策实施提供有力保障。其次，制定《科创中心条例》是以制度创新推动科技创新的迫切需要。科创中心建设涉及科技、经济、金融、教育、财政等各个领域。随着科创中心建设纵深推进，新情况、新问题、新需求日益凸显。制定条例，将行之有效的改革举措转化成制度安排，破解制约创新的制度瓶颈，并对深化体制机制改革作出前瞻性规定，有利于以制度创新推动科技创新，将制度优势转化为制度效能。最后，制定《科创中心条例》是广泛凝聚共识，形成工作合力的必然要求。通过人大代表审议、表决条例，可以更好地凝聚全体市人大代表和全社会加强科技创新的共识，更好地形成举全市之力共同推进科创中心建设合力，有利于彰显建设科创中心的信心和决心。

上海市人大常委会始终高度重视以法治方式推进科创中心建设，2016年启动科创中心建设法制保障课题研究，2017年开展立法调研活动，2018

① 应勇:《上海市政府工作报告》，2020年。

年将《科创中心条例》列为预备项目，2019 年将该项目列为正式立法项目。市人大常委会收到市政府的法规案后，先后在 2019 年 9 月、11 月、12 月的常委会会议上审议了条例草案。结合常委会组成人员意见，常委会会同市政府对条例草案的框架结构，以及科技管理体制机制创新、科技创新空间布局、推进技术创新、促进科技成果转化等重点问题进行了专题研究和协调。常委会在立法过程中，通过召开代表座谈会、举办代表论坛等方式听取代表意见；在二审、三审后两次征求全体市人大代表的意见；通过新闻媒体向社会公开征求意见；书面征求区人大常委会及有关社会团体的意见；召开座谈会听取企事业单位、社会组织和相关领域专家学者的意见；聚焦实践中的难点问题和关键条款，深入上海市 30 多家基层单位开展立法调研。根据《上海市制定地方性法规条例》关于“上海市特别重大事项的地方性法规，应当由市人民代表大会通过”的要求，市人大常委会决定将条例草案提请 2020 年 1 月召开的上海市第十五届人民代表大会第三次会议审议通过。

三 《科创中心条例》的四梁八柱

《科创中心条例》共九章，分为四大板块，第一章“总则”为第一板块，明确立法目的、依据、适用范围，以及科创中心的建设目标、总体要求、推进机制等内容。第二、三、四章构成第二板块，明确激发创新主体活力、提升科创能力、完善承载区建设等方面的要求和措施。第五、六、七、八章构成第三板块，明确科创中心建设在人才环境、金融环境、知识产权保护、社会环境等方面的要求和措施。第九章“附则”为第四板块，明确条例实施日期等内容。

（一）关于形成政府推进科创中心建设工作合力

《科创中心条例》围绕加强组织领导，健全体制机制，形成促进各部门、各区域协调联动格局，从三个层面明确推进路径。一是上海市建立科创中心建设议事协商机制，统筹协调重大问题。二是市政府应当加强对科创中心建设工作的领导，设立推进机构，政府相关部门应当各司其职、协同推进。三是各区政府健全相应的综合协调机制，做好本区相关工作的推进和落实。

（二）关于以制度创新激发各类主体活力

一是细化对各类企业的支持措施，鼓励企业加大研发投入，完善以企业为主体的产业技术创新机制。二是扩大科研事业单位在人财物等方面的管理自主权，支持编制统筹适用和横向项目经费自主使用。三是以市场化运行机制整合科技创新资源，打通科研开发和产业应用链条。四是鼓励各类创新主体协同，形成优势互补、成果共享、风险共担的合作机制。

（三）关于抓住重要环节提升科创能力

一是加大基础研究和应用研究力度。二是完善重点领域技术创新规划布局。三是通过实施重大战略项目和重大基础工程、建设重大科技基础设施以及建设国家实验室和重点实验室等方式，进一步提升创新支撑能力。四是通过建设研发与转化功能性平台、设立专项资金等方式，打通科技成果由“纸”变成“钱”的最后一公里。五是促进新兴产业集聚发展，鼓励企业建立产业创新平台。

（四）关于承载区建设

《科创中心条例》聚焦张江承载区建设。一是明确张江科学城、张江综合性国家科学中心、张江国家自主创新示范区的功能定位和建设目标，推动打造张江品牌，形成具有国际影响力的区域创新极。二是明确市区人民政府加强科创中心承载区建设，并根据需要及时调整、扩大重要承载区布局。三是明确上海市发挥综合政策优势，增强创新政策叠加辐射效应，推动全城全域创新。

（五）关于科技人才高地建设

一是给予创新能力突出、创新成果显著的人才持续稳定的支持，加大对青年人才的支持力度。二是对海内外人才在居住（留）证办理、户籍办理、落户引进等方面给予相应的支持政策和便利服务。三是鼓励用人单位完善人才评价和收入分配机制，体现创新贡献的价值导向。四是支持科创人才在科研事业单位和企业间合理流动。

（六）关于优化金融环境、知识产权保护和社会环境

《科创中心条例》要求进一步推进科技金融创新试点；进一步促进知识产权保护与科技创新工作融合，并为将来开展知识产权综合立法提供基础。一是在全社会营造创新氛围；二是政府推动公共科技资源共享；三是加大应用场景开发力度；四是健全守信激励和失信惩戒机制；五是大力营造宽容失败的氛围。

B.11 《上海市生活垃圾管理条例》：治理理念与立法技术

邓少岭　孟祥兆*

摘　要： 《上海市生活垃圾管理条例》（以下简称《条例》）的良好实效，得益于其符合时代要求的治理理念和良好的立法技术。《条例》着眼于以正式制度之力提升生态文明，引领社会行为，助成社会习惯；立法时机较为恰切；《条例》体现宽严相济适度从严的理念，法律责任体系较为完备；刚柔并济，各种行为模式相结合；注重全过程治理，注重全方位参与，体现综合治理和系统治理思想；《条例》注重协调衔接本法与其他法律的关系、本法与其他社会规范的关系；《条例》社会适应性水平高。

关键词： 《上海市生活垃圾管理条例》　立法技术　治理理念

《上海市生活垃圾管理条例》的制定和实施，引起社会各界的广泛关注，其实施效果也超出预期。《条例》较好的实效来自其包含的现代治理理念和综合集成的立法技术。环境和垃圾领域需要综合治理系统治理的理念，这些理念需要借助于法治思维和立法技术来实现，《条例》可以说是先进治理理念和良好立法技术的结合。

---

* 邓少岭，上海社会科学院法学研究所副研究员；孟祥兆，上海社会科学院硕士研究生。

一 《上海市生活垃圾管理条例》实效

2019 年初，上海市第十五届人民代表大会第三次会议通过的《上海市生活垃圾管理条例》，是生态环境领域的重要地方立法，是垃圾治理方面实践经验的总结，同时具有前瞻性和引领性。该条例自 2019 年 7 月 1 日开始实施。《条例》的制定和实施引起上海乃至全国的广泛关注，甚至一度成为万众瞩目的焦点。

《条例》经受住了实践的考验。

《2019 年上海市国民经济和社会发展统计公报》显示，“全年干垃圾清运量 647.18 万吨，下降 17.5%；湿垃圾处理量 272.03 万吨，增长 88.8%；可回收物收运量 147.79 万吨，增长 4.3 倍；有害垃圾处理量 219 吨，增长 5.0 倍；生活垃圾无害化处理率达 100%。大力推进生活垃圾全程分类，建成两网融合回收点 1.5 万个、两网融合回收站 201 个、两网融合回收场 10 个，建成 8 个垃圾资源化利用设施。”① 这些数字说明垃圾分类的广泛实践真实地反映在垃圾终端处理量上，干垃圾数量下降而湿垃圾数量上升，可回收和有害垃圾数量级增长。垃圾回收处置基础设施建设成绩显著，《条例》的催化功不可没。

《条例》实施四个月时，市人民政府就对《条例》实施效果进行了评估，该评估报告得到上海市十五届人大常委会的审议。评估报告显示，四类垃圾数量结构呈现积极变化，垃圾运输工具和集散点站场建设也出现可喜变化。② 4000 名人大代表对自己居住地和单位的垃圾分类状况表示满意，达到优秀的街道和居民区比重大幅上升到 98%。

2020 年 1 月 17 日，《条例》实施半年后，在上海市第十五届人民代表

---

① 《2019 年上海市国民经济和社会发展统计公报》，https：//www.thepaper.cn/newsDetail_forward_6423140，2020 年 3 月 31 日。

② 《4 个多月从上海垃圾分类数据变化看成果》，http：//www.hbzhan.com/news/detail/132210.html，2020 年 3 月 31 日。

大会第三次会议上，市人大常委会工作报告指出，“在各方共同努力下，条例实施开局良好，成效超出预期，垃圾分类新时尚正在成为上海这座城市的一道亮丽的风景线”。[①]

一些权威媒体的报道也印证了上述官方评论。《南方周末》报道，截至2019年11月，“上海市湿垃圾分出量增长一倍，达到约8710吨/日，远超指标量的5520吨/日。湿垃圾分出量飙升，这超出了所有人的预期和规划”，终端处理已从填埋为主一变而为焚烧为主。[②] 上海《青年报》的一篇报道则指出，垃圾分类已成为大多数居民日常生活的一部分，垃圾分类成为申城新时尚。[③]

综合政府部门、权威媒体和日常体验，笔者同意：《上海市生活垃圾管理条例》已顺利通过实践的初步检验，效果“超过预期”。

《条例》制定和颁布之际，并非所有人都看好这部法律，人们的信心总体上不是没有但确实不足，但在制定满一年实施半年后，却发现效果超出预期。其中的因由肯定不止一端，符合时代要求的治理理念和良好的立法技术相结合无疑是重要原因之一。现在，笔者就尝试联系垃圾治理理念，对《条例》的立法技术和立法经验加以粗略分析。

二 《上海市生活垃圾管理条例》立法技术分析

法是对社会生活的规范性调整，是国家治理的重要部分和环节，它既有突出的政治性和明显的意志性，又具有厚重的经验性和深刻的技术性。立法技术是立法实践所运用和体现的揭示立法熟练、巧妙和智慧程度的经验和方法的总体。它既包括立法体制、立法程序等制度设计的技术，也包

① 《上海市人民代表大会常务委员会工作报告——2020年1月17日在上海市第十五届人民代表大会第三次会议上》，《解放日报》2020年1月24日。

② 马肃平：《上海垃圾分类180日：发“黑榜”、啃“骨头”、愁“吃撑”》，《南方周末》2019年12月22日。

③ 《〈上海市生活垃圾管理条例〉正式实施近半年 低碳生活引领申城新时尚》，http://www.why.com.cn/epaper/webpc/qnb/html/2020-01/30/content_100691.html，2020年3月31日。

括对所设计内容的表达技术，既有宏观技术，也有中观和微观技术。本文所谓立法技术，包括了宏观技术和中观技术，但不涉及如语词的选用等微观技术。就宏观和中观层面而言，《条例》的立法技术主要可以概括为以下几个方面。

（一）立法时机的选择

《条例》的制定和实施，有其相应的社会背景和法律背景，《条例》出台时机可谓良好。

现代化和工业文明是人类历史上宏大深刻的经济社会变迁，它引起物质产品极大丰富，也带来生活水平大幅提高，但同时工业化也带来环境和资源方面的严重问题，所以工业化发展到一定阶段后，保护环境节约资源问题必然会被提出，这些问题的提出和解决如果太迟，可能带来不可恢复、不可拯救的生态环境危机和困局。中国的工业化进程在最近四十年明显加快，这种快速工业化进程既带来严重的生态环境问题，也提供了可能解决这些问题的物质基础、社会意识和技术手段。在中国当下，生态文明建设的地位越来越重要，“绿水青山就是金山银山”的认识越来越普及，环境资源法律法规越来越多，生态环境治理法治化水平逐步提升。

中国在生活垃圾方面早就面临着巨大压力，减量化和无害化处理早已成为社会呼声和国家政策，而要做到无害化和减量化，垃圾分类就成为必要。上海市因为人口密度高、城市化水平高而感受到的生活垃圾方面的压力更大，所以垃圾分类和减量比较容易在社会层面达成共识。上海也较早成为垃圾分类的试点城市，较早开始垃圾分类的实践，不仅如此，垃圾分类制度化的立法进程也开始得较早。在2014年，上海市政府就制定了《上海市促进生活垃圾分类减量办法》，该地方规章于当年5月1日实施。这些早期的实践和立法，为《条例》的起草提供了切实的经验。

现在，垃圾分类的意识在城市中是比较普及的，甚至可以说人们的认识是深刻的，但落实到行动上就不是那么容易了，如何化意识为行为、化行为为习惯，成为摆在社会各界面前的重要问题。制度是否能搭起意识和行为的桥梁，把生活垃圾分类新时尚上升为强制性规范要求，也必然成为立法者深思的重要问题。

《条例》内容涉及垃圾分类全过程，影响到千家万户，所以它不像一般法规在常委会上通过，而是选择了市人民代表大会会议的场合和层次。这不仅凸显出《条例》的重要地位，也为《条例》扩大影响、为千家万户周知提供了不小的助力。

（二）靠倡导、自觉还是靠法律

靠倡导还是靠以公权力强制为后盾的制度来促进垃圾治理的问题，其实是有没有立法必要性的问题。

已如上述，垃圾分类势在必行，利己利人，利国利民，有利于可持续发展，有利于子孙后代，这样的话，其推行是否可以只通过社会层面的号召、倡导和社会成员的自觉自愿就可以了呢？这就涉及立法的必要性问题，更涉及制度设计技术水平的高低问题。

认识到垃圾分类及其无害化、减量化、资源化的好处乃至紧迫性是一回事，把这种认识转化为现实行为则是另一回事；少数人开始行动形成先导是一回事，绝大部分人都起而行之普遍遵循又是一回事。要靠个体的自觉力量，只能管少数，不能管全体；只能期望于长期，不能寄望于一时。强制性的法律法规则可以把社会主体的行为在较短时间内规范到明确的良性社会规范上来。不仅如此，垃圾的减量化、无害化、资源化不仅涉及前端分类，而且涉及终端运输和末端处置，不仅涉及居民个体行为，而且涉及政府、企业、社会组织等多重主体，总体上，垃圾治理就是一项系统工程。要使这个系统运转良好、持续发展，就必须有公共的制度设计，以协调各方主体的相关行为，使之互相衔接、互相配合。正式制度，特别是汲取了社会智慧的制度能够提供社会合作的平台和机制，集成社会运作的系统效应，使社会运作更加协调、顺畅、高效。法律可以是促进合作的装置，实践证明，《条例》通过制度的力量促进了社会风尚的传播，为先导性社会行为提供了助推器，为生态文明注入了新的生命元素。

（三）围绕垃圾“行程”，形成制度闭环的立法思路

垃圾处理是一个过程，必须运用全程管理的治理理念。

垃圾“旅行”的整个行程是：源头—分类—收集—运输—处置。

资源化、无害化是垃圾管理的重要目的，在处置环节之后又加上资源化利用环节，因此，前述垃圾行程向后延伸变为：源头—分类—收集—处置—资源化利用。

对这一过程的管理方面，在逻辑过程之首是规划与建设环节，每一环节都需要社会参与，也需要监督管理，《条例》依此形成相应章节：规划与建设—促进源头减量—分类投放—分类收集、运输、处置—资源化利用—社会参与—监督与管理。

由此形成《条例》中的七章，加上首章总则、法律责任章、末章附则，共十章。由此形成的法规整体线索清晰，结构紧凑、自然，整体感很强。

这一过程各环节涉及多样的社会主体，不同社会主体的行为性质各异，又互相连接、互相影响，引导各主体沿着正确的方向前进，减少不良行为的发生。

法从事理中来。《条例》遵循生活垃圾和垃圾管理之理，遵循事物本身之性质和顺序，建构法规自身的内在结构和文本脉络。事理体现于法规，法规应彰显事理。《条例》表明立法对客观实际的尊重、接纳以及对调整对象的深刻认识。

（四）适度从严的责任体系

法律区别于其他社会规范的一个重要特点，是其以公共权力为依托的强制性，这尤其体现在给不履行法律义务的行为主体追加否定性法律后果。法治的方式之一就是法律责任的归结、认定，通过责任归结认定来促进和防止社会所需要或排斥的行为类型。

《条例》给各方主体设定的法律责任形式主要有责令改正、责令停止不法行为、罚款、吊销许可证、行政处分等。在上述各责任方式中，就罚款而

论，对个人来说，幅度从50元到200元不等；就单位来说，最高可达10万元。

在责任设定中，值得一提的是《条例》第五十四条规定的社会信用信息归集和惩戒这一方式。该条规定如下：

第五十四条　有下列情形之一的，有关部门应当根据《上海市社会信用条例》相关规定，将单位和个人违反生活垃圾管理规定的信息归集到上海市公共信用信息平台，并依法对失信主体采取惩戒措施：

（一）不履行生活垃圾分类义务且拒不改正，造成严重不良影响的；

（二）阻碍执法部门履行职责，造成严重后果的；

（三）法律、法规规定的其他情形。

市市场监管部门应当依照法律、法规规定，将绿化市容部门提交的生活垃圾收集、运输单位和处置单位的评议结果，纳入企业信用信息公示系统。

市房屋管理部门应当将乡镇人民政府、街道办事处、城管执法部门提交的物业服务企业履行分类投放管理责任情况，纳入物业服务企业信用管理体系。

具有重要意义的是，《条例》还规定，如涉及其他法律的违法行为，其责任方式依照相应法律归结和认定。这就构成了该领域法律责任的完整链条，有助于提高制度刚性和可执行性。值得一提的还有，为使垃圾治理各方责任得到更好落实，《条例》设计了责任人制度和社会监督制度。在垃圾分类投放这一关键环节，《条例》第二十五条针对不同单位的不同情况，确立了明确管理责任人的不同方法。第七章“社会参与”第四十六条规定了社会监督员制度：市、区绿化市容部门选聘社会监督员，以政府之外的监督力量，有可能使生活垃圾管理领域的违法行为得到更加广泛及时的监督和发现，提升法律实效。

《条例》设定的法律责任方式和机制较为完备，有助于提高制度刚性和可执行性。当然，责任方式和幅度应该梯度推进、逐步过渡，这样不仅有利于执法者选择不同的责任种类和幅度，而且有利于促使社会主体理性安排和选择自己的行为，不至于形成“既然违法就违法到底”的心态。就此而论，《条例》责任方式基本上还是有其合理梯度的，但假如能把违法行为按其严重程度进一步细分并给予更具体的处罚幅度，可能就更加科学了。当然，这需要大量社会经验的积累和分析。

在《条例》所设定的法律责任方面，还有一个问题需要注意：将违法行为者的信息归集于社会公共信用信息平台并依法惩处，这一责任方式是比较严厉的，它对于促进义务主体履行义务毫无疑问具有其积极作用。但也有人认为，生活垃圾领域的违法行为与社会信用问题关联度不高，而且社会信用体系应该恪守谦抑原则，以免制度超载而影响制度实效。这一提醒可能是合理的，至少我们现在可以考虑，执法时应该谨慎依法使用这一责任方式。

（五）设定多种行为刺激方式，以刚柔并济之法加持新习惯形成

有一种观点认为，垃圾治理需用重典，应该用严罚重惩来加速生态文明建设。这是一种简单化的观点。不错，生态文明建设和环境污染治理有迫切需要，公民、法人和其他主体做出相应实际行为的比例还不够高，因此，以制度之力提升治理水平是必要的，也是有效的。但是，靠重罚严惩来促成某项事业，却往往只能奏效于一时，而无法行之于久远。因为，简单靠惩罚手段的话，需要的违法发现者和执行者数量就会很多，从而增大执法和社会成本。更重要的是，一个社会的运行，首先和最重要的还是依靠传统的支撑，靠社会主体的自觉，靠社会不同群体之间的制约力量，简单来说，就是靠社会自身的力量。即使法律成为重要的社会调节手段，此时也往往不主要依靠法律的惩罚机制，虽然惩罚机制是重要且不可或缺的。法律能够调节社会运行，更重要的是其公共理性的力量，制度虽然具有政治性，但也体现了公共理性。制度以其权威性和感召力，向社会传播新的社会文明，不仅提供社会信任机制，还提供社会合作机制，促使人们以法律为中介，推进生态文明和环保事业发展。

在具体的行为模式设定上，《条例》不仅预设了惩罚性的法律责任，而

且设定了相当比例的倡导性和鼓励奖励性规范。尤其是在总则部分，宣示性、倡导性法条较多，这是符合生态文明建设和生活垃圾管理循序渐进原则的。在各章中，鼓励奖励性条款也不少，比如：

第三十九条　干垃圾焚烧产生的热能应当通过发电、供热等方式进行利用。在符合环保要求的情况下，鼓励对炉渣、飞灰等进行综合利用，鼓励具备条件的企业协同处置干垃圾。

第四十二条　鼓励通过积分兑换等多种方式，促进单位和个人形成生活垃圾分类投放的良好行为习惯。

第四十五条　上海市文明城区、文明社区、文明小区、文明村镇、文明单位、文明校园等群众性精神文明创建活动和卫生单位、卫生社区（村）等卫生创建活动，应当将生活垃圾分类管理相关情况纳入评选标准。

第四十七条　对在生活垃圾管理工作中做出突出贡献和优异成绩的单位和个人，按照国家和上海市评比表彰有关规定，给予表彰奖励。

设定肯定性后果的行为规范在法律中的作用是非常重要的，对于引导社会主体的行为所起的作用也是很明显的。在《条例》实施过程中，很多地方采用了上榜评比排行的方式，起到了鼓励促进的良好作用。

法律指引人的行为，应该实事求是，不强人所难。《条例》遵循循序渐进的原则，对于某些行为的指引，照顾现实，不做“一刀切”“一步走”的要求，而采取“先开步迈小步”的方式，因为易于遵行，更有可行性。这种行为模式设计也是值得称道的。《条例》在第三章“促进源头减量”第二十二条中要求：

餐饮服务提供者和餐饮配送服务提供者不得主动向消费者提供一次性筷子、调羹等餐具。

旅馆经营单位不得主动向消费者提供客房一次性日用品。

这种规定，没有突然对社会主体提高要求，也没有要求在短时间内完成行为难度的跨越，比较容易为人接受，也有利于增加人们对法律的亲近感。

（六）汲取和利用市场与社会力量，形成协调共建的治理格局

垃圾治理既需要公民、法人等社会主体的行为配合，也需要政府及其各部门的监督管理。不仅如此，现代治理体系还注重借助于社会和市场力量，形成纵横协调的治理网络，以提高反应的灵敏度和集成优势。《条例》第三条第二款规定："上海市生活垃圾管理工作，遵循政府推动、全民参与、市场运作、城乡统筹、系统推进、循序渐进的原则。"

《条例》对市场机制和社会力量采取尊重的态度并对二者的力量予以充分吸收。可以先看对市场机制的吸纳。环保具有公益性，很多时候环保事业对于以营利为主要目的的企业来讲是亏本的事情，具有外部性，但生活垃圾同时具有的资源属性，又给其市场化提供了契机。当然，有时候从事垃圾收集运输处置的盈利不足时，政府应给其一定的补贴，使之具有可持续经营的能力。《条例》在注重发挥社会主体和政府保护环境治理垃圾积极性的同时，给垃圾治理的市场化机制提供了制度性尊重。在垃圾收集、运输和处置环节都有企业的参与。

《条例》专列"社会参与"作为第七章，用从第四十条到第四十七条共八条（本条例共十章六十五条）的分量来设置社会参与事项。突出之处有：第一，鼓励志愿者团体和个人参与生活垃圾治理的宣传和示范活动；第二，以政府购买服务的方式，吸收社会组织力量，参与垃圾治理；第三，把垃圾分类的知识和要求纳入大中小学校和幼儿园教学中，给"小手拉大手"以有力的推手，把青少年幼儿接纳新知快的优势扩散放大到社会中，加速整个社会生活垃圾分类处理新习惯的形成。

（七）《条例》与其他法律、非法律规范之间关系的协调

1.《条例》与其他法律之间关系的协调

《条例》第一条明确列出了其上位法根据：《中华人民共和国固体废物

污染环境防治法》《中华人民共和国循环经济促进法》《城市市容和环境卫生管理条例》等法律、行政法规。

从效力而言，每一个法律法规都处在法律体系的整体中，对于宪法和上位法必须尊重而不能与其冲突，对于其他法律也应予以适当尊重。而每一个法律法规欲更充分发挥其作用，达至最佳实效，也必须考虑与其他法律协同的问题。但这些协同的内容又不能在当下正在起草和制定的法律法规中毫无遗漏地全盘写出，而必须采用一定的方法加以处理，这样才能使该法内容简洁，避免臃肿芜杂，同时也可以减少与其他法律法规的冲突。

梳理后可以发现，《条例》第七条第二款、第二十六条第二款、第五十四条、第五十五条、第六十三条第三款、第六十四条第一款，或者规定相应事项根据其他对应法律处理，或者由相关部门制定相应规范。特别是第九章“法律责任”第五十五条“违反本条例规定的行为，法律、行政法规有处理规定的，从其规定”，更值得注意。该条既体现出对上位法的尊重，有利于减少法律内容的冲突，也可避免因大量设置法律责任条款所导致的篇幅庞杂、体例不清问题。

2.《条例》与非法律规范的衔接

《条例》体现出对多种非法律的社会规范的重视和尊重，试图在生活垃圾治理领域建立法与活法的连续体，这主要体现在以下方面。

第三十条、第三十四条分别要求收集运输和处置单位执行行业规范和操作规范。第四十一条倡导居村委员会把生活垃圾分类要求纳入居民公约和村规民约。第四十三条要求相关行业协会制定行业自律规范，共同推进生活垃圾管理工作。

（八）《条例》的适应性

法律的适应性，指法律尽可能长时期地适用于本身制定后法律和社会环境变化的能力，这种能力的着眼点在于未来可以预见和难以预见的社会变化，在变化了的社会条件下其能够适用的程度越高、时间越长，则其适应性越高。

《条例》与其他法律和社会规范的衔接，有利于《条例》适应性的提高。《条例》制定和实施后，上位法和其他法律法规关于相应领域的规定可能发生变化，或者空白得以填补，其都可以增加或延展《条例》的生命力，而不至于直接面临社会变化带来的必须修改的压力。对市场机制的尊重和利用，对社会力量的尊重和利用，有利于法律对将来社会条件变化的回应，对提高《条例》适应性有积极作用。

当然，法律适应性的根源在于其对社会和调整对象发展规律及特性的认识、尊重以及利用、把握，也在于立法过程中各种体制机制对这些规律的认识、利用技巧的发现和汇集。

同时，《条例》还采用提高适应性的方法：第一，规定立法目的，明确该条例设定的综合治理机制的内容；第二，除了具体的具有罚则的行为规则之外，规定基本原则，同时设定一定比例的倡导性和鼓励性规范；第三，值得称道的是，《条例》第五十一条对应急机制做出规定。该条要求如下：

第五十一条　市、区绿化市容部门应当编制生活垃圾处理应急预案，建立生活垃圾收集、运输和处置应急机制。

发生突发性事件造成生活垃圾无法正常收集、运输或者处置的，生活垃圾收集、运输单位或者处置单位应当立即向市或者区绿化市容部门报告，由市或者区绿化市容部门按照应急预案及时组织处理。

法律不仅要对平常社会做出安排，而且要为不可预料的、意外的、战时的情况提供制度框架，这是法律适应性的重要方面。《条例》作为一个具体领域的地方法规，能够做出这种制度安排和规范指引，证明地方的社会发展、治理理念和立法智慧、立法技术已达较高水平。

三　结语

《条例》凝练理念，运用技术，集理念和技术于一体，其制定实施是上海垃圾治理进程中的一级台阶，具有承前启后的重要作用。《条例》还将继续接受时间的考验。

显然，《条例》并不能解决上海市在生活垃圾管理领域的所有问题，还有很多问题有待在今后继续努力加以破解，比如在垃圾的终端处置环节，现在的技术水平还远远不能满足解决问题的需要，这对科技发展提出了更高要求。又如，上海市这一全国最大的现代化国际大都市，其实还有一定量的农村地区，其垃圾治理在理念和方法上的特殊之处乃至优异之点，也需要理论和实务部门予以更加充分的注意和切实研究。

B.12
杨浦区社区法治专员制度的探索与实践

杨浦法治专员评估课题组*

摘　要： 本报告以公共法律服务供给机制创新理论为指导，结合杨浦区政府购买社会组织服务实践，梳理杨浦社区法治专员机制在组建法治专员团队，培育法治思维，完善社区自治章法、攻克顽疾、交流经验、构建智能化平台等方面的创新性举措以及所取得的主要成效，分析现实中的问题和短板，提出在经费使用上开源增效并注重规范化、加强对社区居民的宣传、提升法治专员素质、完善服务提供形式等对策建议。

关键词： 杨浦区　社区法治专员　公共法律服务

一　问题的提出

党的十九届四中全会强调推动社会治理和服务重心向基层下移，解决好服务群众“最后一公里”问题。这就要求注重公共法律服务体系的建设以及加快完善社会治理体系，从而进一步提高社会治理和社区基层治理法治化水平。在全面依法治国新时代，社区要实现良好自治、共治，必须建立在法治的轨道上，上海市委、市政府切实提升行政区域内居村（社区）运用法

* 课题组组长：王玉梅，上海社会科学院党委副书记，研究员；副组长：陆静，上海市杨浦区司法局党组书记，局长。课题组成员：杜文俊，上海社会科学院法学研究所副所长，研究员；孟祥沛，上海社会科学院法学研究所民法室主任，研究员；彭辉，上海社会科学院法学研究所研究员；邢政，上海社会科学院法学研究所硕士研究生。

治思维和法治方式管理社区的能力和水平，满足基层社区对法律服务的需求。[1] 正是基于这样的考量，杨浦区以探索推广社区法治专员制度为抓手，着力加强和创新社区治理，聚焦社区群众法治需求，整合社区治理专业队伍，提高社区依法治理的社会化、法治化、专业化水平，实现自治、共治、法治“三治”并举，建立社区法治专员制度。

社区法治专员制度，是在政府主导下，以社会化组织形式，通过政府购买服务，为居村（社区）提供专门法治服务的一项制度安排。通过创新基层社会治理，保证居民区依法自治，让自治、共治建立在法治轨道上，增强社区法治服务能力的一种公共法律服务类型。法治专员制度以下沉式的法律服务，直面社区基层工作者与居民群众，零距离了解社情民意，能够第一时间提供专业的法律服务、解决社区问题。社区法治专员制度自2016年开展以来，已成为“党委领导、政府负责、社会协同、公众参与、法治保障的社会治理体制”在基层实践的生动样本。法治专员在基层治理中注重发挥政府、居委会、居民间的桥梁纽带作用，通过开设社区热点论坛、推动居民公约创制、搭建自治平台项目，引导居民自治依法依规、规范有序，在解决纠纷、化解矛盾、引导自治、倡导德治中发挥了显性的正效能，实现“自治、法治、德治”合一，达到“共治”价值追求的基层社会治理框架构建。

为深入了解创新社会治理、基层依法治理的效能，有必要深入挖掘社区法治专员制度的合理内核，从理论层面总结法治专员制度优越性，从实践层面梳理形成可复制的工作经验，发现、解决制度在实施过程中的问题，使社区法治制度更趋完善，彰显社区法治专员独特作用，开创社区治理新格局。课题组从分析杨浦区社区法治专员制度存在的突出问题入手，在借鉴国内外相关经验的基础上，对杨浦区社区法治专员制度的改革创新进行了前瞻性研究，提出了一系列改革思路和若干建议设想。

---

① 《上海市实施〈中华人民共和国村民委员会组织法〉办法》，http：//www.spcsc.sh.cn/n1939/n1948/n1949/n2329/u1ai140427.html。

二 社区法治专员制度的创新性举措

杨浦区在以往“双结对”制度（律师事务所与街道结对、律师与居委会结对）和居村法律顾问制度的基础上，提出了“社区法治专员”制度的构想，探索社区治理法治化建设的新道路。

1. 整合法律资源，组建法治专员团队

杨浦区社区法治专员的构成是综合性、复合性的，重点包括以社会治理法律服务中心为代表的多种法律服务类社会组织。

具体来说，政府通过购买服务程序遴选社会组织，由区司法局作为甲方、街道（镇）作为乙方、社会组织作为丙方签订合同，对资格条件、服务范围、职责内容、权利义务、试用期限、绩效考核、争议解决等一系列内容予以明确，并约定违约责任。合同期满后进行年度评估考核，决定下年度是否续聘。

2. 融入社区治理，培育基层工作者法治思维

产生法治水平较低现状的源头之一是低效率的社区基层法治服务水平。当前，亟待完成制度创新从而克服这一障碍，真正理解社区法治精神。社区法治专员进行法治教育的重心是基层工作者而不仅仅是居民。为了改变单一的普法思路，促进社区法治化治理路径多元化，实现管理权力下沉，应当进一步重视对法治工作人员的教育培养工作，从而提升其法律素养和实务处理能力。比如，新江湾城街道德海国际公寓业委会自改选后，在解决问题时缺乏经验，违反了主管单位规定的一事一表一议制度，被少数业主抓住把柄，捏造事实攻击业委会，阻碍了业委会开展工作。上海市杨浦区某调解中心接到司法局通知后及时到现场了解情况，在充分调查之后提出了具体的法律意见，纠正了业委会工作程序问题，最终化解了业主们与业委会之间的误会。

3. 直面治理难点，完善社区自治章法

帮助解决个体法律纠纷是社区法治工作的目的之一，从宏观角度来看，

建立和完善社区法治体系的前提是落实其工作制度、重大事项规则等。眼下，如何促进社区治理模式完备化、形成一套和谐的居民自治体系，从而打造出社区的法治化格局是重中之重。同时，针对社区的特色，打造个别化、精准化普法模式，引导居民自觉守法、遇事找法、解决问题靠法，通过微型调研、居民热议、难点探究，为社区起草审核自治公约、自治章程等制度，起草法律意见书等，不断创新社区治理的制度体系，实现社区自治。比如，通过举办“以案释法”“律师门诊日”“一月一讲释法会”等方式，让社区群众更好地认知理解法律、培育法治思维，达到良好的普法宣传效果；通过列席居委会有关工作会议，参与相关工作计划、制定方案，为社区工作提出法律意见建议，保障社区活动在法律框架内有序开展。如上海律佑社会治理法律服务中心协助平凉路街道，经过数月工作，九易其稿，下至各居民区党组织、居委会负责人，上至街道相关部门，最后经街道领导审阅通过《平凉路街道居民委员会居民自治章程参考文本》。

4. 秉持合作理念，攻克社区治理顽疾

社区治理中普遍存在的高层电梯老旧、停车场地紧张、杂物垃圾堆放、恶犬伤人、监护窘迫等问题，不只是一个具体的法律问题或者纠纷矛盾，其牵涉多方主体，是社区治理的顽疾之所在。对涉及社区自治过程中发生的群体矛盾，法治专员引入“四方会谈机制”，即街道、物业、房办、法治专员共同参与。通过多方会谈机制以更深层、多角度思考并梳理疑难杂症的关键点，以居民自治为动力，充分发挥法治专员的专业性和中立性优势，由专职律师、业委会、居委会、居委党总支、物业公司、房办组成工作组，进行专业的法律风险评估，并进行法律宣传、组织或参加调解，综合运用各方优势、群策群力，完成资源整合，以法治专员团队更专业的法律思维和处理方式化解社区治理中的疑难杂症。新形势下，必须逐步转变治理模式。

5. 整合自治主体，交流社区治理经验

在社区治理法律服务工作中，居民区普遍存在的车位紧缺、多层住宅上下楼没有电梯、不文明养犬、违章建筑、违章搭建、垃圾散乱堆放、物业纠纷、侵占公共用地等诸多难题，或因资金短缺或因利益涉及多方，处置困难，成为困扰居民的治理难题。法治专员通过构建业委会“朋友圈”，调动一切可以调动的力量，将社区自治的相关主体整合到一个自我教育、自我服务、自我成就的平台进行互动，协同共进、引导自治，科学、群策群力、以点带面地解决各类社区治理难题。从前期充分调研，到征得街道相关部门同意，提出在街道有关部门的统筹管理下，把社区热心公益的能人、达人们组织起来，通过传授、交流、探讨、实地调研等形式，群策群力破解带有普遍性的难题，组织发起业委会“朋友圈”，不定期组织经验交流会等活动。

6. 引入数据技术，构建社区智能化平台

法治专员探索信息化基层法治服务，加强互联网、云服务和人工智能在法律服务领域的运用，打造以专业法律服务为特色的人工法律智能咨询及以大数据技术为核心支撑的专业司法技术产品，以法律人工智能咨询机器人为基础，构建社区智能化平台，并逐步将专业司法技术产品应用于杨浦区睦邻中心、居委会等载体，配合上海市正在杨浦等区试点推进的居委会实施“全岗通”工作的智能化法治服务建设，构建人力和科技深度融合的法律服务社区运行新模式。以法律人工智能咨询为基础，构建社区智能化平台，使居民在社区各个场景中，均能实现与智能化平台即时对话，以可视化传播反馈给居民，进而提升法律服务品质。

三　社区法治专员制度的主要成效

1. 党员先锋作用更加突出

中国共产党的法治理念是自发形成的，从党领导依法治国的价值逻辑来看，法治国家、法治政府、法治实践是推进国家治理体系和治理能力现代化的根本要求。[①] 强化党建引领，是坚持法治专员工作正确方向的根本保证，是推动基层法治全面进步发展的坚实基础。一是专员党建平台得以拓宽。在

① 蔡志强：《党领导依法治国的价值逻辑与发展实践——基于国家治理现代化的分析》，《思想理论教育》2015 年第 2 期。

社区基层治理中，杨浦区坚持以“双党委”齐抓、“双分管”同责、“双部门”共管的模式，通过局党委和律师党委齐抓、政治处和律师工作分管领导同责、政治处和律公科共管的方式，加强律师专员的党建工作，为律师专员提供广阔的平台和全方位的保障，积极引导广大律师主动为社区服务，充分发挥其专业优势，凸显法治作用。二是党建覆盖得以实现。杨浦区社区法治专员制度施行以来，共有158名专员参与其中，法治专员中的党员有90多人，占比约57%。过半数的党员法治专员在社区法治工作中，充分利用自身的专业优势，积极解决社区治理中的法律问题，更好地帮助群众和领导干部理解、运用法治思维处理问题，充分发挥了党员的先锋模范作用。在检察系统工作35年的葛海英检察官，在退休之后，继续坚持为人民服务，组建“百合花法律服务中心”，在杨浦区首开“法治专员”先河，运用法治专员的专业服务助力街道居委推进社区治理工作。① 三是党建特色得以创建。杨浦区注重发挥党的组织优势，引领辖区内各领域党组织的“轴心”，为辖区内居民提供“零距离”“精细化”服务，创造新时代党建引领下基层社会治理新模式。② 目前，杨浦区共选树了1个区优秀党员示范岗、1个上海市先进律师党支部、2名上海市律师行业优秀党员和1名全国律师行业优秀党员。通过选树优秀的党员律师，引导律师深入基层、沉到一线，积极参与社区治理和纠纷化解当中，为构建基层法治化治理的长效机制吸引优秀的法律专业人才。

2. 法治专员组织体系基本覆盖

一是实现社区法律服务专业化。整合有限的社区资源，实现有限资源能效的最大化和最优化。针对居民群众法治保障需求越来越强、基层依法治理任务越来越重与社区专业化的法律人才相对短缺、法治工作能力相对欠缺之间的矛盾，杨浦区以现有社区法律资源为基础，整合不同性质的法治专员团

① 《化解矛盾、去除风险有绝招！这群社区法治专员真不简单！》，律新社，http://www.yidianzixun.com/article/0M0zPdCF，2019年9月3日。

② 《杨浦党建引领下的“三驾马车”》，东方网，http://shzw.eastday.com/eastday/city/gk/20190109/u1a14520144.html，2019年9月3日。

队，再根据街道自治办的项目要求，将相关的人员、团队通过层层筛选、整合后形成社区资源服务网。法治专员列席居委会有关会议，参与起草、审议社区工作有关文件、决议、工作计划和方案，同时协助解决社区法律问题，通过普法宣传教育、参与法治文明小区创建等途径，进一步增强依法开展工作的底气和能力。二是实现社区法律服务高效化。社区法治专员在满足基层群众法律咨询服务的基础上，深度融合社区治理与居民自治，其主要工作职责不仅局限于解决居民个人的法律问题，更在于构建基层法治化治理的长效机制，实现法律服务的三级全覆盖。杨浦区将公共法律服务分为区级、街镇和社区三个层面，针对每一层面的特点，配置相应的法律服务清单，不仅为社区自治提供法律支撑，还为解决和化解社区法律问题和矛盾提供保障。为消除社区法治专员推诿扯皮、推卸责任的情形，推行服务清单制度，有利于在确保社区法律服务质量的基础上，提供专业且精准的法律服务，让“自治”“共治”建立在“法治”轨道上。三是成功经验得到有效推广。组织法治专员开展上岗培训和业务轮训，举办法治专员“十大优秀案例”和“十佳法情日志”征评活动，定期收集提炼法治专员工作案例，采取官网、信息平台、微信、案例汇编等方式传播推广，积极展示法治专员在基层社会治理中发挥的独特作用，不断扩散成功经验，激发更多的法治专员在学习借鉴中深入思考，研究总结，将生动鲜活的法律现象逐步上升为具有引领价值的规律性样本，增强法治专员制度的整体质效。

3. 法治专员工作机制基本建立

一是定岗定位，权责更为明晰。社区法治工作从岗位、职责入手，实施精细化制度供给，为每个居委会配备 1 名法治专员，明确每名法治专员服务的社区，并制定到社区坐班服务次数、服务时间等。同时，明晰法治专员主要承担的职责，如提供法律咨询、提出法律意见、化解涉法矛盾、指导法治实践等职责，确保专业的事由专业的人来做，最终实现岗位、职责明晰，工作机制健全。二是协同互补，关系更为优化。通过政府购买服务的方式提供社区法律服务，联动政府与社区自治组织间的关系，从直接提供法律服务转向政府购买，将更多的职责和权限下放给基层自治组织，将更多的法律服务资源集聚在基层，实现权力下放、资源下沉。通过筛选有竞争力的服务团队和协商谈判，政府与多元社会主体之间的合作、协商与伙伴关系被建立起来，形成合作共治、优势互补的局面。同时，政府在社区由“管理”走向“治理”，为法律服务市场和社会组织参与提供发展空间，培养能承担责任和具有竞争力的多方参与主体，为社区法治和社区自治提供支撑。三是后援支撑，工作更为高效。法治专员始终服从服务于党和国家“共建共享治理格局”的战略部署，通过积极参与专题协商、对口协商、界别协商和基层民主协商，以及自治管理和民间秩序构建，促进社会成员对全社会的价值共识与法治精神的认同，通过组织化的理性协商机制和自律精神，促使形成共建共享的法治精神与原则，推动治理法治化秩序的形成。以社区法治专员团队为后盾，通过综合性、复合型法律服务队伍为社区法治工作提供综合保障和集体支撑，由传统的“一对一”服务方式转变为“多对一”组团服务模式，实现服务能力和保障水平的倍增效应。同时，对法治专员的阶段性工作进行筹划安排，对法治专员工作进行后台调处，不断提高法律服务的计划性、有效性。

4. 程式化队伍管理基本实现

一是紧扣基层法治化治理的难点、痛点、堵点。随着城市精细化管理、建设“美丽家园”等口号的提出，法治专员紧扣以上重点任务，根据社区法治中环境整治、物业管理、邻里纠纷等方面所遇到的问题，归纳其特点，加以解决并上升为社区管理体制机制。结合法治热点问题以及社区居民实际需求，法治专业团队制定了社区监护人制度，切实解决社区居民的民生问题；“居民公约”规定条款的制定与推行，让曾经多次难产、流产的业委会换届选举圆满完成；“养狗公约”规则举措的推行与实施，极大地改善了小区不文明遛狗的现象。每个个案都生动形象地展现了社区法治专员参与下的个案软法化的成功。另外，开展社区法情社情研判，针对可能引发群体性事件的苗头性问题、涉及群众重大利益的事项，第一时间研究提出法律意见，及时向有关部门反馈。二是政府采购实现便民化服务。社区法治专员由政府的采购中心集中采购，由司法局作为甲方、街道（镇）作为乙方、社会组织作为丙方签订合同。为确保社区法治专员制度严格且有效施行，需在年终进行评估和考核，优秀的社会组织优先续签；居委会和群众不满意则中止聘用或停止续聘。政府购买公共法律服务，无不体现着政府职能的转变，这也是行政权力从社区治理中剥离的有效途径。三是动态监测实现有形化管理。制定社区法治专员绩效评估体系和评估实施方案，建立健全法律服务质量评价机制、监督机制、失信惩戒机制、服务承诺机制等各项制度，通过问卷调查、查阅工作日志、听取居委会和群众意见建议等形式，评估社区法治专员工作情况。比如，要求专员对每次工作情况进行详细记录并由居委会确认并签字盖章。通过居委会满意度测评、征求街道相关部门意见、群众问卷调查、检查《法情日记》等方式进行考核，并将考核成绩作为下一年度社会组织续签合同、专员留任的主要依据。为落实社区法治专员制度，实现社区自治的目标，应当强调群众对社区法治专员工作的监督，从而极大地调动群众参与社区自治的积极性，同时也能够有效监督社区法治专员的工作。

5. 高效便民法律服务基本实现

一是社区治理案例库更为高效。2017 年法治专员制度实施以来，社区法治专员累计参与破解社区治理各类瓶颈难题 134 个，为居民解答法律咨询共计 3343 个。法治专员通过对工作案例进行定期收集的方法，建立社区治理案例库。一方面，通过整理案例库为社区治理提供解决思路，以便类似社区治理问题的解决；另一方面，通过微信、案例汇编等方式传播推广社区法治专员的工作成效，既营造了社区法治专员良好的工作环境，又能实现“以案释法”直观有效的普法教育。二是大数据技术与法治专员制度充分融合。杨浦区率先在全市启用实体智能化法律专业机器人“法狗狗”，“法狗狗”具有提供线上咨询的功能，可帮助居民随时随地解决法律问题。在法律的便民服务上，充分利用大数据技术，以法律人工智能咨询机器人为基础构建的社区智能化平台，将法律咨询服务通过移动端、热线和实体三个“触角”延伸到居民的生活中，构建一个人力和科技深度融合的法律服务社区运行新模式，打造全方位的社区法治服务。三是实现实时法律便民服务。

通过在区、街道、居民区层面建立专门的法治专员“微信塔群”工作平台：在一级群中，发布法律解读、法治动态等法律资讯；在二级群中，通过及时搜集、传播法治专员的工作动态、传达社区法情，为社区法治专员的工作提供有效支持；在三级群中，积极开展网上法律宣传，方便法律问题的及时解答，实现法律资讯的线上传递。

四　进一步完善社区法治专员制度的建议

法治化建设在杨浦社区确实收到了良好的社会效果，尤其是得到了街道、居委会、居民的良好口碑。但社区涉及的法律问题有错综复杂、涉法面广、突发性强、调解困难等特点，使社区治理法治化建设依然存在很多不足，社区法治专员制度也存在经费保障不足、各社区法治专员发展不平衡、法治专员难以适应需要、服务时间少且方式单一、对法治专员的管理考核制度不完善、居民认可度和参与度不高等亟待解决的问题。上述问题的有效破解将是下一步社区法治专员制度建设的重点。

1. 立足顶层决策与政策部署，夯实公共法律服务制度基础

社区法治专员制度应以加强居民法治教育和居委会依法自治能力建设为核心，以提升基层工作者法治能力为重点，使得社区居民对于这一制度真正了解、熟悉和信任，提高居民的认可度和参与度。一方面，应利用社区的公共宣传阵地如社区公共宣传栏、居委会橱窗等进行日常宣传，借助社区组织和举办的社区法律大讲堂、法官进社区、法律咨询服务、法制宣传日等各项法治宣传教育活动来定点宣传；另一方面，充分发挥新媒体优势，利用微信、微博、网站等进行社区法治专员制度的线上宣传，推动法治专员成为社区居民遇到法律问题时首先想得起、然后用得上、最终离不开的有力助手。通过社区法治专员制度，评估社区重要事务、管理举措的合法性，参与社区会议，协助起草、修改和审核社区成员公约、规章制度、法律文书和其他涉法事务。同时，开展社区普法宣传教育，加强对社区工作人员的法治宣传教育，提供法律咨询服务，协助参与调解社区矛盾纠纷等。

2. 基于法治资源下沉理念，为居民提供综合性的法治服务

社区法治专员制度应以现有的社区法律资源为基础，将已存资源吸纳整合成不同性质的法治专员团队，以基层工作者为法治教育重心，转变社区服务组织构架，实现社区法律顾问全覆盖，建立线上、线下有机结合的服务机制，为社区居民提供综合性的法治服务，不断推进社区治理法治化。在法律的专业化发展趋势下，社区法治专员制度也应注重创新和完善法律服务的提供形式，以满足社区居民不断增长且日益精细化的法律需求。例如，目前法治专员大多实行定期、定点、定时服务制度，但有的法治专员在服务时间里没有任何服务对象，而有的居民出现法律服务需求却找不到合适的法治专员，针对这种情况，可以考虑推出菜单式服务，由有关机关对社区法治专员进行统一管理，公开每位法治专员的专业特长，当社区居民遇到法律问题时，可以根据法治专员的专业特长选择适合自身法律需求的专员，并与之联系来解决相应的法律问题。这种做法有利于发挥社区法治专员的特长，使之以高质量的法律服务赢得社区居民的认可和信任。

3. 引入公共法律服务制度，发挥基层法治专员有效价值

法治专员制度是一项基于政府公共服务职能的规定性、由政府统筹提供、具有体现基本公共资源配置均等化属性和社会公益担当责任，旨在保障市民的基本权利，维护市民的合法权益，实现社会公平正义所必需的一般性法律服务。[①] 换言之，法治专员作为最基层的一项公共法律服务，不仅是国家法律实施过程的有机组成，更是中国特色社会主义法治体系的重要环节，对此应当结合公共法律服务理念，明晰政府服务职能定位，全面提升法治专员的素质，严把进口（继续坚持对法治专员实行严格的任职资格条件和公开透明的选聘工作机制，确保法治专员的基本素质）、加强培训（使入选的法治专员尽快熟悉和适应社区法律服务工作的特点，切实发挥作用）、疏通出口（坚持优胜劣汰，在管理和考核的基础上定期对法治专员进行调整，使不合格者及时退出法治专员队伍，维护整体形象）。

① 刘炳君：《当代中国公共法律服务体系建设论纲》，《法学论坛》2016 年第 1 期。

4. 以政府有限投入带动更多社会资本，实现多方共赢

法治专员制度应通过“输血”和“造血”之间功能的切换，在经费使用上开源增效并注重规范化，在有限的公共法律服务体系建设经费内，加大对社区法治专员制度的经费保障力度，确保社区法治专员的辛苦付出得到相应的回报；考虑在一定范围内接受一部分公益基金或其他社会力量的资助，扩展资金来源的层次；规范政府购买法律服务路径，推进地方购买法律服务的有序开展。增进市场竞争，营造公平环境，注重将高校、专业法律服务机构等社会组织同律师、律师事务所共同纳入公共法律服务产品的承接者序列，实现法律服务承接者类型的多元化；提高经费使用的效率，确立严明的奖惩制度，将有限的资金切实运用到人民群众迫切需要的公共法律服务上来；发挥“四两拨千斤”的聚集和放大功能，以带动更多的社会资本进入基层社会治理领域，为市民提供更为及时和有效的公共法律服务，实现多方共赢。

热 点 篇

Reports on Hot Issues

B.13 上海国际金融中心建设及上海自贸区金融法治环境发展报告

王海峰　杜相宜*

摘　要： 为了确保上海在2020年底基本建成国际金融中心并迈入全球金融中心前列，近年来，上海市始终坚持营造一个规范、高效、公平的金融环境目标，从完善制度、创新与监督并重、完善金融纠纷解决机制等多方面进行改革与创新，旨在以一个良好的法治环境助力上海国际金融中心的建设。

关键词： 国际金融中心　法治环境　金融创新

* 王海峰，上海社会科学院法学研究所研究员；杜相宜，上海社会科学院法学研究所硕士研究生。

一　与上海金融中心建设相关的法律现状

《上海国际金融中心建设行动计划（2018—2020年）》[①] 提出“到2020年，上海基本确立以人民币产品为主导、具有较强金融资源配置能力和辐射能力的全球性金融市场地位，基本形成公平法治、创新高效、透明开放的金融服务体系，基本建成与我国经济实力以及人民币国际地位相适应的国际金融中心并迈入全球金融中心前列”。

为了确保这一目标的实现，近年来，上海市始终坚持营造一个规范、高效、公平的金融环境目标，从完善制度、创新与监督并重、完善金融纠纷解决机制、提升金融法律服务能力等多方面进行改革与创新，旨在以一个良好的法治环境助力上海国际金融中心的建设。

（一）上海市人大制定上海国际金融中心“基本法”

《上海市推进国际金融中心建设条例》（以下简称《条例》）作为上海市地方人大制定的首部关于推进国际金融中心建设的地方性法规，其地位相当于金融中心“基本法”，为上海市国际金融中心相关的金融体制建设与改革创新的连续性、合法性奠定了基础，并从制度架构层面提供了保障。

《条例》涵盖了金融市场体系的建设、区域布局的划定、基础设施的搭建、金融人才服务环境的优化、金融创新氛围的架构、社会信用体系的建设，以及金融风险防范体系构建与金融法治环境优化等。《条例》提出了要在上海市营造“最规范、最高效、最公平”的金融环境这一目标，从依法行政、完善金融纠纷解决机制、提升金融法律服务能力等方面做出规定，旨在以一个良好的法治环境助力上海国际金融中心的建设。此后，国务院各部

① 中国人民银行等八部门于2019年1月联合印发。

门及其驻上海派出机构、上海市政府及相关部门出台了一系列相关的配套规范措施，以确保《条例》得以充分完善地贯彻落实，同时保障国际金融中心建设的稳步推进。

（二）上海市政府贯彻落实国家金融法律法规及政策制度的实践

上海始终积极贯彻国家金融立法活动，并结合地区特点及金融中心定位积极出台落实措施，如2009年4月15日，国务院发布了《国务院关于推进上海加快发展现代服务业和先进制造业建设国际金融中心和国际航运中心的意见》①，次月，上海市政府即推出了《上海市人民政府贯彻〈国务院关于推进上海加快发展现代服务业和先进制造业建设国际金融中心和国际航运中心意见〉的实施意见》②；2014年5月8日，国务院发布了《国务院关于进一步促进资本市场健康发展的若干意见》③，同年9月16日，上海市政府即印发《关于本市进一步促进资本市场健康发展的实施意见》④。此外，为防范和化解金融风险，规范上海市交易场所的行为，引导交易行为回归服务实体经济本源，促进交易行为健康发展，上海市政府根据有关法律法规和《国务院关于清理整顿各类交易场所切实防范金融风险的决定》（国发〔2011〕38号）、《国务院办公厅关于清理整顿各类交易场所的实施意见》（国办发〔2012〕37号）等文件，于2019年1月30日发布了《上海市交易场所管理暂行办法》。近两年来，与上海国际金融中心金融法制体系建设相关的重点规范性文件汇总如表1所示。

---

① 国发〔2009〕19号，国务院于2009年4月14日发布，http：//www. gov. cn/gongbao/content/2009/content_ 1303637. htm。

② 沪府发〔2009〕25号，上海市人民政府于2009年5月8日发布，http：//www. shanghai. gov. cn/nw2/nw2314/nw2319/nw2404/nw22836/nw22837/u26aw18592. html。

③ 国发〔2014〕17号，国务院于2014年5月8日发布，http：//www. gov. cn/zhengce/content/2014 -05/09/content_ 8798. htm。

④ 沪府发〔2014〕56号，上海市人民政府于2014年9月15日发布，http：//www. shanghai. gov. cn/nw2/nw2314/nw2319/nw10800/nw11407/nw31810/u26aw40215. html。

表 1　上海市相关重点规范性文件

年份	发文机关	文件名称	主要内容
2018	上海市人民政府转发自贸区管委会	《中国(上海)自由贸易试验区关于扩大金融服务业对外开放进一步形成开发开放新优势的意见》	实施吸引外资金融机构集聚的新政策,建立便利外资金融机构落户的新机制,构建与国际规则接轨的金融法治新生态
2018	中国人民银行、银保监会、证监会	《关于完善系统重要性金融机构监管的指导意见》	对系统重要性金融机构制定特别监管要求,相关部门采取相应审慎监管措施;建立系统重要性金融机构特别处置机制,推动恢复和处置计划的制定,开展可处置性评估
2019	中国人民银行联合银保监会、证监会、外管局等八部门	《上海国际金融中心建设行动计划(2018—2020 年)》	制定了"到 2020 年,上海基本确立以人民币产品为主导、具有较强金融资源配置能力和辐射能力的全球性金融市场地位,基本形成公平法治、创新高效、透明开放的金融服务体系"目标
2019	国务院金融稳定发展委员会办公室	《关于进一步扩大金融业对外开放的有关举措》	允许外资机构获得银行间债券市场 A 类主承销牌照,进一步便利境外机构投资者投资银行间债券市场
2019	中国人民银行、外管局	《中国人民银行　国家外汇管理局关于进一步便利境外机构投资者投资银行间债券市场有关事项的通知》	允许境外机构投资者账户与直接投资资金账户内的债券非交易直接过户以及资金双向划转
2019	银保监会	《中国银保监会关于推动银行业和保险业高质量发展的指导意见》	提出银行业要实现更高水平的对外开放的目标与要求,引进先进国际专业机构,支持银行"走出去"
2020	央行、银保监会、证监会、外管局和上海市人民政府	《关于进一步加快推进上海国际金融中心建设和金融支持长三角一体化发展的意见》	在自贸区临港新片区探索升级 FT 账户,试点本外币账户更自由化的流转,探索外汇管理的转型升级

二　上海自贸区金融法律制度创新

金融创新的有序开展需要完善、稳定的金融法律体系提供基础保障，而创新成果也需要以书面的制度化形式予以固定，从而为后续相关业务活动做出引导。基于此，国家有关部门及上海地方政府出台了诸多法律规范，以促进自贸区金融改革试点的顺利进行。这大体上可分为两类：其一是国家及地方政府出台的支持改革的基础框架规定，旨在为自贸区立法创新的合法合规性提供法律基础；其二即相关部门在前述框架下制定的各项配套性的政策制度，以促进上海自贸区金融创新法制体系进一步完善。

（一）上海自贸区金融法治改革的基础性框架

为了进一步支持自贸区法治改革，《全国人民代表大会常务委员会关于授权国务院在中国（上海）自由贸易试验区内暂时调整有关法律规定的行政审批的决定》[①] 由全国人大常委会于2013年8月通过并正式公布，此后则于2014年12月又通过了《全国人民代表大会常务委员会关于授权国务院在中国（广东）自由贸易试验区、中国（天津）自由贸易试验区、中国（福建）自由贸易试验区以及中国（上海）自由贸易试验区扩展区域暂时调整有关法律规定的行政审批的决定》[②]，该两项决定是上海自贸区内相关立法创新的制度性前提与基础，为上海自贸区内金融法治改革的合法性提供了保障。

根据全国人大和国务院相关授权的决定，2013年9月，上海市人大常委会通过了《关于在中国（上海）自由贸易试验区暂时调整实施上海市有关地方性法规规定的决定》[③]，该决定基于全国人大关于授权上海自贸区法律调整行政审批事项的前提，结合自贸区设立的目的及发展实情，对上海市地方性法规与国家法律、行政法规以及上海市地方政府规章与地方性法规之间的关系予以进一步梳理，并明确停止原先对于境外资本审批的相关严苛要求，为自贸区金融法治环境的改革与创新提供了必要的基础。

《中国（上海）自由贸易试验区条例》（以下简称《上海自贸区条例》）则从地方立法的角度为自贸区建设提供了重要的制度性保障。《上海自贸区条例》第三章“投资开放”及第五章“金融服务”中规定了大量金融创新政策，这些政策大多是区内独有的，体现了近年来上海金融发展的风向标。

---

① 2013年8月30日第十二届全国人民代表大会常务委员会第四次会议通过。

② 第十二届全国人民代表大会常务委员会第十二次会议决定公布。

③ 2013年9月26日上海市第十四届人民代表大会常务委员会第八次会议通过。

上海自贸区的金融制度创新特点及目标主要有以下四个方面。

其一，最重要且最主要的改革特点，即引入了准入前国民待遇 + 负面清单的管理模式，这一模式改革了投资管理的基本体制并扩大了自贸区内的金融服务业开放程度，在 2019 年新《外商投资法》中，该制度被该法予以正式固定并在全国范围内普遍推广、适用。

其二，立法立规以推动金融领域的持续创新，主要体现在进一步开放金融服务相关业务的准入条件，允许符合条件的民营即境外资本入驻金融行业，促进金融市场的利率、汇率市场化，促进人民币资本项目的可兑换，促进贸易投资的灵活化与便利化，拓展金融市场开放程度等方面。

其三，创新监管服务模式、促进贸易转型升级，具体体现在倡导培育新型贸易业态、进一步深化国际贸易结算中心的改革试点工作、建立第三方检验鉴定机构等。

其四，建立一套相对完善且高度适应国际贸易投资秩序的行政管理体制，并将其作为自贸区内行政职权架构建设的最终目标。

上述要点及目标为自贸区创新设定了金融市场与业务的总体发展方向，同时也构成了自贸区内金融改革与创新的基石，为区内金融领域进一步深化改革以及相关法律制度体系的进一步完善提供了坚实的基础。

（二）上海自贸区金融创新具体制度分析

1. 机制创新

上海自贸区金融改革创新与上海国际金融中心建设的联动机制，以及经济金融改革建设和贸易、航运、科创中心建设与发展的联动机制的建立，使自贸区金融改革创新以及相关成果得以充分服务于建设上海国际金融中心的战略目标，并使金融更好地助力于其他基础产业的建设与发展。这两项联动机制的搭建旨在通过区内金融创新政策的不断深化实施带动其他非金融产业的创新发展，通过区内金融创新法治改革的经验带动上海国际金融中心建设的国家发展战略实施，从而实现自贸区发展“为全面深化改革和扩大开放探索新途径、积累新经验”这一目标。

2. 金融主体制度创新

自贸区的金融主体制度创新主要包括：在区内建立国际化金融交易平台、在区内试点银行业务的有限牌照制度、深化对于区内本外币资金宏观监管的改革等诸多方面。前述相关平台、制度及政策的制定，主要是从对标国际经济贸易主流规则的角度出发，在开放上海自贸区的金融市场的同时，也为这些金融创新制度在全国推广提供了经验。例如，《中国（上海）自由贸易试验区总体方案》，在金融服务业的进一步开放领域则做出了不少创新性尝试，如在准入领域，允许符合条件的外资金融机构在区内设立外资银行，允许符合条件的境内民营资本与外资金融机构合作在区内设立中外合资银行，试点设立外资专业健康医疗保险机构；而在监管领域，则提出在条件具备的前提下可适时在区内试点实施有限牌照银行制度，试点放宽乃至放开对于融资租赁公司在区内设立的单机、单船子公司的最低注册资本限制等。受益于上海自贸区的金融服务业开放规划，金砖国家开发银行、中保投资公司等越来越多重要的金融机构选择在上海自贸区开业。目前，上海自贸区集聚了上海股权托管交易中心、上海黄金交易所、上海保险交易所、中国信托登记公司、上海票据交易所、中国外汇交易中心国际资产交易平台、上海清算所等各大金融创新平台。上海证券交易所利用“沪港通”的有效创新，打通了内地与香港投资者证券市场投资的便利。

3. 金融行为制度创新

金融行为制度的创新，旨在进一步探索并建设与国际接轨的优质金融业态环境，提升上海自贸区金融市场的活力，使得金融市场及相关业务得以“有指引、合规矩地创新与发展”。在金融市场准入条件得以放宽的同时，有关具体业务活动展开的程序、金融主体进入市场后的待遇、金融活动的有效监管以及金融市场退出机制等一系列制度都需要进一步根据实情及发展需求予以完善，从而充分保障金融市场的稳定与安全。

自贸区肩负着我国金融改革与创新任务的同时，也是上海国际金融中心融入世界金融市场的先驱力量。基于此，自贸区主要以对标国际通行的一般商业规范为出发点，并结合我国制度特色及区内金融市场现状，制定了相关制度以建立公平竞争秩序、理顺产权关系、放宽资本流动性限制，从而为自贸区内金融活动的高效、有序推进提供了制度性保障。例如，2014 年5 月，中国人民银行上海总部印发的《中国（上海）自由贸易试验区分账核算业务实施细则（试行）》和《中国（上海）自由贸易试验区分账核算业务风险审慎管理细则（试行）》是《中国人民银行关于金融支持中国（上海）自由贸易试验区建设的意见》中关于“创新有利于风险管理的账户体系”若干意见的实施细则，从制度上对自贸区内资本项目下资金划拨的便捷性和自由性做了规范。2015 年 4 月，中国人民银行上海总部发布《关于启动自由贸易账户外币服务功能的通知》，规定区内企业可以进行本外币一体化管理，享有账户内本外币资金兑换便利。2016 年 11 月，中国人民银行上海总部发布《中国人民银行上海总部关于进一步拓展自贸区跨境金融服务功能支持科技创新和实体经济的通知》。该通知将 FT 账户功能进行了进一步拓展。根据该通知，自贸区内金融机构可通过自由贸易账户向引进海外高层次人才提供收益与经常转移、投资理财、股权激励等全方位金融服务，这意味着自由贸易账户已向有条件的个人开放。同时，该通知支持金融机构在现有本外币账户服务基础上，依托分账核算单元为科技创新提供全生命周期的各项跨境金融服务。只要符合相关要求，FT 账户将为上海区外的科技创新企业提供融资的便利。2018 年 7 月，上海发布《上海“扩大开放 100 条”行动方案》，其中有 4 个条文提及 FT 账户，明确“在风险可控前提下，为保险机构利用自由贸易账户开展跨境再保险与资金运用等业务提供更大便利”，“对通过自由贸易账户向境外贷款先行先试，试点采用与国际市场贷款规则一致的管理要求”，“支持境外投资者通过自由贸易账户等从事金融市场交易活动”。2020 年 2 月，央行联合银保监会、证监会、外管局及上海市人民政府发布了《关于进一步加快推进上海国际金融中心建设和金融支持长三角一体化发展的意见》[①]，该意见提出要提前放开自贸区的外商投资金融业股比限制，并在临港新片区试点本外币一体化资金池双向流动的宏观

① 2020 年 2 月 14 日，央行、银保监会、证监会、外管局、上海市人民政府联合发布。

审慎监管，这是继自贸区试点“跨境资金池”以来的又一次重要尝试，对于区内金融市场的进一步开放及资金高效流动起到了促进作用。

此外，2018 年 6 月，上海自贸区管委会结合此前自贸区开放经验，制定并公布了《中国（上海）自由贸易试验区关于扩大金融服务业对外开放进一步形成开发开放新优势的意见》，该意见主要从吸引境外金融资本、便利外资金融机构落户、深化金融改革创新、加强金融服务科创中心建设、集聚发展高层次金融人才、构建与国际规则接轨的金融法治环境六个方面出发，提出了自贸区进一步开放创新的要求。

上海自贸区金融服务业开放相关法律制度近年来已在全国层面获得了有效的推广与应用。2017 年以来，我国进一步扩大金融业对外开放的信号不断被释放，其中不乏已在上海自贸区成功的实践经验。商务部的外商投资准入特别管理措施（负面清单）（2018 年版）已经明确，自 2021 年将取消资本市场服务和保险业两个大类的外资持股比例准入条件，现有的“证券公司的外资股比不超过 51%”“证券投资基金管理公司的外资股比不超过 51%”“寿险公司的外资股比不超过 51%”将成为历史，中国金融服务业将进入全面开放时代，在此背景下的“25 条举措”将更有利于吸引外资金融机构在自贸区进行业务拓展，提升自贸区金融服务业的开放水平。

三　上海金融市场监管制度建设

我国的金融行业长期实行“分业经营、分业监管”的模式，银行业、证券业、保险业、信托业各自经营和自身职能相关的金融业务。中国人民银行统筹货币政策，银保监会统一监管全国银行、保险公司、信托投资公司以及其他金融资产管理公司等金融机构，证监会统一监管全国证券、期货市场及相关交易主体，外管局则主要负责监管外汇收支、买卖、借贷、转移以及国际结算、外汇汇率和外汇市场等。

2017 年底，国务院机构调整与改革，成立了金融稳定与发展委员会。金融稳定与发展委员会在金融的业务监管活动中占据着非常重要的地位。作为国务院在金融领域内设的专门议事机构，金融稳定与发展委员会的职责在于强化中国人民银行对于金融活动宏观审慎管理的职责以及对于金融市场的系统性风险的防范能力，并协调、分配其他相关金融监管机构的监管职责，从而解决我国金融市场监管存在的空白与重叠、多头监管导致的冲突乃至失序等现实问题，确保我国金融市场的安全与稳定发展。委员会主要通过协调会议的形式，组织各监管主体共同探讨、研析金融市场中存在的问题与症结，探索解决方案并予以协调落实，通过主动且高效的沟通机制，统筹、协调、再分配各部门的具体职责，尝试在不同监管主体间建立便捷透明的信息共享机制。上海市人民政府下设的金融服务机构有金融工作委员会及上海市地方金融监督管理局，二者共同作为政府就金融领域的服务与监督主体，承载着包括但不限于促进金融服务经济社会进步，推动金融市场的安全、稳定与创新性发展，加强区域间的金融合作交流，完善对于金融机构与金融人才的服务，以及推动国资的金融企业改革等职能，为上海金融市场的稳健发展及国际金融中心的建设提供强大的助力与保障。

证监会及银保监会在金融市场中承担着业务指引及监管执法的主要角色，是直接对金融市场展开监管活动的主体。近两年来，证监会及银保监会制定公布了大量的金融活动指引性文件及金融监管政策性文件①以推进上海国际金融中心的稳健、有序建设。证监会主要从“金改 40 条”的具体落实入手，制定了相关制度以允许符合条件的外资主体准入、支持自贸区符合条件主体进行境内外证券期货市场双向投资、支持建立大宗商品和金融衍生品面向境内客户的柜台交易等。银保监会主要从准入层面做出改革，推行准入前国民待遇政策，简化准入程序，并进一步优化监管方案，以支持上海金融中心的建设。

外管局在金融市场监管活动中的工作重点在于统筹平衡贸易投资自由化、便利化，以及防范跨境资本流动风险。近年来，外管局在维护外汇市场

① 整理自中国证监会官网（https：//neris. csrc. gov. cn/falvfagui/）及中国银保监会官网（http：//www. cbirc. gov. cn/cn/list/9103/910303/1. html），2019 年 9 月 10 日。

稳定尤其是成功应对2015年底至2017年初外汇市场高强度冲击的同时，取得了在外汇领域改革与创新的历史性成就——推出了“沪港通”“深港通”等跨境证券投资新机制。该机制扩大了金融市场双向开放，完善了全口径跨境融资宏观审慎管理，推动银行间债券市场双向开放，建立健全开放有竞争力的境内外汇市场，是我国金融市场改革与开放的重要里程碑。

近年来，国家金融监管部门及其驻沪机构在实施《上海市推进国际金融中心建设条例》的过程中，积极采取措施以保障该条例的贯彻落实，在金融中心法治环境建设工作中取得了重要的成就。2019年底，上海市人大常委会办公厅正式在其官网公示了《上海地方金融监督管理条例（草案）》，并向社会公开征求意见。该监管条例（草案）提出了诸多创设性的监管规定，如对“重大风险事件报告制度”“执法协作以及市区两级监管制度”等内容进行了规范，从而使得地方金融市场的风险能被有效控制与防范，以制度保障其平稳、有序发展。

四　司法领域与纠纷解决制度的改革与完善

（一）全国第一家金融专门法院于上海设立

为进一步服务于上海国际金融中心的发展，同时也是为了促进金融案件审判的专业化与集中化，优化金融司法环境，2018年8月20日，上海金融法院正式挂牌成立。上海金融法院的受案范围主要包括原先由中级人民法院受理的证券、期货、保险、信托等金融民商事纠纷，以金融机构为债务人的破产类案件，以及以上海市金融监管机构为被告的涉金融行政诉讼等。另外，对于上海市基层人民法院作出的第一审金融民商事案件和涉金融行政案件判决裁定提起上诉的案件，也由上海金融法院管辖并审理。

作为全国首家金融专门法院，上海金融法院在金融司法的改革创新领域始终坚持发挥标杆作用，先行先试，努力打造金融司法新高地。2019年7月29日，上海市高级人民法院发布了《2018年度上海法院金融商事审判白皮书》，相关通告中显示，2018 年全年上海法院共受理一审金融商事案件 170955 件，共审结一审案件 168520 件，结案率为 98.57%。

（二）金融检察坚决落实预防、打击金融犯罪工作

上海检察院系统建立了全国首个金融犯罪公诉专门机构，专门负责审查起诉涉嫌金融诈骗、涉嫌破坏金融管理秩序以及其他与金融、证券等相关联的破坏市场经济秩序的犯罪案件。其中，近年内上海市检察系统办理的典型案件有“e 租宝”“中晋系”“快鹿系”等重大涉众型金融案件，全国首例高频交易操纵期货市场案、非法经营“新三板”股票案等新型案件也由上海检察审查并提起公诉。

根据上海市检察院 2019 年工作报告，上海检察全年对各类金融犯罪案件提起公诉 3013 人，加大对涉 P2P 型金融犯罪的惩治力度，积极推动“追赃挽损”，推动完善金融监管机制。此外，上海市检察院在聚焦中心工作、为改革发展保驾护航层面，在自贸区金融、经济活动相关领域内，办理刑事案件共计 211 件，提起公诉 396 人，提起民事和行政司法审判监督案件共计 94 件。

（三）其他高效、快捷的金融纠纷解决机制——仲裁与调解

仲裁作为高效、专业、灵活的金融纠纷非诉解决方式，在金融市场法治活动中愈发承担着重要的角色。金融仲裁相较于其他纠纷解决机制，具备自主性、保密性、快捷性、专业性及国际性这五大优势，基于此，仲裁逐渐成为相关金融主体愈发青睐的解决金融纠纷的实用且高效的途径。从国际金融市场来看，各大国际金融中心纷纷设立金融仲裁中心，以方便金融纠纷的高效解决，进而提升金融中心的竞争力，例如巴黎的国际商会仲裁院（ICCCA）、伦敦的伦敦国际仲裁院（LCA）。对于正在致力于建设国际金融中心的上海而言，金融仲裁中心的设立同样意义重大。目前，上海的金融仲裁机构主要是上海国际经济贸易仲裁委员会和上海金融仲裁院。

上海根据国家战略在全力推进国际金融中心建设的过程中，将调解作为解决金融纠纷的重要途径发挥了重要作用。调解机制的有效梳理，也能彰显

我国司法领域“调解优先”的理念。目前，上海的金融调解中心主要有中国贸促会/中国国际商会上海分会调解中心、上海市金融消费纠纷调解中心等，其在上海金融纠纷的非诉讼解决环节中承担着重要角色。

五　结语

上海国际金融中心建设的成果可圈可点，但我们仍需注意目前我国金融市场的发展依旧存在“重硬轻软”、国际化程度不高等短板。目前我们正处在建设上海国际金融中心的冲刺阶段，根据我国的战略目标定位，到2020年底，上海市将架构一套公平法治、创新高效、透明开放的金融服务体系，建成一个基本确立以人民币产品为主导、具有较强金融资源配置能力和辐射能力的全球性金融市场，并成为与我国经济实力、人民币国际地位相适应且在全球排名靠前的国际金融中心。

B.14
“互联网 +”模式下非正规就业服务管理法律问题研究

中共上海市长宁区委政法委员会课题组*

摘　要： “互联网 +”新业态、新模式的快速发展催生了一些新型服务性行业，以互联网平台为媒介的共享经济用工日益扩大，进一步激发市场活力、扩大劳动就业、推动经济转型升级与提高城市生活服务水平，但伴随而来的以互联网平台为媒介的共享经济非正规就业群体存在劳动权益保障难、安全风险隐患大等问题，给社会治安、人民群众安全感带来一定影响。为建设更高水平的平安长宁、法治长宁，长宁区围绕推动“互联网 +”新业态持续健康发展、加强互联网非正规就业群体规范管理工作的双重目标，探索形成服务管理创新举措与有效机制，进一步提升城市精细化管理水平。

关键词： “互联网 +”　非正规就业　社会治理　法律对策

近年来，在上海“四新经济”发展战略①的驱动下，互联网平台开始和人们的生活融合在一起，它的出现让一切活动变得快速和方便②。以互联网

---

* 课题组组长：张磊，长宁区委常委、政法委书记；课题组副组长：于豹，长宁区委政法委副书记；课题组成员：金桥、周蔚、管健、吕成果。

① 2015 年以来，上海在促进“创新驱动、转型发展”的过程中提出了“四新经济”发展战略，即大力发展以新技术、新产业、新模式、新业态为代表的“四新经济”。

② 林英泽：《电商平台规则与共享经济发展》，《中国流通经济》2018 年第 1 期。

平台为媒介的共享经济用工呈现迅速发展的趋势，"互联网+"新业态、新模式下的非正规就业群体（以下简称"网约工"）日益扩大并成为新型经济创新发展的象征。"网约工"用工方式具有更强的灵活性，有助于激发市场活力、扩大劳动就业、推动经济转型升级与提高城市生活服务水平。但与此同时，出于"网约工"群体自身、用工单位的组织管理方式以及政府部门对新业态的监管等方面的原因，"网约工"现象也带来了劳动权益保障难、安全风险隐患大等社会治理问题。本文在广泛听取主要电商平台企业和相关部门的意见建议，并以外卖骑手为重点开展问卷调查①的基础上，深入分析"网约工"就业情况与特点、管理现状与治理难点，结合长宁实际，就如何维护"网约工"合法权益、加强"网约工"规范管理、保护互联网企业发展活力等方面提出对策建议。

一 "网约工"的基本特征与职业状况

"网约工"主要集中于"互联网+"新业态、新模式下的服务行业。在高技术产业与传统服务业相融合的背景下，诸如电商平台、电子商务、第三方支付等交易方式派生出了以"蜂鸟"等为代表的第三方对接团队和众包物流等平台，以及送餐上门、取件快递、网约车、上门医疗美容等新型就业模式。各类电商平台中，以"美团""饿了么""滴滴打车"为代表的O2O（online to offline）模式使用频率最高，与日常生活融合也最为紧密。作为上海首个"互联网+生活性服务业"创新试验区，长宁区拥有数量众多的"互联网+"服务企业②，涉及网络送餐、网约车、快递闪送、网络教育、网络厨师、美容美发等诸多服务领域，"网约工"数量也相对较多。截至

① 共收集有效问卷671份，调查对象中，"饿了么"骑手占43.8%，"美团"骑手占40.5%，"百度外卖"骑手占10.2%，其他占7.5%（最多的是"盒马"骑手）。在用工类型上，众包骑手占31.7%，专职骑手占68.3%（$N=654$）。这一比例或与现实情况有一定出入。据"美团"相关负责人介绍，"美团"骑手中，众包骑手比例更大，约占总人数的三分之二。

② 舒妤：《长宁集聚产业优势提升服务能级"互联网+生活性服务业"创新试验区提质增速》，《解放日报》2018年12月3日。

2019年8月，长宁区累计有“互联网+生活性服务业”企业4627户，注册资本总额438.61亿元。基于问卷调查，以外卖骑手这一“网约工”重要类型为例，总结梳理“网约工”基本特征、职业状况和管理现状。

（一）“网约工”的基本特征

1. 以初中、高中文化的青年男性为主，大部分已婚

统计显示，外卖骑手中，男性占94%；平均年龄32岁①，近四成在31～40岁（39.6%），三成以上在20～30岁（31%）；学历方面，初中比例最高（46.4%），其次是高中（中专/技校）（40.2%），大专及以上、小学及以下分别占7.8%、5.5%；婚姻方面，近六成已婚（58.7%），未婚或单身占41.3%。

2. 绝大多数为外地户籍，近一半没有居住证或临时居住证

调查对象中，外地户籍占94.8%，上海户籍为5.2%。外地户籍人员来自全国22个省份，其中安徽、河南、江苏最多；来自农村的占61.5%，乡镇为22.5%，县城、城市分别是11%、5%。近七成已来上海生活一年以上（69.6%），选择半年到一年的比例为16.2%，不到半年的为14.2%。外地户籍中，45.3%没有办理居住证或临时居住证，仅20.3%有居住证，34.4%有临时居住证。

3. 近四分之三是租房居住，存在群租现象

调查显示，74%的外卖骑手是租房居住，17.4%为公司提供住所，6.4%为自有住房。租房者的租金从250元到6000元不等，平均租金为1828元；租金为1000元及以下的比例是27.5%，22.5%为1001～1500元，24.1%选择1501～2000元，其余25.9%为2000元以上。在居住人数方面，2人居住的比例为25.3%，3人居住为26.8%，4人居住为16.6%，5人居住为13.4%，6人及以上居住为16.8%，意味着可能存在一定的群租现象。

4. 在上海较为孤独，朋友多为老乡，参加活动较少，社会融入不足

当问及在上海有多少亲戚朋友时，仅有11.5%的调查对象选择比较多

---

① 座谈中了解到，“美团”骑手2018年时的平均年龄约30岁，与问卷调查的结果非常接近。

和很多，38.4%选择"有一些"，而选择很少和没有的比例为50.2%。在上海有亲戚或朋友的调查对象中，上海本地人没有和很少的比例为73.9%，大部分和全部是老乡的比例则占到60.4%。工作之余，42.9%的调查对象选择没有参加过各类活动，33.1%选择参加老乡间的活动，27.5%选择参加同事间的活动。与此相应，外卖骑手的微信群中，交流最多的也是老乡群（50.1%）、家人群（49.2%）和工作群（49%），其次是同事群（36.7%）和同学群（22.5%）。

（二）"网约工"的职业状况

1. 近六成众包骑手为兼职，全职的众包骑手需要特别关注

外卖骑手主要分为众包、专职两大类，而众包骑手的比例相对更高。统计显示，众包骑手的兼职比例为56.9%①，专职骑手的兼职比例为9.2%。由于兼职骑手还有其他的工作收入及可能的权益保障制度体系，另外43.1%的全职众包骑手则可能缺乏健全的权益保障与组织管理制度支持，因而更加值得关注。

2. 签订合同/协议比例较高，但包含各类保险的比例较低

数据显示，89.8%的调查对象签订了劳动合同或协议（$N=657$），专职骑手的合同签订率为92.5%，远高于众包骑手（83.7%）。但合同或协议中包含各类保险的比例较低，其中，49.7%有工伤保险，34.4%有医疗保险，养老保险、失业保险的比例则分别是22.8%、8.6%，合同中没有任何保险的比例为28.8%。与专职骑手相比，众包骑手各类保险的比例均更低，如二者的工伤保险比例分别为50.5%、46.9%，其他保险亦然。

3. 月收入集中于5000～10000元

月开销平均为3200多元，约四分之一对收入不满意，工作福利比较欠缺。统计显示，40.8%的调查对象月收入在7000～10000元，37.7%选择5000～6999元，15.2%在5000元以下，6.3%选择10000元以上。每月的个

① 这一比例与美团公司在全国范围内的统计结果非常接近。

人开销平均为3249.4元。74.6%对自己的收入表示满意，不满意的比例为25.4%。调查对象中，仅30.4%有入职体检，12%有定期体检，21.2%有节庆等慰问。在部分人填写的迫切需求中，最主要的诉求也是因工资待遇仍然较低，希望能有所提高。

4. 管理较为刚性，培训力度不足，众包骑手相对更为松散

在企业组织管理方面，差评率等绩效考核机制是最普遍的制度设置（89.9%），典型体现了“胡萝卜＋大棒”式的科学管理思维，将惩罚和奖励①作为主要的激励机制，一切与工资收入挂钩。调查对象中，47.4%曾受到过公司的奖励，63.3%受到过公司的处罚（罚款）。处罚原因中，51.8%是因为收到顾客差评，46.1%是因为配送超时，30.6%是因为配送过程中产品受到损坏，23.2%是因为没有按时签到。此外，要求每天签到的比例为75.2%，每周一次甚至更频繁开会的比例是49.1%。相对来说，专职骑手的管理更为严格、规范，众包骑手则更为松散。以签到为例，众包骑手的签到比例是63.6%，专职骑手则为80.3%。另外，公司对外卖骑手的培训力度则相对不足。仅33.7%的调查对象有过职业培训，20.3%参加过各类安全法规培训。与专职骑手相比，众包骑手参加职业培训的比例是29.5%，参加安全法规培训的比例则仅为10%。

5. 工作强度较大，辛苦程度较高，生活质量较低

统计显示，近六成外卖骑手的每天工作时间为8～12小时（58.3%），四分之一（25.1%）在12小时以上。专职骑手每天工作8～12小时的比例（64.2%）高于众包骑手（48.1%），每天工作12小时以上的比例（20.9%）则低于众包骑手（33.5%），显示了更强的管理规范性。一半以上骑手每天的接单量是30～50单（52.9%），约三成在50单以上（30.1%）。调查对象所填写的需求意见中，希望增加接单量进而提高收入是主要的诉求之一。由于工作时间较长，八成以上调查对象每天的睡眠时间不足8小时，其中18.9%不到6小时，63.4%选择6～8小时。由于外卖骑手工作的特殊性，89.4%的人

① 甚至在一定意义上，是以惩罚为主、奖励为辅。

是在工作期间抽空吃饭，33.2%在路边吃，32.6%选择小摊，27.4%选择饭馆，体现了更高的辛苦程度和较低的生活质量。

6. 工作危险性较大，交通违规现象突出，信息安全意识有待加强

在激励机制设定为抢时间完成更多送单量的情况下，外卖骑手的工作危险性比较大，工作过程中发生意外的概率较高。统计显示，54.8%的调查对象有骑车摔倒的情况，34.9%受过伤；37.9%因违反交通规则被罚过款，24.9%发生过交通事故；26.5%曾与小区保安有过争吵，10.7%曾与客户发生过冲突。在交通安全方面，近一半调查对象可能会有不遵守交通规则的现象。调查对象中，选择工作期间肯定遵守交通规则的仅占53.3%，选择大部分时候遵守的占34.8%，11.2%选择"视情况而定"，极少数（0.8%）选择不怎么遵守。在信息安全方面，绝大多数人选择为客户的个人信息保密重要和非常重要（89.5%），但也有10.5%认为不重要甚至一点都不重要。相对来说，众包骑手认为信息保密不重要的比例是14.2%，远高于专职骑手（6.8%），其信息安全意识尤其需要加强。

7. 三分之一的外卖骑手工作经历不足半年，工作稳定性有所不足

统计显示，调查对象中做外卖骑手一年以上的比例占45.1%，半年至一年的占20.8%，半年以下的比例为34.1%。在职业预期方面，仅35.0%明确表示会长期做下去，45.7%选择视情况而定，10.9%认为只是偶尔做，8.4%已经有了换工作的想法，显示出较低的工作稳定性。

二　"网约工"服务管理存在的问题

在问卷数据分析的基础上，结合座谈与文献资料，深入分析目前"网约工"服务管理存在的问题。

（一）"网约工"的权益保障存在盲区

1. 劳动关系不明确，缺乏权益保障制度支持

一方面，仍有部分"网约工"没有与企业签订劳动合同或协议，尤其

是众包模式下的“网约工”；另一方面，即使签订了劳动合同或协议，相应文本仍难以作为完整、明确劳动关系的依据，一定意义上只是一种“不完全契约”，这是合同中缺乏各类保险的根本原因。以专职骑手为例，其合同并不是与电商平台直接签订，而是与作为第三方的劳务供应商（如“蜂鸟”）签订，骑手与平台之间的关系就处于模糊地带，难以认定为明确的劳动关系。

这一问题的根源在于现有法律法规落后于“互联网+”新业态的发展，对于“网约工”新型用工方式缺乏明确规定。目前，劳社部发〔2005〕12号文《关于确立劳动关系有关事项的通知》，是当前劳动关系认定的主要依据。但“网约工”在工作时间、接受管理、报酬方式等方面差异较大。一旦有争议，仅依靠12号文来认定比较困难。此外，有些网约平台从商业利益出发，会与“网约工”签订书面协议来排除劳动关系、规避成本，也为劳动关系认定带来了障碍。

2. 群体权益维护缺乏必要的组织基础

劳动关系的不明确、不完善使“网约工”劳动权益保护缺乏制度基础，另外，“网约工”也缺乏劳动权益维护的组织基础。正是这种低门槛的就业，使“网约工”以全职和兼职的身份进入各个行业①，较低的就业门槛，意味着这一群体的地位相对弱势，他们更加看重自身的物质利益和应有权益，当利益受损时，也会更为激烈地加以维护。同时，处于快速拓展期的“互联网+”企业本身劳动风险比较大，一旦出现问题，往往触及劳动权益底线。依靠“网约工”个体的力量，难以有效维护自身权益，有必要加以组织，有序、有效维权。这种组织不应是老乡会等自发组织，而只应该是现代工会。但实际上，社会保障差是“网约工”普遍担忧的长期性问题②，“网约工”几乎是工会组织覆盖的空白。

---

① 尹福禄：《共享经济模式下新型就业模式研究》，《经济研究参考》2017年第62期（总第2838期）。

② 汪雁：《关于共享经济平台网约工劳动权益保障的研究》，《中国劳动关系学院学报》2019年第33卷第6期。

“网约工”之所以没有工会，既与劳动关系不明确有关，也与新业态偏个体化的生产方式有关，还与“网约工”自身缺乏现代组织意识有关。以外卖骑手为例，他们绝大多数是外地来打工的青年农民工，以赚钱为第一要务，在上海的生活孤独而单调，主要的心理归属还是家乡与家庭。除了公司和老乡，他们在上海没有更多的社会关系，习惯于个体化的工作、生活，没有组织或参加工会，没有集体维权的意识。上海部分区尝试针对专送骑手成立行业工会，实际上在大部分区，尤其是电商平台旗下的专职众包骑手，更有必要成立工会。

（二）“网约工”的综合治理存在无序现象

1. 外卖骑手的交通违规现象较为突出

如前所述，近四成的外卖骑手曾经因违反交通规则而被罚过款，同时，近一半调查对象表示可能会违反交通规则。与此相对照，交通管理部门的统计数据显示，自2018年12月至2019年8月25日，长宁区外卖骑手被执法处罚581起，其中“饿了么”被处罚323起，“美团”217起。而同期7家快递单位的骑手总计被处罚的记录不过62起。

这一问题看似与外卖骑手一直在路上的特殊工作方式有关，但快递骑手的低处罚记录显示情况不仅如此。快递骑手与快递公司的劳动关系更为正规，但合同签订率更高的专职外卖骑手因违反交通规则被罚款的比例（39.4%）更高于众包骑手（34.5%），意味着劳动合同也可能不是主要影响因素。问题的关键在于电商平台“胡萝卜＋大棒”式的激励机制。按照这一游戏规则，接单送单越多，收入越高；同时每一单不能超时送达，否则就要罚款。因此，外卖骑手为保证及时送单，就可能会违反交通规则。这一激励机制与骑手最根本的利益直接挂钩，具有强大的影响力。快递骑手的时间限制比较宽松，所以不用因抢时间而违反交通规则；专职骑手则由于每天的总工作时间有限，需要在单位时间内送更多的单以提高收入，因此反而比众包骑手的被罚款率高。

2.“网约工”的治安管理隐患较多

作为领域广阔、种类繁多的新用工方式，“网约工”中也存在着较多的社会治安隐患。长宁区检察院自2019年1月1日至今共受理了“网约工”犯罪案件66件，涉案人数共75人，主要表现为侵犯公民人身权利/民主权利类、侵财类和妨害社会管理秩序类三大类。其中，最多的是传播淫秽物品牟利（46件），其次是盗窃罪（7件），之后是故意伤害和伪造、变造、买卖身份证件各3件。涉案75人中，主要为“80后”“90后”的中青年群体，其中“90后”多集中在利用网络直播平台实施的传播淫秽物品牟利罪中；在文化程度上，被告人多集中于初中和大专水平，少数为小学和本科学历；职业方面，皆为外来务工人员，无固定职业。涉案人的基本特征与外卖骑手大致相似。在不同的服务领域，众包模式的外卖骑手和网约车司机都可能存在认证造假问题，网约开锁存在盗窃财物、人身伤害等风险，闪送跑腿可能成为毒品等违法物品交易的渠道，网络直播、网约美容等则可能成为涉黄犯罪的平台。

众多的治安隐患首先与“互联网+”新业态的快速发展有关，这一过程产生了许多新的混合地带、灰色区域，传统政府监管一时间难以覆盖，客观上为违法犯罪行为的产生提供了更大空间。其次，部分电商平台企业或者出于谋利目的，或者由于能力不足，未能尽到自我有效管理的职责，一定程度上助长了违法行为。最后，“网约工”本身也存在某些可能倾向于违法的因素。“网约工”大多是文化水平较低的外来务工年轻人，他们的社会经济地位较低，工作不固定，收入不稳定，缺乏制度性社会保障；他们更看重金钱收益，对城市没有归属感，缺少社会支持网络，也几乎没有家庭、社区和正式组织的约束；他们法律意识淡薄，作为年轻人，面对多样化的网络环境和金钱诱惑，分辨是非和控制欲望的能力较弱。所有这些，使他们在特殊情境下，更可能走上犯罪道路。

3.“网约工”的居住管理有待加强

问卷调查显示，外卖骑手中，办理居住证或临时居住证的比例不是很高。此外，大部分人租房居住，且普遍与人合租，并可能存在多人群租现象。这意味着，对"网约工"的居住管理有必要进一步加强。

具体分析，许多"网约工"之所以不办理居住证或临时居住证，或者是对相关制度政策不了解，或者虽然对政策有所了解，但不想去办理。不想办理的可能至少有二：一是不愿受到更多束缚，希望保持更大的自由空间；二是感觉办了也意义不大，认为自己很难或不可能留在上海、成为新上海人，上海只是一个自己赚钱的场所，自己也只是上海的过客。对于文化水平不高的外来青年农民工来说，通过居住证积分制度拿到上海户籍可能是一件极其困难因而也不值得去争取的事情。但从人口管理的角度，无论有没有可能拿到上海户籍，都需要办理居住证或临时居住证。

合租、群租现象只是"网约工"作为"谋生型"劳动者尽可能节约生活成本的表现之一。以外卖骑手为例，其平均约7000元的月收入①，在去掉约3200元的平均开销后，其实剩余并不多，而最大的开销就是每月平均约1800元的租房支出。"网约工"的首要目标是赚钱、攒钱，这也是其最主要的利益诉求。为此，他们希望工作量更大、工作时间更长，并节衣缩食、减少娱乐，合租或群租也是降低租金的必然选择。就此而言，在城市包容发展的背景下统筹兼顾"网约工"等低收入群体居住需求任重道远。

三 "网约工"服务管理的对策建议

近年来，围绕加强"网约工"规范管理，长宁区相关部门积极探索，推出了一些具体做法，形成了自身工作特色，区法院成立上海首个互联网审判庭，探索"互联网案件网上审"，建立纠纷案件"产生在网上，化解在网上"的审判新模式②。区交警总队于2019年3月18日发布《关于运用电子标识技术查处外卖、快递电动自行车交通违法执法指引（试行）》，推广

① 统计显示，47.1%的调查对象月收入在7000元以上，52.9%的月收入在7000元以下。这里7000元的平均月收入只是大致估计。

② 舒好：《沪成立区域产业联盟，为互联网和人工智能企业当"月老"》，东方网－区域频道，2018年6月15日。

运用射频识别技术（PFID）查处外卖、快递行业安装电子号牌电动自行车各类交通违法行为。区市场监督管理局指导相关电商平台推出食品安全标签，以确保外卖食品在派送过程中不被打开等。在此基础上，长宁区围绕积极推动“互联网+”新业态持续健康发展和切实加强“网约工”规范管理工作的双重目标，进一步开拓思路、大胆创新，针对当前“网约工”服务管理方面的突出问题，兼顾“网约工”、电商平台等用人单位、相关政府部门以及上位法规制度等多种主体，借助自我管理、组织管理、企业管理、社区管理、政府监管等多个角度，运用道德自律、教育培训、政策宣传、制度完善、基层自治、协商共治、专项治理、法治保障等多种手段，探索形成一批“网约工”服务管理创新举措与有效机制，为全市“互联网+”新业态、新模式下非正规就业服务管理工作提供借鉴。具体对策建议如下。

（一）推进互联网公司规范管理

一是加强企业责任意识。强化对“互联网+”新业态企业的严格监管，督促企业履行主体责任、承担社会责任，对平台上的业务行为进行有效管理。二是健全管理制度体系。完善技术手段，严格管理流程，督促平台企业建立健全“网约工”准入审核、日常管理、投诉举报、责任追究系列制度。三是主动签订劳动合同。企业应积极主动与“网约工”签订劳动合同或协议，支持工会组织开展活动，切实保障“网约工”的合法劳动权益。四是转变组织管理理念。改变原有“胡萝卜+大棒”式的简单管理思维，强化“以人为本”的人性化管理理念，增进“网约工”对职业和单位的归属感。五是完善绩效考核机制。建立科学高效的任务分配机制和奖惩平衡的绩效考核机制，如将交通安全等指标也纳入考核体系，并与收入挂钩，逐步提高“网约工”收入与福利待遇。

（二）维护“网约工”合法权益

一是发挥党团组织政治引领作用。借助区域化党建组织体系，挖掘

"网约工"中的党员、团员资源，针对无固定工作、无固定居所的"网约工"特点，通过"互联网+党建"的运用，为"网约工"流动党团员开展组织生活等提供便利，确保流动党团员"离乡不离党，流动不流失"。二是推动建立工会组织。支持、引导"网约工"成立或参加工会组织，鼓励行业工会、企业工会、社区联合工会在组织管理、权益维护方面积极作为。三是支持自我组织管理。支持、引导"网约工"基于老乡、同学、同事等关系建立的各类自组织，鼓励其开展自我服务、自我教育、自我管理。四是创新纠纷解决机制。借助长宁特色互联网法庭，探索专门的涉网劳动争议纠纷解决机制，通过网络技术与司法实践的深度结合，实现维权便利化。五是强化法律援助服务。将"网约工"纳入法律援助范围，为其提供免费的法律咨询与帮助，为符合条件的"网约工"开通法律援助绿色通道。

（三）推动"网约工"社会服务

一是落实基本公共服务。坚持基本公共服务均等化的理念，切实保障"网约工"享受教育、卫生、文化、体育等基本公共服务资源的合法权利。二是完善社会保险体系。鼓励并支持保险公司针对"网约工"的特定风险需求创新意外险、第三方责任险、企业强制责任险等保险产品，推动建立健全网络灵活就业的社会保险制度。三是推进"网上社保"创新。适应数字经济新业态发展要求，推行"网上社保"，建立统一社会保险公共服务平台，创新社会保险经办服务管理模式。四是强化培训宣传教育。政府、企业、社区、社会组织通力合作，加强对"网约工"在法律观念、交通法规、文明素质、职业提升等方面的培训宣传教育。五是促进社区包容和谐。依托社区党组织、居委会，引导"网约工"参与社区活动，推动邻里友好交往，促进其融入本地社区和上海城市社会。

（四）强化"网约工"社会治理

一是加强人口服务管理，加大对居住证、临时居住证办理的宣传力度，积极鼓励、帮助"网约工"办理有关证件，强化以居住证为核心的人口服务管理。二是推广电子号牌制度。针对外卖、快递骑手交通违法现象较多等问题，推广“一车一证一码”电子号牌，通过智能感知、及时处置，从源头遏制骑手骑行乱象。三是实施交通积分制度。交管部门与网络平台合作建立“积分制度”，对“网约工”违反交通法规的行为进行扣分，配以相应的配套处罚措施。四是构建综合评价体系。对接互联网平台，建立综合评价体系并根据平台用户评价内容，对“网约工”违法违规行为提前介入、及时监管。五是建立黑名单制度。政府部门与各类平台企业加强协作，建立健全“网约工”黑名单、交通违法的信用评价机制，并加大宣传教育力度，强化对极少数人员的外在约束。六是推动基层群防群治。充分发挥“网约工”走街串巷流动性大以及较为熟悉负责区域人情、地情的特点和优势，吸引“网约工”参与群防群治工作，使之成为平安建设的守护者、见义勇为的示范者、服务社会的志愿者，为平安建设注入源源动力。

（五）健全“网约工”相关法律法规

一是明确新型劳动关系。清晰界定劳动关系、劳务关系、雇用关系以及民事合作关系的边界，为“网约工”劳动权益保护和劳动纠纷处理提供依据。二是强化权益法治保障。探索建立不以标准劳动关系为前提的社保类型，优先强化“网约工”薪酬体系构建、劳动时间和休息休假等基本权益的保障。三是完善相关管理规定。与现行劳动法、民法和社会保险法相配合，积极探索适用于“网约工”的管理规定，促进“网约工”健康良性发展，优化区域营商环境。

案 例 篇

Reports on Case Studies

B.15
上海基层社区治理中的"田园模式"

孙大伟　山 珊*

摘　要： "田园模式"产生于上海市闵行区颛桥镇田园地区整治小区治安的实践，是由综治部门主导，以社区党建为引领，多部门加强行政指导，居民委员会等多主体共同参与的协作治理机制。"田园模式"在法定权责机制下，抓住造成社区治理困境的根本原因，分三阶段实现社区有效治理。联动型社区组织互嵌下协商治理是"田园模式"的核心原理，其对进一步优化我国城乡治理模式有借鉴意义。"田园模式"也存在一定的不足，未来仍存在进一步完善的空间。

关键词： 田园模式　小区治理　自治能力　协作治理机制

* 孙大伟，上海社会科学院法学研究所副研究员；山珊，上海社会科学院法学研究所硕士研究生。

上海市闵行区田园地区利用“平安小区协同治理模式”整治辖区内的治安问题，让“沪上最烂小区”旧貌换新颜。在社区党组织的协调组织下，田园地区各部门逐渐摸索出了一套社区治理的新模式，即“田园模式”。其后“田园模式”被逐步推广到其他社区，帮助其改善人居环境。“田园模式”的成功并非偶然，研究其运行机制，总结其成功经验对优化我国城乡治理模式有着重要的借鉴意义。

一　田园模式简介

（一）田园模式的概念及形成

田园模式初始形态为“平安小区协同治理模式”，是一个旨在厘清多主体管理中的责任、权利和利益，建设安全的共谋、共创、共建和共享社区，由综合治理部门主导、社区党建引领的公安、房管、司法行政等部门依法加强行政指导，物业公司积极履职，居民委员会、业主委员会动员群众和社会组织广泛参与的社区协作治理平台。①

田园模式发端于上海市闵行区颛桥镇田园地区，曾用于银都新村小区的社区治理。该小区是颛桥镇最早的动迁安置区，其居民结构呈现“七多一少”特征，即中心城区动迁居民中，生活困难群众多、老年人多、支疆支内退休人员多、残疾人多、刑释解教人员多、少数民族人员多、来沪人员多，居民就业能力弱、收入少。建成后，该小区的管理秩序一直处于一种混乱的状态，居民破墙开店、违章搭建、乱设摊等问题严重，小区内治安混乱、偷盗严重。面对小区的这些问题，物业公司和业委会互相推诿，居委会试图解决但苦于资源短缺而束手无策。② 正是在这样的背景下，田园新村派出所联合相关职能部门以物业安保问题为突破口，进行社区治理试点。

① 余东明、黄浩栋：《平安协同治理聚沙成塔，上海闵行推广“田园模式”夯实基层治理根基》，《法制日报》2017 年 4 月 13 日，第 2 版。

② 上海市闵行区地方志编纂委员会编《闵行年鉴 2015》，学林出版社，2015，第 17 页。

田园模式的形成共分为两个阶段。在第一阶段中田园模式着力解决小区的治安问题，第一阶段取得成效后，田园模式又被推广到小区治理的其他方面，在银都新苑第一居民区该模式被称为“1 + 3 + N + X”工作体系[①]，至此田园模式初步成型。此后，田园模式逐步被推广至其他与银都新村类似的小区。管理人员在适用其治理小区的过程中又结合小区的具体情况发展出许多田园模式的变式，如闵行区梅陇镇社区的微信“yi”平台。[②]

（二）田园模式的运作机制

1. 平安小区协同治理模式

田园模式的初始状态是平安小区协同治理模式，改善小区的治安状况是其核心功能。该模式首先由派出所启动，物业公司响应实施，居民党组织负责沟通协调。其核心内涵在于明晰物业公司与业主委员会的职责，改善之前二者互相推诿的情况。为实现该内涵，派出所等机构分别构建了分色分级预警机制、信息动态沟通机制、日常巡查指导机制、多方联动响应机制、考核奖惩激励机制，全方位督促物业公司和业主委员会履行职责，改善小区治安状况。在治理过程中社区内逐渐形成了居委会监督、指导业主委员会并在必要时代行业主委员会职能，业主委员会监督、协助物业公司工作的三方联动关系。居委会、业主委员会和物业公司是小区治理的关键主体，协调好三者的关系是平安小区协同治理模式初见成效的关键所在。

2. 田园模式2.0版：“1 +3 +N +X”工作体系

在妥善解决了小区治安、消防等迫切问题后，田园模式被应用于小区治理的其他领域，逐渐形成了所谓的“1 + 3 + N + X”工作体系。在该工作体系中，“1”是指其核心为居民区党组织；“3”是指居民委员会、业主委员会和物业公司各司其职；“N”是指挖掘各类资源力量共同参与（例如党员、

① 季张颖：《“田园模式”让“最差小区”大变样，闵行区颛桥镇银都苑第一居民区“小巷总理”趟出一条社区治理新路子》，《上海法治报》2016 年 12 月 26 日，第 A02 版。

② 上海社会科学院、人民网上海频道编《砥砺奋进 追求卓越：上海四个“新作为”2017 年基层实践》，上海社会科学院出版社，2018，第 287 页。

“三长”志愿者团队、区域化党建联建单位等)；“X”是指公安、城管、房管、拆违、市场监管等政府各职能部门全力支撑保障。[①] 与之前的“田园模式1.0”，即平安小区协同治理模式相比，其吸纳了党员、志愿者团队等社会力量的加入，并明确了政府职能部门对于小区治理的支撑保障作用。社区管理者认为，银都新村小区有其独特的人口特点，这些特点表面上造成了小区治理的障碍，但从另一方面来看其对于提高社区凝聚力也有积极的作用。该居民区居住着许多老党员和热心志愿者，在调解邻里纠纷上发挥了积极作用。此外，通过凝聚该居民区中的特殊人群，帮助其开发“六心俱乐部”等自治平台也在一定程度上增强了社区的凝聚力，有助于小区的有效治理。

3. 推广后的田园模式：微信“yi”平台

闵行区梅陇镇为解决小区治理中业委会的工作难题，结合“田园模式”采用微信“yi”平台的方式成功实现社区有效治理。社区微信“yi”平台主要有4项工作机制，分别为党建引领工作机制、信息公开机制、议事讨论机制、业主大会电子投票表决机制。这四个机制分别针对小区治理中的四个问题，党建引领工作机制针对业委会参与小区建设的角色问题，信息公开机制针对业委会信息不透明问题，议事讨论机制针对业委会闭门造车问题，业主大会电子投票表决机制针对业主大会组织和参与的短板问题。[②] 业委会能否有效履职是小区治理中的核心问题，梅陇镇在吸收“田园模式”成功经验的基础上创新使用微信“yi”平台，以居委党组织为推动力量指导、帮助、监督业委会积极履行职权，妥善处理其与居委会的关系，最终实现了小区的有效治理。

（三）小结

梳理前述三种“田园模式”后可以发现，虽然不同阶段“田园模式”

① 季张颖：《“田园模式”让“最差小区”大变样，闵行区颛桥镇银都苑第一居民区“小巷总理”趟出一条社区治理新路子》，《上海法治报》2016年12月26日，第A02版。

② 上海社会科学院、人民网上海频道编《砥砺奋进 追求卓越：上海四个“新作为”2017年基层实践》，上海社会科学院出版社，2018，第289页。

的表现形式有所不同，但是其核心问题在于处理好小区治理多元主体间的权责关系。物业服务企业、业主委员会、业主大会是实现小区有效治理的关键所在，只要能引导前述三个主体有序行使职权，则小区有效治理指日可待。在“田园模式”中以派出所为代表的政府职能部门、居民委员会以及各种社会力量所起的作用就是激励、帮助前述三主体发挥其应有的作用。小区有效治理的关键在于激活群众自治的意识、培养群众自治的能力，而“田园模式”正是抓住了这一核心问题进行制度的建构，因此其才能在实践中取得较好的实施效果。

二　田园模式的运行机制及其实际效果分析

（一）现行法规定的社区治理权责划分机制

根据《物权法》《业主大会和业主委员会指导规则》《物业管理条例》等规范性文件的规定，在现行法框架下小区治理的主体可以归为两类，二者在小区治理中发挥着不同的作用。其运行机制如图 1 所示。

1. 类型一：小区治理的内部力量

小区治理的内部力量是指业主、业主大会、业主委员会和物业服务企业，它们以业主自治的方式决定和执行小区治理的绝大部分事项。小区治理内部力量进行小区治理的运作机制如图 2 所示。

如图 2 所示，对小区治理中的大部分事项四个主体间存在明显的“流水作业”式分工。业主作为动议者提出自己对于小区管理的建议和要求，这些建议和要求经业主大会表决后形成决议。业主委员会是联系物业服务企业和业主大会的一个关键纽带。对于业主大会而言，其是业主大会决议的执行者；对于物业服务企业而言，其是业主大会决议的协助执行者或监督者；事实上，在二者的关系中，物业服务企业是绝大多数小区治理事项的实际执行者。由于小区治理事项杂多，各主体通常拥有多种身份。在专项维修资金、物业费的缴纳等事项中，业主则扮演执行者角色，而业主委员会扮演监

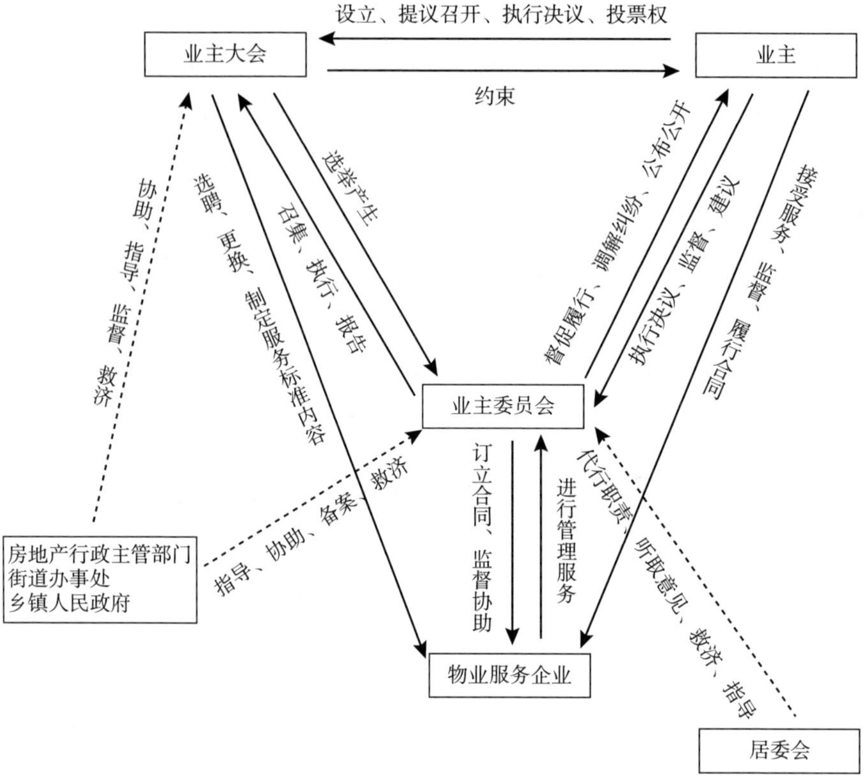

图1　现行法规定的社区治理权责划分机制

督者角色。

综上所述，业主大会的议事决策作用和业主委员会的“上传下达”沟通协调作用是实现小区有效治理的关键所在。而要保证前述两个机构有效履职，就要注意合理划分业主大会和业主委员会的职权范围、订立合理有效的业主大会议事规则和管理规约。

2. 类型二：小区治理的外部力量

小区治理的外部力量是指以房地产行政主管部门为代表的行政机关和居民委员会。其仅仅对小区治理内部力量发挥协助、指导作用，即在内部力量不能依法履行职权时提供有限的救济途径。具体而言，房地产行政主管部

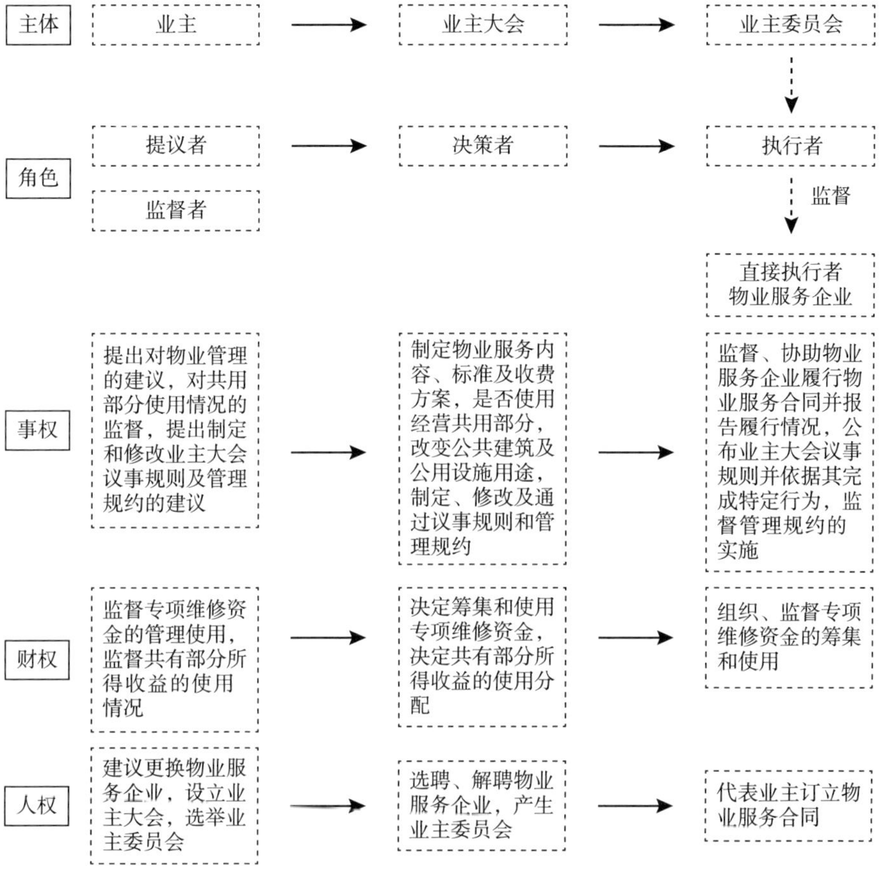

图 2　小区治理的内部力量运行机制

门、街道办事处、乡镇人民政府对设立业主大会和业主委员会负有指导、协助的义务，享有召集物业管理联席会议的权利。居委会在特殊情况下可以代行业主委员会职能，并有权参与业主委员会会议，提出建议。此外，居民委员会和业主委员会之间针对自治工作还是互相协助的关系。

3. 小区治理内外力量联动关系分析

在现行法的逻辑框架下，小区治理的内部力量是实现良好治理效果的关键力量，外部力量仅仅发挥指导协助、监督救济作用。现行法建构了一种小区治理的理想模型，首先，外部力量扶持业主大会、业主委员会的设立并为其运行提供初始的制度、技术支持；其次，业主大会和业主委员会以自治的方式形成科学决策，物业服务企业高效执行决议和履行管理职能；最后，在内部治理力量的运转过程中，外部力量提供适当的监督和必要的救济。总而言之，小区的有效治理是一个内外部力量协同工作的过程。仅仅依靠内部力量而缺失外部力量的监督救济，或仅仅以外部力量推动而内部力量不能有效运转都不能实现有效治理。

（二）对田园模式产生原因的分析

1. 老旧小区存在的问题

银都新村是颛桥镇最早的动迁安置区，竣工于1995年，是典型的老旧社区。通过整理与“老旧小区物业管理”有关的文献[①]，笔者认为老旧小区所面临的问题表现在以下几个方面：第一，小区卫生环境差，影响居民生活质量；第二，违建、违法出租、群租问题严重；第三，基础设施先天不足、建筑物及构筑物维修需求大；第四，人口构成复杂，多为高龄居民、低收入弱势群体，物业费收缴困难；第五，小区规模有限，不具备物业服务企业的盈利条件。

2. 问题成因分析

所谓“老旧小区”实际上是一个历史遗留问题，其之前多为单位为其职工提供的宿舍或具有一定福利性质的住房。特殊的历史背景造就了该类小区的特征，也正是由于这些特征最终导致了其所面临的治理困境。

第一，原有管理者的缺位。对于该类小区，原建设单位承担了绝大部分的管理责任。但是随着市场经济改革的深入，前述单位或面临改制或面临破产，由此也就造成了小区无人管理的结果。第二，部分小区限于特殊的时代需求，存在小区规模过小而难以满足物业服务企业开展管理的最低规模需

① 刘成良：《城市社区物业管理类型与基层治理困境——基于社区类型分化的视角》，《云南行政学院学报》2017年第2期；李庆林、殷春晖：《老旧小区物业管理摸石头过河》，《泰安日报》2019年1月29日，第3版；张佳丽：《探索老旧小区物业管理新模式——北京市朝阳区国有物业服务企业入驻小区侧记》，《中国建设报》2019年6月19日，第7版。

求。小区规模过小直接影响物业服务企业可盈利空间。第三，该类小区竣工时间早、初始规划不合理造成了较大的小区修缮、改建需求，进而造成了对维修资金的巨大需求。第四，小区居住者尚不习惯采用营利性物业服务企业进行物业管理，这导致了小区物业费缴费率低。低水平的物业费缴费率直接影响了物业服务企业的管理积极性和有效性。

3. 治理困境及其负面影响

前述问题最终导致了老旧小区的治理困境，首先原管理单位缺位形成了对物业管理服务的现实需求；然后老旧小区困于其固有顽疾而不能通过市场机制寻求到合适的物业服务企业，主要表现为物业费缴费率低、物业服务企业盈利空间丧失、物业服务差、业主拒绝缴费、业主与物业服务企业丧失信赖、物业服务企业撤场、小区治理失效的恶性循环。当小区不能依靠居住者及其物业服务企业实现有效治理时，基层政府的治理压力也就相应增大。在现实生活中，类似小区的物业管理更多依靠居委会向政府协调资源进行兜底，这种做法给政府带来巨大的治理压力。①

（三）田园模式中各主体权责划分机制

平安小区协同治理模式是田园模式的初始形态，代表了田园模式运行机制的核心，笔者拟以其为例剖析田园模式的运作机制。该模式要解决的核心问题为如何促使物业服务企业有效履行安保职能，而解决该问题的措施主要分为三个阶段，即第一阶段划分各主体的治理权责，第二阶段各主体有序执行治理任务，第三阶段为各主体间的反馈监督。

1. 第一阶段：治理主体的权责划分

第一阶段主要明确两个问题。第一，以派出所为代表的政府行政力量与社会自治力量如何进行分工。在平安小区协同治理模式中，业主委员会和物业服务企业主要依照物业服务合同等文件，负责完善小区安保硬件设施、加

① 刘成良：《城市社区物业管理类型与基层治理困境——基于社区类型分化的视角》，《云南行政学院学报》2017 年第 2 期。

强日常巡逻巡查、提高安保人员素质及责任心等以发现和预防违法犯罪行为为目的的工作。派出所等享有法定行政职权的部门则负责依法惩处违法犯罪行为的部分。

第二，社会自治力量之间如何分工需要在两个维度上来界定各主体的权责。维度一：当业主委员会和居民委员会面对物业服务企业时，二者将作为一个整体共同履行协助和监督的职能；而物业服务企业则依照物业服务合同等文件实际履行法定或约定安保义务。维度二：当居民委员会面对业主委员会时，居民委员会在一定程度上履行代管、协助、监督的职责。在理想的治理模式中，业主委员会应独立面对物业服务企业进行小区治理。但现实中，业主委员会的委员可能不具备相应的管理能力，故而居民委员会不得不在一定程度上代行业主委员会职能、指导监督业主委员会履行其既有职责。该种制度设计的最终目的在于帮助业主委员会具备独立履行法定、约定职责的能力。

2. 第二阶段：治理主体有序履职

在第二阶段中，派出所作为整治小区治安问题的职能部门首先启动了专项治理行动，在和基层党组织的协调下，物业服务企业先行一步，率先履行了小区的安保职责。物业服务企业依照相关规定和合同约定，积极修缮增补了必备硬件设备并安排安保人员切实履行日常巡逻职责。与此同时，居民委员会和业主委员会则积极履行协助、监督职能，共同改善小区治安状况。物业服务企业、业主委员会和居民委员会发挥了预防和发现违法犯罪行为的作用，而以派出所为代表的职能部门则依法行政，惩治打击违法犯罪行为，由此实现平安小区的治理目标。

3. 第三阶段：治理主体间的反馈与监督

在第三阶段中，派出所通过建立分色分级预警机制、考核奖惩激励机制等制度使得物业服务企业的履职效果可视化并产生后续效应。前述制度相互配合，在市场机制的作用下物业服务企业的工作成果实现了可视化，业主委员会对于物业服务企业的选择多了理性支撑；而物业服务企业在良性优胜劣汰机制的刺激下，明确了其获取市场竞争优势的有效策略，即最大限度履行其安保职能，提供优质物业服务。在政府职能部门积极配合，物业服务企业积极履职和业主委员会、居民委员会有效监督的作用下，平安小区的治理目标逐渐达成。

（四）田园模式的实际运行效果分析

1. 以小区治安为突破口，用共同利益关切打破治理僵局

为打破物业费缴费率低、物业企业消极怠工、小区治安形势严峻的僵局，当地派出所以整顿小区治安为突破口，要求物业服务企业先行一步，进而重建业主与物业服务企业之间的信赖关系。小区的有效治理离不开业主、物业服务企业、业主委员会之间的通力合作，平安小区协同治理模式正是在重建信任关系的基础上才取得了初步的成功。

2. 政府职能部门依法行政，激励物业服务企业主动担责

派出所等政府职能部门依法履职，依法惩处违法犯罪行为，督促物业服务企业履行物业管理职能。为了使物业服务企业的履职情况达到可视化的效果，派出所建立了分色分级预警机制；小区治理主体巧妙利用物业服务市场优胜劣汰的规律，建立针对物业服务企业的考核奖惩激励机制，让优质企业赢得市场优势。物业服务企业在职责范围内尽职提供服务就能收获良好的市场反馈，进而放弃消极怠工的状态，主动承担物业管理服务职责，建设和谐小区。

3. 居民委员会代行业主委员会职能，带动业主自治

在现行法框架下，小区治理的核心力量在于内部治理，即居民自治。但是以银都新村为代表的老旧小区却因为其特殊的历史问题，居民结构复杂，自治能力差，业主大会、业主委员会难以设立或设立后形同虚设。由此造成了制度空转而无法有效治理的困境。田园模式中，居委会依法代行业委会职能督导物业服务企业切实履职，有效筹集管理专项维修资金解决小区实际面临的修缮改建问题。居委会的行为为业主自治的启动注入了核心力量，培养了小区业主的自治意识和自治能力，打破了自治制度瘫痪的现实困境。

三　田园模式对优化城乡社区治理的启示

（一）城乡社区治理的政策导向分析

根据《关于加强和改进城市社区居民委员会建设工作的意见》《中共中央　国务院关于加强和完善城乡社区治理的意见》《居民委员会组织法》《物业管理条例》《上海市住宅物业管理规定》，笔者认为城乡社区治理是小区治理的上位概念，小区治理是城乡社区治理的关键一环。当前政策强调要转变政府职能，实现城乡社区的协同治理，而居民委员会的相关制度建构是其重点领域。在基层社会治理中强调政府和党的主导作用、居民委员会的基础作用和动员社会多元力量的协同作用。增强社区居民的议事协商能力和改进社区物业服务管理是提升城乡社区治理水平的重要内容。

（二）城乡社区的分类研究

当前中国社会正处在转型期，社区类型多样，不同的社区具有不同的现实问题。为了优化城乡社区治理模式，有必要对当前中国的城乡社区进行合理的分类研究。笔者在此以城市化进程将中国社区首先区分为农村社区、城市社区两个基本类型，再依照人口结构维度将其细分为城中村社区、商品房社区、老旧社区、产业型社区和外国人集中社区。① 根据前述分类，笔者挑选了城乡治理能力提升中应当关注的三类重点社区进行详细分析。

1. 农村社区

农村社区主要面临以下问题：首先，相较于城市社区，农村社区治理的主体单一且法律法规缺乏；其次，农村社区基础设施供给总量不足；再次，农村留守人口结构呈现妇女化、儿童化和老龄化的特征，村民与村集体公共

① 李红娟、胡杰成：《中国社区分类治理问题研究》，《宏观经济研究》2019 年第 11 期。

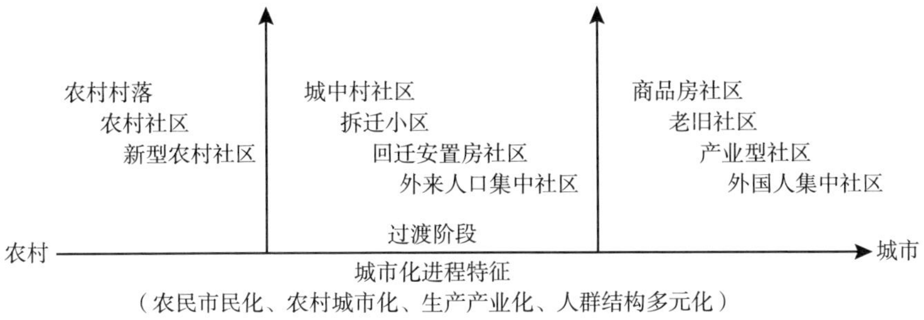

图3　城乡社区分类示意

事务的联系较为松散；最后，农村治理组织中人员少、学历层次低，总体而言，社区治理力量薄弱。

2. 城中村社区

城中村社区的公共基础设施建设与城区断裂，社区公共管理收效差。[①]治安问题是城中村社区面临的主要问题。城中村社区复杂的人口结构、长期的监管缺失都是造成其治安形势严峻的主要原因。此外，就城中村社区居民参与社区治理的积极性而言，城中村社区的居民流动性较大、收入水平低、受教育程度较其他社区偏低，因此居民参与社区自治管理的积极性和能力水平都处于一种较低的状态。城中村社区是农村社区向城市社区的过渡阶段，因此其居民在融入城市社区环境方面也存在较大的问题。回迁安置房社区是一种特殊的城中村社区，其形式上具备了城市社区的特征，但是其居民的生活习惯、思想认知等仍未能完全融入城市社区。

3. 老旧社区

老旧社区的主体部分是单位福利房和二十世纪八九十年代的商品房雏形小区。老旧社区脱胎于特殊的历史时期，因此有着自身独特的问题。这些问题集中体现在：第一，配套基础设施有重大缺失，如未配备停车场等；第二，建筑物交付使用时间早，因此建筑物维修更新需求大，对社区专项维修

① 朱嘉赞：《基于城乡社区服务均等化视角的“城中村”问题研究》，《现代商业》2014年第15期。

资金提出了很高的要求；第三，社区居民老龄化、底层化问题突出，社区对于养老设施等公共基础设施的需求较大。①

（三）田园模式的借鉴意义

1. 三类重点社区的共同特征

虽然前述三类社区的特征和问题表现形式各异，但其也有明显的共同特征。首先，其人口特征有明显的老龄化和底层化倾向，迫切需要培养其自治能力；其次，其基础设施供给紧缺，建筑物及其构筑物的修缮需求大；最后，其改善社区总体居住环境的需求迫切。

2. 三类重点社区的共同治理困境

人口结构特征决定了前述几种社区居民的自治能力较差，而现行制度有效运转的逻辑前提是业主委员会、业主大会等自治机构具备足够的自治能力，由此二者就产生了一定的冲突。小区自治机制不能发挥应有的效用，将产生一系列不良效应，例如物业费的收缴困难、专项维修资金的筹集管理困难、小区共有部分无序利用、利用收益分配管理不合理等。根据前述政策文件，使用专业物业服务企业对城乡社区进行管理是未来优化城乡社区治理的趋势。然而，前述三类社区却受制于其自身顽疾及由此引发的治理困境，在物业服务市场机制的双向选择中处于劣势地位。不能选择到合适的物业服务管理主体进行社区物业管理，使得前述社区的人居环境进一步恶化。

3. 以田园模式破解治理困境的相关对策

笔者认为，田园模式的基本运作原理可以归纳为“联动型社区组织互嵌下的协商治理”，即社区组织在公共事务治理的过程中，通过协商达成分工合作、相互整合的社区共治格局。其通常表现为以社区党组织和居委会为核心，联合物业服务企业、业主委员会、社区企业等对社区具

① 李锋：《社区协商治理的进路与方略——基于三种实践类型的分析》，《重庆社会科学》2018 年第 9 期。

有较强影响力的组织，最大限度地整合社区资源，开展不同层次的协商行动。[①] 田园模式正是在居民党组织的协调沟通下最大限度发挥了居民委员会、业主委员会和物业服务企业等组织的积极性，进而实现了有效治理。在田园模式的诸多配套制度中，最关键的措施在于利用居民党组织或居委会等力量激活业主委员会等社区自治组织的自治能量，在实践中培养社区自治组织的自治意识和自治能力。

如前所述，在前述三类社区所面临的治理困境中自治组织治理能力的缺失是大部分社区治理并发症的根源所在，因此只要激活了自治组织的治理能力，也就盘活了城乡社区治理的全盘棋。田园模式的核心原理能够有效激活自治组织的自治潜力，所以就这一层面而言，田园模式推广至前述几种类型社区具有较大的合理性和可行性。未来前述社区的党组织、居民委员会等主体要注意积极发挥其指导、协助作用，大力培养业主自治组织的治理能力，优化城乡治理结构。

四　田园模式存在的问题及其完善

虽然田园模式在优化城乡社区治理的过程中发挥了积极作用，是经过实践验证的有效措施，但是仍存在一定的不足，仍有完善的空间。笔者认为主要表现在以下几个方面。

（一）业主委员会与业主大会的剩余权力归属

根据《业主大会和业主委员会指导规则》的有关规定，业主大会议事规则主要包括以下几方面的内容：业主大会名称及相应的物业管理区域，业主委员会的职责，业主委员会议事规则，业主大会会议召开的形式、时间和议事方式，业主投票权数的确定方法，业主代表的产生方式，业主大会会议

① 李锋：《社区协商治理的进路与方略——基于三种实践类型的分析》，《重庆社会科学》2018 年第 9 期。

的表决程序，业主委员会委员的资格、人数和任期等，业主委员会换届程序、补选办法等，业主大会、业主委员会工作经费的筹集、使用和管理，业主大会、业主委员会印章的使用和管理。由此可知，业主委员会的职责范围为相关法律法规规定的法定职责以及业主大会授权的职责。那么，在小区治理过程中出现“剩余权力”时应当如何分配？即该事项在业主大会法定职责、业委会法定职责和授权职责之外时，决定权归属于谁？

笔者认为，决定“剩余权力”的归属时应当考虑业主委员会和业主大会在运作机制上的不同。虽然二者都是通过召开会议，由有投票权的参会人员表决形成决议来完成决策工作的，但是二者召开会议的时间、召开会议的事由和参会人员都有所不同。结合现实的具体情况，笔者认为应当将“剩余权力”归属于业主委员会。主要理由如下：第一，业主大会的召开程序较业主委员会复杂、成本较高、形成有效决议的条件严格，不符合处理“剩余权力”归属问题的效率要求；第二，当前业主自治意识较为淡薄、自治能力有待提高，而现行法对业主委员的选任有较高的要求，也接受其他治理主体对其进行专业能力的培训，因此由业主委员会掌握“剩余权力”形成决议更为科学有效；第三，可以通过完善对业主委员会决议的制约、业主委员会对其表决负责等制度来合理牵制业主委员会的权力。

（二）业主委员会与居民委员会的关系界定

根据《业主大会和业主委员会指导规则》第 54 条的规定，召开业主委员会会议时应当告知居委会并听取居委会的意见，业主委员会应当配合居民委员会的工作并受其监督指导。现行法律与田园模式对业委会的性质及其与居委会的关系没有直接定性，业委会与居委会缺乏具体的责任分工，二者在职能上存在着重合之处且地位不平等，容易出现双方相互推卸责任的情况。[①]

造成前述问题的原因在于现行制度对于二者的功能定位不清。根据现行法的规定，居民委员会是基层群众自治性组织，其设置的依据为便于居民行

① 刁振娇：《业委会社区治理与公法完善》，《华东政法大学学报》2010 年第 5 期。

使自治权而建议在100～700户的范围内设立一个居民委员会；而设立业主大会及业主委员会的标准则是一个物业管理区域，其核心标准为便于配套设施的使用维护和权责划分。二者权力所及物理空间的交叉、现行制度的规范空白是造成业主委员会和居民委员会关系模糊不清的两个原因。

结合当前小区自治的现实状况，笔者认为居民委员会应当依法履职，加强其对业主委员会的监督指导作用。根据《物业管理条例》[①]、《上海市住宅物业管理规定》[②]、《关于加强和改进城市社区居民委员会建设工作的意见》[③] 和《中共中央　国务院关于加强和完善城乡社区治理的意见》[④] 等文件的规定，物业所在地的政府房地产行政主管部门或街道办事处、乡镇人民政府对于业主大会的成立、业主委员会的选举负有法定指导职责。而居民委员会应当依法[⑤]协助相关部门开展工作。同时，在社区的日常管理中，居民委员会应当积极指导和监督业主委员会开展工作，具体而言，主要体现在以下几个方面：第一，其对于业主委员会会议的召开和做出决定享有知情权和建议权；第二，其应当探索建立健全社区居民委员会、业主委员会等治理主体共同参加的协调机制和小区治理架构，及时协调解决物业服务纠纷，推动物业管理创新；第三，尝试设立专门主体履行职责，未来可探索设立环境和物业管理委员会作为社区居民委员会的下设机构，督促业主委员会和物业服务企业履行职责；第四，要更好发挥居民委员会和业主委员会的协作作用，居民委员会、业主委员会二者应当相互协作，共同支持配合职权部门做好社区治理的相关工作，依法履行自治管理职责。

综上所述，居民委员会要主动履行职责，切实发挥监督指导作用。未来居民委员会要积极探索多主体共同参与的社区治理框架，合理利用互联网创新监督指导途径、机制，最终实现优化城乡治理的目标。

---

① 《物业管理条例》第10条、第14条、第20条。

② 《上海市住宅物业管理规定》第6条。

③ 《关于加强和改进城市社区居民委员会建设工作的意见》（中办发〔2010〕27号）。

④ 《中共中央　国务院关于加强和完善城乡社区治理的意见》（民发〔2017〕87号）。

⑤ 《居民委员会组织法》第2条、第3条。

（三）小区规模对田园模式适用效果的影响

孕育田园模式的银都新村小区属于具有一定规模的小区，但是面对规模较小而不能满足物业服务企业盈利需求的老旧小区，田园模式是否还能发挥其应有的效果？对一个物业管理公司而言，其费用的支出通常是固定的，所以其经济效益主要取决于物业管理公司的收入。物业公司大多以管理的项目为单位，物业管理费的确对收入有较大的影响，但一个项目的亏损并不完全取决于物业费，而与项目的规模、配套收入等有很大关系。当收费标准一定时，物业管理公司收入的高低就主要取决于量的大小，即管理项目的规模大小。对物业管理费相对较低的区域而言，其表现出的规模效益就更加明显：小区规模越大，单位物业的管理成本就越低，管理公司盈利就越高，反之利润就越低，甚至亏损。① 在田园模式中，物业服务企业发挥着巨大的作用，但是并非所有的小区都具备聘请专业物业服务企业的条件。物业服务企业有着自己的盈利需求，在市场机制中业主与物业服务企业是一个双向选择的过程，因此规模较小不利于开展规模化管理的老旧小区显然不会成为物业服务企业选择的服务对象。

笔者认为，未来田园模式可以继续探索在现有制度运行机制中抽离物业服务企业后的新运作机制。可以借鉴业主委员会自行管理、寻求国有非营利性物业服务企业的帮助、创新物业服务企业选聘模式等其他地区采用的治理模式。

五　结论

田园模式是发端于上海市闵行区田园地区的小区治理模式，在不同时期、不同地区都有不同的表现形式。但是其精神内核却是一致的，即依照现行法律制度构建社区治理权责划分体系。居民党组织和居委会作为小区治理

① 赵世强主编《房地产估价师实务手册》，中国建材工业出版社，2006，第257页。

的外部力量，以履行法定职责的方式协助小区治理的内部力量切实完成自治任务，实现小区的有效治理。在小区的内部治理力量中，业主委员会处于核心地位，其自治能力的水平决定了小区治理的最终效果。田园模式抓住关键问题，分三阶段实现了小区的有效治理。田园模式的成功经验对于当前优化城乡治理有着积极的启发作用。中国城乡治理中三类难点社区的症结都在于自治组织欠缺自治能力，田园模式的核心机制能有效解决该问题。

B.16 上海市“小型住宿”规范管理问题研究

沈映涵　邱　楠*

摘　要： 小型住宿设施租赁（以下简称“小型住宿”）行业在上海迅速发展，然而，一些小型住宿在认定标准、治理主体、处置流程等方面遭遇诸多治理难点。上海市通过推进政策指引、推行实名认证、加强事中事后监管和创新工作方法，在“小型住宿”治理模式上进行了有益探索。同时，“小型住宿”发展迅猛，不断出现新的治理难题，“小型住宿”治理模式仍需继续完善。

关键词： 小型住宿　法治先行　事后巡访　信息沟通

一　“小型住宿”的定位

我国文化和旅游部于2019年7月3日发布的《旅游民宿基本要求与评价》中第3.1条规定，旅游民宿（homestay inn）是指“利用当地民居等相关闲置资源，经营用客房不超过4层，建筑面积不超过800平方米，主人参与接待，为游客提供体验当地自然、文化与生产生活方式的小型住宿设施”①，并且“根据所处地域的不同可分为城镇民宿和乡村民宿”。据此，我

* 沈映涵，上海海事大学法学院讲师；邱楠，上海海事大学法学院硕士研究生。

① 文化和旅游部：《旅游民宿基本要求与评价》，https：//www. mct. gov. cn/whzx/zxgz/wlbzhgz/201907/t20190719_ 845179. htm，2020年2月20日。

们可以按照地域的不同，将广义的“小型住宿”分为城市小型住宿与乡村小型住宿。

相较于传统的“旅游民宿”，“小型住宿”的覆盖范围更广。我们可以把传统的旅游民宿看作一种“小型住宿”。“民宿”是指本地的房屋出租人利用其闲置的房屋资源，为游客提供体验住宿设施的场所。而“旅游民宿”更是将其范围定义为旅游服务的提供者所提供的住宿方式。此外，共享住宿不仅仅包括旅游民宿，还包括“在非旅游地区为非游客提供的短租服务”①。

相较于以日为计费单位的“短租”，“小型住宿”最大的特点就在于其经营模式为线上经营模式，这也是“小型住宿”与民宿和旅游民宿相较最大的特点。因此，“小型住宿”长期被学术界和业界定义为“线上短租”②，即短租的一种。但无论是旅游民宿、短租，还是小型住宿，都是以房东共享房源、房客支付租金以实现共享住宿为内容的一种租赁法律关系。

《中国共享住宿发展报告2019》是第三份反映我国共享住宿发展状况的年度报告。报告指出了反映我国共享住宿发展最新态势的六个方面数据、八个基本判断、一个共享住宿经济社会影响的专题分析、五大挑战和四个发展趋势。该报告显示，“2018年我国共享住宿市场交易额为165亿元，同比增长37.5%，继续保持快速发展态势。2018年我国共享住宿主要平台企业在线房源量约350万个，较上年增长16.7%，房客数达7945万人，服务提供者人数超过400万人。主要平台企业融资额约33亿元，较上年下降11.6%。2015～2018年我国共享住宿新业态的发展对住宿服务业年均增长的拉动作用为2.1个百分点。”③

与此同时，该报告还预测，未来我国共享住宿行业发展呈现四大趋势：未来三年市场规模将保持50%的增长速度、中高端民宿将成为平台企业竞争焦点、标准化建设步伐将明显加快、行业监管将进一步加强。

---

① 王健羽：《共享住宿监管法律研究》，中国矿业大学硕士学位论文，2019，第7页。

② 转引自王健羽《共享住宿监管法律研究》，中国矿业大学硕士学位论文，2019，第7页。

③ 国家信息中心：《中国共享住宿发展报告2019》，http：//www.sic.gov.cn/News/79/10105.htm，2020年2月20日。

二 “小型住宿”规制的法治成果

（一）推进政策指引

积极的政策导向是乡村小型住宿业兴起与发展的保护伞。乡村民宿越来越受到人们的青睐，这与政府部门介入加强规范指导、管理的政策鼓励是分不开的。2018 年 9 月初，上海市政府颁布《关于促进上海市乡村民宿发展的指导意见》，着力将乡村民宿培育成繁荣农村、富裕农民的新兴产业，把上海农村建设成为宜居、宜业、宜游的美丽乡村。

一年多来，上海市已建立市、区、街镇、村四级管理体系，可谓“既放得开，又管得严”。矗立在清风乡野间的各种风格的乡村民宿，不仅满足了人们多样化的住宿需求，为更多人带来了就业创业和增加收入的机会，而且也为传统住宿服务业的转型发展注入了新活力和新动力。上海的乡村民宿从先前持证民宿只有 3 家，到如今发展至近 500 家，可谓势头迅猛。随着乡村振兴战略的有力实施，沪郊民宿已然成为美丽乡村的一张亮丽的名片。[①]

例如，上海市奉贤区旅游局为盘活乡村闲置资源、推动乡村旅游转型升级、促进城乡发展互动融合，将乡村民宿作为奉贤区乡村振兴的重要抓手。目前已初步梳理出了 18 处可开发、可利用的乡村民宿资源点。“乡村民宿”“三园一总部”“农艺公园·田园综合体”将是奉贤打造的乡村旅游三大品牌。其中，“乡村民宿”品牌，以美丽乡村、和美宅基建设为基础，因地制宜打造出体现乡村生态、生产、生活特色，集住宿、餐饮、农副产品展销等于一体的特色乡村民宿。上海奉贤将根据资源现状，“分级、分类、分阶段、分主题”开发，在空间上合理布局，循序渐进地打造一批以“海派江南”“奉贤风情”“海湾生态”为特色的奉贤民宿精品，引导建设一批民宿

① 石路：《民宿是美丽乡村展示魅力的“名片”》，《东方城乡报》2019 年 10 月 24 日，第 3 版。

集聚发展示范点和示范村，并努力形成“一家一品、一镇一特”的发展格局，塑造奉贤乡村旅游的“特色名片”，成为“留得住乡愁、看得见发展”的上海市民休闲游乐好去处。① 在政府政策的大力引导下，“乡村民宿”逐步成为奉贤乡村旅游的一大品牌，推进了体现乡村生态、生产、生活特色，集住宿、餐饮、农副产品展销等于一体的特色乡村民宿业的发展。

此外，文化和旅游部于2019年7月3日发布的《旅游民宿基本要求与评价》（LB/T 065—2019）自发布实施之日起已替代LB/T 065—2017。与LB/T 065—2017相比，LB/T 065—2019的主要技术内容更加体现发展新理念，体现文旅融合；加强对卫生、安全、消防等方面的要求，健全退出机制；将旅游民宿等级由金宿、银宿两个等级修改为三星级、四星级、五星级3个等级，明确了三星级、四星级、五星级旅游民宿的划分条件。② LB/T 065—2019进一步促进了乡村小型民宿的规范化发展，同时也在乡村民宿业界形成了一种良性的竞争机制，鼓励了乡村民宿的创新发展。

为针对以出租形式在城市公房内经营民宿的行为进行专项整治，黄浦区南京东路街道根据《中华人民共和国治安管理处罚法》《无证无照经营查处方法》《旅馆业治安管理办法》《上海市房屋租赁条例》等法律、法规、规章，结合本街道实际，制定了《南京东路街道小型住宿设施综合治理指导意见》。其在现有复杂规范的基础上，针对性地对城市公房内经营的民宿进行了规定，③ 使得相关部门在“小型住宿”的界定和规范管理工作上形成了较为统一的认知。

---

① 《上海奉贤：以乡村民宿品牌推进“全域之美”乡村旅游》，《上海农村经济》2019年第1期，第47页。

② 文化和旅游部：《旅游民宿基本要求与评价》，https：//www. mct. gov. cn/whzx/zxgz/wlbzhgz/201907/t20190719_ 845179. htm，2020年2月20日。

③ 《南京东路街道小型住宿设施综合治理指导意见（草案）》第二条规定“小型住宿设施”的定义为“以日、时为计费单位，未经工商登记注册、未取得《营业执照》、不具备《特种行业许可证（旅馆业）》等证照，以网络、传单、电话、微信等媒体为主要宣传手段，利用居住房屋为不特定人员提供付费住宿休息服务的、未与社区居民房屋有效隔断的设施和场所”。

（二）实行实名认证

上海是国内共享住宿的重要市场，占国内市场10%左右的份额。城市民宿是上海民宿市场的主体，约占民宿总量的70%。其中，浦东、黄浦、徐汇、静安4个区是上海城市民宿的主要聚集地。在剩余民宿主体中，20%的民宿集中在上海乡村，10%集中在迪士尼地区。

目前，上海城区民宿发展主要呈现以下三种模式：C2C模式（个人共享房源）、B2C模式（机构收集分散房源、统一经营）以及C2C+B2C模式。其中，C2C模式在整个城区民宿发展模式中占比约80%，以这种模式运营的平台有小猪短租、榛果民宿和Airbnb（中国）等。①

为解决相关公共安全问题，上海市基层公安部门已与多家经营民宿的网络平台开展对接，制定了统一的数据采集技术接口规范。该规范不仅督促平台实时报送新增业务数据，还实现了民宿网络平台与公安部门之间的信息沟通。例如，Airbnb（中国）已对接公安部门，向平台上的民宿经营者告知并给出窗口期，允许其下架、调整，实现平台内违规民宿的整顿。民宿平台采集的房源信息和入住人员信息都会报送公安部门，房主必须通过实名认证才能在平台上发布民宿信息，入住人员必须提供有效身份证件才能入住民宿。这使得房东与入住人员的安全有了“线上验证”和“当面验证”的双重保障，降低了实际入住人员和线上订单人员不符的风险，从而有效遏制了违法犯罪主体利用民宿相对宽松的入住条件在隐蔽的民宿实施违法犯罪活动的行为。②

（三）事中事后监管

为落实“放管服”的改革要求，市、区部门之间，审批部门与执法部门之间已逐步建立起信息沟通和合作机制、信息汇集和传递机制，在事后定期派员回访相关违规民宿，防止小型住宿问题“回潮”。

---

① 柴慧：《上海城区民宿发展的现状、问题与对策》，《科学发展》2019年第10期，第105页。

② 柴慧：《上海城区民宿发展的现状、问题与对策》，《科学发展》2019年第10期，第106页。

典型的是黄浦区司法局发布的《黄浦区2019年度法治政府建设主要任务及职责分工》，该文件要求区文化旅游局、区房管局牵头，区公安分局、区城管执法局、区市场监管局、区司法局、各街道办事处共同承担治理责任，进一步探索破解日租房、短租房、民宿等治理难点。根据《共享住宿服务规范》，按照《黄浦区关于小型住宿设施综合治理执法办案指导意见(试行)》，加强共享住宿新业态依法治理。

具体言之，黄浦区针对无证照、有隐患、扰民严重与存在违法行为的小型住宿设施等进行重点整治以使退出机制有序化进行。由派出所、市场所、城管中队、房管办、物业公司、环卫及其他相关单位形成联勤联动合力，特别对于存在消防等安全隐患、改变房屋结构和房屋性质等违规行为绝不姑息，发现一家处置一家，对于拒绝配合整治的房地产经纪人员和房地产经纪机构等予以及时查处并记入其信用档案。对于不符合经营要求的小型住宿经营者、所有者，通过“零距离理事会”，协商问题解决方案，为他们留出转型、退出的时间，引导其有序退出。

另外，为了从源头上遏制小型住宿的违规现象，黄浦区对小型住宿违规经营者进行了法制宣传，帮助他们树立法治意识。街道会同有关部门积极做好关于民宿的法制宣传报道，并以宣传栏、宣传手册等为载体，以点带面，开展法制宣传，做到影响一片，教育一片，倡导房屋经营者、租赁房屋的承租人及实际出入人员、房屋出租人遵法守法。

此外，在小型住宿的规范管理工作中，黄浦区还不断推进社区志愿者参与文化旅游市场监管巡查工作，社会力量为小型住宿的事中事后监管提供了重要支持。社区志愿者已经深入参与小型住宿经营场所的监督工作，发挥了文化旅游市场日常监管“三级联动”巡查员的作用，同时，还完善了市场巡查网格化监管模式，推动了区域文化旅游市场健康有序和繁荣发展。

（四）精细化管理

以黄浦区为例，黄浦区南京东路街道地处上海市中心，集聚众多上海知名旅游地标，吸引大量中外游客，这使得“小型住宿”这个新兴租赁行业在该地生根发芽，发展迅速。然而，一些小型住宿突破了原房屋权属及周边环境限制，引发诸多社区管理问题。街道在整治过程中，也在认定标准、治理主体、处置流程等方面遇到诸多治理难点，再加上缺乏常态化监管机制，使得小型住宿整治“回潮”现象严重。

据此，为进一步完善行政执法机制，南京东路街道召集辖区各部门负责人召开了小型住宿治理专项研讨会，提出在小型住宿设施的规范化管理中，要注意把握以下几点：①要锁定民宿地址，坚持“以房管人”；②要核准民宿事实，坚持“多部门联动执法”；③要消除安全隐患，坚持“联勤联动集中整治”。同时，黄浦区南京东路街道党工委、办事处运用法治思维和方式，根据12345工单办案要求，依据《治安管理处罚法》《无证无照经营查处办法》《旅馆业治安管理办法》等法律法规以及《黄浦区关于小型住宿设施综合治理执法办案指导意见（试行）》，拟定了《南京东路街道小型住宿设施综合治理指导意见》，并制定了“南东街道民宿处置七步工作法”，即通过发现问题、上门调查、确认违法、告知整改、联勤联治、汇总案卷、长期巡查七个步骤，切实确保南京东路辖区内小型住宿设施问题的处置得到及时有效的落实。[①]

2019年上半年，南京东路街道共收到小型住宿投诉27起，已对其中6家

① 第一步，街道网格中心前端发现问题。通过12345热线或邮件反映、居委上报新建改建信息、“南东热线”收到的关于“小型住宿设施”，即小型住宿类居民投诉来电。第二步，街道网格中心先行联系。工作人员电话联系诉求人、当事人，确认小型住宿规模、周边环境、目前状况等基本情况并书面记录。第三步，“小型住宿设施”所在地居委进行上述反映事实核查，确认“小型住宿设施”相关信息，填写《“小型住宿”信息采集表》，房办、物业、社区民警等工作人员应共同参与该项调查取证，并明确室内是否有改变房屋结构、私自搭建卫生淋浴设施、是否有消防隐患、是否有互联网日租广告发布等事实。第四步，在收到《“小型住宿”信息采集表》后5个工作日内，街道网格中心召集派出所、市场所、城管、房办、居委、物业等各部门联勤认定，上门告知租客或使用人，并约谈业主或公房承租人或使用权人，在小型住宿设施现场发放、张贴《南京东路街道“小型住宿设施”联合执法告知书》。第五步，在收到《南京东路街道“小型住宿设施”联合执法告知书》后五日内，房屋业主（或公房承租人，或使用权人）未自行进行有效整改的，或者未依法申请营业执照而继续经营的，由街道社区平安办牵头，各部门联勤联动整治，可对进行商业经营的小型住宿设施内非私人物品实施暂扣、罚没、收缴。第六步，街道网格中心报请区网格中心，就已整治、整改的小型住宿设施予以备案，并申请结案。第七步，居民委员会社工、网格中心工作人员在辖区内定期巡视，防止“小型住宿设施”重建。

小型住宿按照“七步工作法”开展了成功整治。例如，2020 年 4 月，街道网格中心接到居民投诉：凤阳路上有处住房存在无证经营民宿、改变物业使用性质、私自搭建卫浴设施等问题，要求管理部门查处。街道管理部门到现场查看后发现：该房屋属二级旧里、老式公房，室内存在私自搭建淋浴房的现象。经与房东及中介公司沟通，确认租客以日租形式租住，“非法民宿”的事实认定无误。起初，中介方对街道工作人员的来访压根不买账。工作人员告知中介方：民宿经营需合规合法，室内搭建也触犯了公房管理相关规定。在一次次的沟通下，房东和中介方终于被工作人员有理有据的解释说明说动。见到房东和中介方思想有动摇，工作人员趁热打铁，牵头各部门，对凤阳路的民宿张贴《责令限期整改告知书》。房东及中介方看到整改告知书，更加意识到问题的严重性，在工作人员一波接一波的动员下，他们终于答应配合街道工作，协助拆除室内违章搭建的淋浴设施，并承诺彻底停止经营民宿，改成规范的长租。

复旦大学国际政治系主任、教授刘建军指出：“小型住宿七步工作法，体现了新时代政府治理所具有的主动性、整合性、无缝性的特点，也是驾驭和引领物权社会治理的新探索。”法治，正在成为上海核心竞争力的重要标志。《南京东路街道小型住宿设施综合治理指导意见》与“七步工作法”不仅明确了小型住宿的定义，厘清了各部门的职责分工，还对违规经营者划定了法律界限，促进了各部门之间的工作衔接，从而成功提升了执法监管效能。在整治过程中，街道始终坚持法治先行，在法治框架内运用法治思维和法治方法建章立制，规范小型住宿综合整治行为，做到依法行政、有据执法，取得了显著成效，并被评选为 2019 年度“上海市法治建设优秀案例”①。

三 “小型住宿”规范发展的新挑战

（一）含义模糊、难以界定

在新兴业态不断涌现的当下，由于城市小型住宿在房源分布、服务内

① 《让法治成为上海核心竞争力的重要标志》，《解放日报》2019 年 12 月 19 日，第 8 版。

容、房东主体等方面具有独有的特征，而城市小型住宿缺乏相关法律法规和政策的统一界定，导致城市小型住宿的含义模糊，出现了难以界定的争议。

比如，国家信息中心分享经济研究中心在2018年发布的《共享住宿服务规范》（以下简称《服务规范》）第3.1条规定，共享住宿（sharing accommodation）是指"利用自有或租赁住宅，通过共享住宿平台为房客提供短期住宿服务，房源房间数不超过相关法律法规要求"。而新版《旅游民宿基本要求与评价》（LB/T 065—2019）指出，"旅游民宿"是指利用当地民居等相关闲置资源，经营用客房不超过4层、建筑面积不超过800平方米，主人参与接待，为游客提供体验当地自然、文化与生产生活方式的小型住宿设施。但是，在适用范围上，该标准只适用于正式营业的小型住宿设施，包括但不限于客栈、庄园、宅院、驿站、村庄等。

通过对比我们可以发现，《服务规范》并没有对"自有住宅"的含义、城市小型住宿的经营面积进行解释说明，十分笼统。而新版《旅游民宿基本要求与评价》（LB/T 065—2019）的规定虽用于界定乡村民宿较为合理，但若适用于城市民宿的界定则较为牵强。因为城市民宿的房东参与接待的情况并不多见，而且小型的传统酒店也可能符合"经营用客房不超过4层、建筑面积不超过800平方米"的建筑面积标准。可见，《服务规范》的规定不够细化，LB/T 065—2019又忽视了城市民宿与乡村民宿、城市民宿与酒店旅馆业在租赁时间、经营规模、服务内容和民宿用房等标准上的差异性，导致实践中在相关概念和认知上出现难点。

（二）市场准入标准不明

针对乡村小型住宿的市场准入，上海市已于2018年推出《关于促进上海市乡村民宿发展的指导意见》[①]，对全市乡村民宿发展的指导思想、基本原则、乡村民宿定义、乡村民宿设立条件、保障措施等各个方面进行了厘

① 上海市人民政府：《〈关于促进上海市乡村民宿发展的指导意见〉政策解读》，http：//www. shanghai. gov. cn/nw2/nw2314/nw2319/nw41893/nw42231/u21aw1342302. html，2020年2月20日。

清。该指导意见明确了乡村民宿的经营用房范围，指出乡村民宿可以利用农村依法建造的宅基地农民房屋，村集体用房、农房、集体建设用地等资源，并明确了单体建筑内的房间数量不超过14个标准间（或单间）、最高4层且建筑面积不超过800平方米。该指导意见还针对经营主体、经营用房、建筑安全、公共安全、生态环境、从业人员、诚信经营、基层治理等内容进行了详细规定，明确了乡村民宿的市场准入条件。由此可见，小型住宿市场准入标准不明的问题主要集中在城市小型住宿的问题上。

一方面，从规范发展的角度来看，相关政策对于城市小型住宿的市场准入条件并不规范。国家信息中心分享经济研究中心2018年发布的《服务规范》第5.1.1条尽管规定了“（平台）应依法办理工商登记注册；涉及行政许可的，应取得主管部门的行政许可”，但其并未规定经营面积、安全设施等方面的具体要求。而LB/T 065—2019尽管规定了旅游民宿的规范经营“应符合治安、消防、卫生、环境保护、安全等有关规定及要求，取得当地政府要求的相关证照”，但却没有具体列明。

另一方面，出于城市公有住房（以下简称“公房”）历史久远、监管混乱等原因，公房管理中存在的问题是小型住宿治理中的另一大难点，并出现了诸多争议，比如以出租的方式在老旧公房内非法经营的“民宿”是否非法？旧里公房内私自搭建淋浴卫生设施，是否属于室内违法搭建？

由此可见，由于存在着对租赁时间、经营规模、服务内容、民宿用房等要素的不同界定，我国民宿与酒店旅馆业及农家乐等旅游形式的关系尚未厘清，导致发展形式、统计口径和业态差异较大。市场准入要求不明阻碍了城市小型住宿业的规范发展，没有明确的法律法规和政策予以适用，尽管一方面鼓励城市小型住宿业的创新发展，然而另一方面又不利于新兴业态的规范发展。

（三）多头监管问题

由于小型住宿的界定和市场准入标准尚未明确，相关管理责任、治理主体和处置流程因此也没有确定的法律法规予以适用，这就进一步导致多头监管问题尤为突出，其中最具代表意义的问题就是老旧小区中出现的小型住宿设施问题应该由谁监管和治理。

黄浦区南京东路街道在整治过程中便存在认定标准、治理主体、处置流程等诸多方面的治理难点，并且从共享住宿监管的实践来看，用老办法管理新业态的方式难以有效解决问题。比如，收到群众举报由哪个部门负责查实？由哪个部门负责联系诉求人、当事人，明确房屋的哪些信息？何种情形下需要对非法经营民宿采取暂扣、罚没、收缴等措施？需要哪些部门联动整治？在缺乏具有可操作性的综合治理方案的情况下，在应对突发的小型住宿安全事故时，容易导致相关监管部门形同虚设，并进一步导致政府公信力下降。

（四）缺乏长效化监管机制

法制宣传教育是法治建设的重要环节，然而实践中多数公民法治素养普遍不高，小型住宿治理存在严重的“回潮”现象。究其原因，信息汇集和传递机制与深入普法教育的缺失是导致非法经营民宿在整治后重新出现的主要原因。

一方面，由于小型住宿的治理机制并不完善，市级层面缺乏统一的指导意见，街道、社区对小型住宿乱象的敏感性不够高，尚未针对“小型住宿”开展专项法制宣传，房东、中介等侵权人缺乏相关法律法规的知识，相关侵权人的学法用法意识淡薄。同时，在标准规范方面，业界对于建立行业“黑名单”制度尚处于探索阶段，并未全面推行信用监管与黑名单制度，导致侵权人意识不到自己的违法违规行为对于自己的信用级别的严重影响。

另一方面，整治执法行为中对非法经营民宿的信息反馈并不重视，“只堵不疏”“刚性执法”导致相对人行政执法行为的适应性并不高。不仅忽视对相对人进行耐心劝导和制度说明，还缺乏回访机制，导致管理部门不能及时发现老旧小区中的小型住宿发展乱象，更不能从源头上遏制违规设置的小型住宿设施。加之房客、相邻房屋所有人等被侵权人依法维权意识薄弱，与管理部门之间的有效信息传递不通畅，进一步凸显了信息管理与传递不完善的漏洞。

因此，统一化、精细化的长效监管机制亟须落地，管理部门之间需要通过深入研讨，在充分沟通的基础上，制定联合执法程序的指导意见，在数据共享、普法教育、定期回访等工作方面建立起统一的规范治理合作机制。

（五）细化含义和界定标准

在含义的确定问题上，相关部门可以借鉴上海市对乡村小型住宿的做法。例如，可以根据城市小型住宿的最新发展，细化城市小型住宿在经营面积、租赁时间、经营规模、服务内容和民宿用房等要素上的界定标准，制定市级层面的指导意见。

相关部门还可以借鉴南京东路街道的做法，对“小型住宿”的含义和界定标准进行细化。例如，可以将“小型住宿”定义为：以日、时为计费单位，未经工商登记注册、未取得《营业执照》、不具备《特种行业许可证（旅馆业）》等证照，以网络、传单、电话、微信等媒体为主要宣传手段，利用居住房屋为不特定人员提供付费住宿休息服务的、未与社区居民房屋有效隔断的设施和场所。

随着旅游消费需求的升级，公众对共享住宿认知水平的不断提升，国家对行业政策支持力度的加大和科学监管的落地，未来小型住宿市场仍将继续保持高速发展的态势，城市民宿行业有望迎来提质升级。

（六）明确市场准入标准

优化小型住宿市场准入条件是大势所趋。近期的国务院会议便再次提到“将指导和督促有关地方评估旅游民宿领域政策落实情况，优化准入条件、审批流程和服务”。

值得注意的是，对小型住宿这一新兴业态的市场准入标准不能直接沿用传统酒店宾馆业的监督标准。尤其是在公安、消防等方面，如果按照现行的大型酒店业的消防管理要求对城市民宿进行传统型市场准入，那么大多数城市民宿恐怕很难达到市场准入资格。一方面，与传统酒店业相比，小型住宿的房源区域分布过度分散、类型多样并且差异很大，例如青年旅舍与中高端民宿在价格、计费方式、订房方式等方面存在诸多差异；另一方面，小型住宿服务个性化和多样化特征突出，不同年龄段的房客对于房源、交通、接待服务等方面的需求也不同。此外，提供共享住宿服务的房东以个人和家庭为主，房源在安保、消防等方面不能与传统酒店宾馆业相媲美。

因此，针对“小型住宿”的市场准入规则，有关部门应在认识到城市小型住宿与传统酒店业之间差异的基础上，结合各区实际情况，在区级层面制定切合各区实际的城市小型住宿行业准入标准。

（七）整合综合治理机制

在小型住宿的治理工作中，相关部门应当完善信息沟通和反馈机制，与小型住宿平台、民宿经营人、房客等主体开展充分的信息沟通，在详细了解各方利益诉求后，开展专项研讨会并制定完善的综合管理机制。

相关部门在小型住宿综合治理中应当有法可依、有法必依，主动制定可操作性强、整合性高的有效的治理方案，在邻居之间出现矛盾后，需要辖区的街道办事处、文化旅游局、房管局、公安分局、城管执法局、市场监管局、司法局之间相互配合，依据统一的综合治理机制及时有效处置类似问题。

针对公房内经营的小型住宿管理机制，可以实施多部门综合管理以解决公房治理难题，并通过开发综合管理系统以大幅提升公房管理效率，通过信息化实现对公房的有效管理。

（八）强化信用约束

鉴于现阶段的信用监管和“黑名单”制度已初具成效，可以尝试将小型住宿监管纳入上海市的信用监管范围。小型住宿监管可借鉴共享单车领域，分别针对小型住宿平台、民宿经营人建立对应的信用档案。一方面，为小型住宿平台建立信用档案，根据信用记录开展公共信用综合评价，并根据综合评价对平台企业实施差异化监管，对风险较低、信用较好的适当减少检查频次，对风险较高、信用较差的加大检查力度和频次，引导平台诚信依法经营；另一方面，对民宿经营主体的信用进行评价，平台可以根据民宿经营主体的信用状况，对经营主体实施差别化的管理和服务措施，为守法诚信的经营主体提供更多优惠便利，对违法失信的经营主体进行坚决治理乃至清理出平台，引导平台经营者规范自身行为。

相信在监管部门、企业和消费者的共同努力下，可以不断完善共享经济中的信任机制，让小型住宿的监管机制逐步变成更有约束力、更具差异化的长效监管机制。

B.17

黄浦区城市更新的法治路径

上海社会科学院法学研究所与黄浦区司法局联合课题组*

摘　要： 黄浦区在城市更新工作中始终发挥法治的引领作用，在价值、规范、程序、责任等方面持续发力，推动城市更新规范有序，不断取得新成就，成为上海的亮点。为实现黄浦样板的与时俱进，还需在今后工作中提升标准目标，改革体制机制，强化责任担当。

关键词： 黄浦区　城市更新　法治

黄浦区是上海的核心城区，历史悠久，人口多，老城厢面积大，文化积淀深厚。在建设社会主义现代化国际大都市核心城区的目标要求下，黄浦区承担着繁重的城市更新任务。区委、区政府与全区人民齐心协力，经过几年的不懈奋斗，城市更新工作取得了骄人的成绩，给广大市民带来了满满的获得感和幸福感。法治是黄浦区的一张闪亮名片，贯穿于黄浦区各项工作之中，保障着城市更新蹄疾步稳。新时期，黄浦区城市更新工作面临着新情况新任务，要以问题和需求为导向，以法治为利剑，破解城市更新的难点、痛点、堵点问题，梳理、展现城市更新及其法治化的黄浦样板，为上海乃至全国的城市更新工作贡献黄浦智慧、黄浦方案。

* 课题组由肖军、刘辉、冒拥军、吴晓赟、吴喆、储君佩组成；刘辉、冒拥军、吴晓赟、吴喆的单位为上海市黄浦区司法局，肖军、储君佩的单位为上海社会科学院法学研究所。

一　黄浦是上海的亮点

2015年，《上海市城市更新规划实施办法》出台，标志着上海市城市更新进入了崭新阶段。上海的各级政府、各级机关都积极行动起来，推动城市更新工作蹄疾步稳。黄浦区作为上海的核心城区，城市更新任务重、城市更新愿望强、城市更新闯劲足，开创出城市更新工作的闪亮局面。

（一）黄浦区的成绩

2017年，黄浦区全面打通11个断点，率先实现滨江公共空间贯通开放。完成十六铺二期工程、南外滩滨水区北段960米改造、外马路综合整治、苗江路公共绿地、世博黄浦体育园等项目，形成“一带三道七园”景观，复兴1-5库、“远望1号”正式亮灯，景观品质得到提升。制定《黄浦滨江公共空间综合管理试行办法》，建立健全管理体制机制，滨江公共空间保持安全有序。2017年制定《黄浦区衡复历史文化风貌区保护与整治实施策略与方案研究》及三年行动计划，启动5处优秀历史建筑、文物建筑修缮。开展106处优秀历史建筑和17处不可移动文物“一幢一册”工作。建立区留改工作领导小组，推进复兴东路404弄、8号街坊一期试点等留改项目。2017年全区拆除违法建筑2233处、4.81万平方米，取缔无证无照经营1321处，整治群租529户，规范跨门经营899家，取缔无序设摊231处，老西门、小东门市重点整治区域顺利通过市级考核验收。

2018年，黄浦区全力以赴推动旧区改造项目，72街坊、福佑北块等4个项目顺利启动，115街坊（西块二期）、21街坊（南块）等5个项目实现收尾。完成梦花街解危整治、南昌路新青年编辑部旧址协议置换、斜土路816弄历史遗留问题处置等项目。开展老城厢地区扩大范围整体方案研究和控规评估。推动衡复风貌区修缮和整治。“一幢一册”工作推进90幢优秀历史建筑和100幢文物建筑普查。启动南昌路110弄、绍兴路18弄等8处优秀历史建筑修缮。完成南外滩滨水区1240米综合改造，复兴路人行天桥改造、台地花园、世博浦西段亲水平台景观和灯光提升工程等一批项目竣工，黄浦滨江呈现新亮点、新形象。滚动推进生态环境综合治理，取缔无证无照经营 1060 家，整修立面 4.66 万平方米，4000 余户居民受益。全力推进无违创建，拆除存量违法建筑 3133 处、8.54 万平方米，全区 177 个居委、10 个街道全部通过无违创建区级验收。推进美丽景区、美丽街区、美丽家园“三美”联动建设，完成首批 72 条“三零三无四规范”道路创建。精心打造“一带一路一环”示范区，南京东路在全市率先完成合杆整治，人民广场立体花坛、外滩花墙广受好评，崭新的外滩灯光夜景成为进博会期间的精彩亮点。高标准推进架空线入地和合杆整治，完成架空线入地 8.7 公里，各类杆件减少 69%，城市天空更透更亮。高质量完成 43 幢建筑外立面整治、7 幢建筑檐口绿化设置等市容环境整治工作，美化重点酒店、商圈、景区等区域周边环境。由此可见，近几年来，尤其是近两年来，黄浦区在城市更新工作中取得了巨大成绩。

（二）黄浦成为上海的亮点

市委、市政府对黄浦提出了“四个标杆、四个前列、四个进一步”的总体目标。黄浦是上海历史文化资源最为集聚的中心城区之一，黄浦一直将这些资源视作独特优势，实行精细化管理，建起了一套系统完整的保留保护体系。2017 年，黄浦区率先实现滨江公共空间贯通开放。2019 年，黄浦区制定推进新型智慧城区顶层设计的实施意见，获得“2018 年中国领军智慧城区”称号，网格化管理在全市综合考评中名列第一。黄浦推进绿色发展，建成 6.09 万平方米各类绿化区域、3 公里绿道，完成国家级需求侧管理示范（一期）项目建设。持续加大重点领域监管力度，制定我国首部地下隐患工程整治管理规范性文件，督改火灾隐患 15.5 万处。新天地是上海的时尚地标，将原来石库门的居住功能，升级改造为具有生活休闲、文化、购物与娱乐功能的商业综合体，多年来一直引领着上海的时尚消费体验，无论是从商业地产开发还是从旧城改造、历史保护性开发等角度看，它都可以被写进城市更新的教科书中。但在全球实体商业普遍不景气的背景下，新天地也要寻求突破，2016 年开始运作“表演新天地”项目，2019 年打造夜间经济新增长点。正是这种锐意进取、精益求精点亮了黄浦的城市更新工作。

二　法治黄浦引领城市更新

法治是黄浦区的闪亮名片，法治黄浦贯穿于黄浦工作的方方面面。在城市更新工作中，黄浦区始终发挥法治的引领作用，在价值、规范、程序、责任等方面持续发力，推动城市更新工作规范有序，不断取得新成就。

（一）价值引领

黄浦区首先以安全引领城市更新工作。黄浦区从风险辨识入手，对更新地区进行全方位的风险评估，从空间、建筑、社会等多方面识别各级各类风险，直面街道空间环境的安全隐患、建筑破损、建筑材料老化、居民构成复杂、管理预警缺失等问题。位于黄浦区的聚奎新村建于 20 世纪 60 年代，房屋结构自然老化，并存在大量违法建筑，严重的房屋安全和消防安全隐患对居民生命财产构成直接威胁。为了坚守安全底线，2016 年黄浦区六个委办局当机立断，对聚奎新村联合下发通告，要求全部人员暂时撤离。一年后，聚奎新村的 300 多户居民喜庆回搬。黄浦区创新性地将房屋排险、综合修缮与民生改善相结合，很大程度地改善了群众居住条件，让老房内的居民获得安全而有秩序的生活环境。

黄浦区以历史文化传承引领城市更新工作。黄浦区作为上海的地标性区域，浓缩了上海百年发展的历史脉络。区政府坚持理念创新、方式创新，自觉以最高要求严格保护好上海的历史文脉和文化记忆，努力走出一条文物保护和文化传承的新路径。上海思南路历史街区曾是法租界由东到西第三次扩张的起点，集中体现上海近代租界区住宅建设特点与发展脉络，具有丰富而完整的街区风貌。同时，思南路也具有独特的历史内涵，曾吸引大批军政委员、企业家、专业人士和知名艺术家迁入，周恩来、柳亚子、梅兰芳、李烈钧、卢汉等都曾在此留下身影，它成为中国近代革命运动和众多上海知名人士活动居留的场所。尽管思南路历史街区内的建筑在历史上拥有较高的品质，但由于长时间的过度使用，以及受城市基础设施建设与房地产开发的影响，建筑与环境遭受到相当程度的破坏。从 20 世纪末开始，黄浦区政府进行深入而广泛的历史研究和现状调查，最终得出结论，思南路历史街区的城市更新不仅仅是简单的历史留存，而是如何重新体现其历史文化价值，并且兼顾现代社会发展所需的环境、社会和经济价值等。“十年磨一剑”，黄浦区从规划、设计、技术到综合运作机制，全程以街区的历史文化特点和价值为导向，通过不懈努力，最终达到“保护与再生”双重的城市更新目标，为全市乃至全国的旧街区改造提供了黄浦经验。

黄浦区以美观景观引领城市更新工作。城市景观是城市的一张最直观的名片。在维持和提升使用功能的同时，提升细微处的美观和宏大处的景观是塑造城市风范的重要抓手。黄浦区从需求着手，着力打造一个具有美感和温度的魅力黄浦。2018 年 3 月，黄浦区对“一带一路一环”共 2.2 平方公里区域启动了“城区管理精细化示范区”建设。外滩 1.2 公里完成了“多杆合一”工作，271 根杆线被合并为 102 根，数量上缩减了 62%。从此，优雅的街区与优美的景观，不再被杆子割裂。不仅是多杆合一，黄浦区还陆续采取架空线落地、拆除广告牌、拆除沿街违建、清退占道经营等措施，给了城市更多透气与留白的空间，还原黄浦最真实的面貌。

黄浦区以依法行政引领城市更新工作。区各级机关坚持“法无授权不可为”，在法律依据下推进工作；坚持程序正义，通过程序来更好地保障公民权利；坚持信息公开，保障群众的知情权；高扬法律精神和原则，创新工作方式方法，推行温情执法。四牌楼路是黄浦区豫园风景区的标志性路段，约百米长的路段最多时曾拥挤着 130 多个食品摊位，无证无照、占道经营现象十分严重。2015 年 7 月，黄浦区对四牌楼路沿街商户和居民挨家挨户发放宣传告知书和自行整改通知书，取缔无序设摊 300 余个，取缔无证无照商户 60 多家，拆除违法搭建 158 处。在完成如此繁重任务的过程中，依法行政身影始终伴随。依法行政不但是执法的行为准则，也成为任务完成的质量指标和保障措施。

黄浦区以公众参与引领城市更新工作。城市更新不是坐而论道，老百姓既要有知情权，又要有参与感。城市更新不仅仅是政府的单向工作，更需要公民和社会的合力。黄浦区在解决城市更新难题时以人为本，将公众参与作为决策和行动的重要原则，管理和维护公众的合法权益，兼顾各方利益和合理需求。作为衡复历史文化风貌区城市管理精细化工作中的重要环节，南昌路沿线是体现风貌保护、城市微更新的重要区域。为了给南昌路的店牌广告牌设计提供一些美学参考，环复－南昌路跨界自治会于2019年4月开展了“南昌路景观社区营造”工作坊，城市规范师、作家、研究员、策展人、媒体人、政府部门代表及社会热心人士等60余人参与工作坊。以环复－南昌路跨界自治会为代表的一批自治组织和自治项目，成为社会力量参与历史风貌保护区更新改造的有益实践。

（二）规范引领

黄浦区以规范引领城市更新工作。2015年上海市制定了《上海市城市更新规划实施办法》和《上海市城市更新规划土地实施细则（试行）》，并完成《上海市城市更新规划管理操作规程》《上海市城市更新区域评估报告成果规范》等配套文件。2017年修订了《上海市城市更新规划土地实施细则（试行）》。2002年至今，上海市先后出台《户外招牌设置技术规范》《上海市历史文化风貌区和优秀历史建筑保护条例》《上海市老城厢历史文化风貌区保护规划》《上海市户外广告设置管理办法》等，2018年出台《关于深化城市有机更新促进历史风貌保护工作的若干意见》《关于坚持留改拆并举深化城市有机更新进一步改善市民群众居住条件的若干意见》等，逐步完善城市更新的规范体系。黄浦区严格遵守和适用上述法规规章和文件，使黄浦区的城市更新工作始终与市委、市政府的要求保持高度一致，始终在上海市人民政府的统筹下有序展开，保持了城市更新工作的规范和统一。

同时，黄浦区根据自身特点进行积极探索，出台了符合黄浦区实际的文件，规范城市更新工作。2016年初，区政府法制办、区城管执法局等部门联合制定了《黄浦区关于拆除违法建筑执法办案指导意见》，这是上海第一份关于拆违的区级成文指导性意见。由此黄浦区老城厢的拆违工作呈现更好的局面。2015 年出台了《黄浦区加强历史文化街区、历史文化风貌区、优秀历史建筑和不可移动文物保护工作的实施办法》。2017 年制定了《黄浦区重大行政决策暂行办法》。2018 年实施了《关于加强本区城市管理精细化工作的实施意见》等，对城市更新工作提出了新的更高要求。

（三）程序引领

黄浦区以程序引领城市更新工作。决策是规范行政权的重点，也是法治政府建设的重点。行政决策尤其是重大行政决策应该经过公众参与、专家论证、风险评估、合法性审查和集体讨论等程序。黄浦区老城厢的改造并非领导"拍脑袋决策"的产物，而是经过上述程序反复论证得出的科学民主决策。2017 年黄浦专门成立城市更新留改工作领导小组，坚持民主科学决策，抓紧推进外滩历史风貌区、衡复风貌区等区域性保留保护项目。区政协围绕"对接'留改拆'新政，稳步推进城市更新和旧区改造"主题，召开专题协商会，召开"加快推进方浜路—昼锦路'蓝绿丝带'方案设计与实施"对口协商会，召开社情民意座谈会，进行多方走访与交流。政协的民主协商在决策程序中发挥了重要作用。

依程序行政是黄浦各级机关的工作原则。黄浦早已摒弃重实体轻程序的传统观念，并以行政程序水平的提高带动行政执法水平的提高，实现社会治理创新的新作为。合肥路上的马当菜场是淮海中路街道辖区内仅有的一处菜市场。2018 年黄浦区街道干部经过调研发现，菜场门口存在严重违建。于是，街道迅速成立了拆违专项推进小组，街道领导担任总指挥，研究制定"马当菜场违法建筑"专项整治实施方案。物业部门查阅马当菜场平面结构图，明确建筑违法搭建的性质，菜场管理方则与租客在一年一签的租赁合同到期后停止续签，城管中队约谈菜场管理方负责人和租客，指出该处建筑是违法搭建，分析当时"创无违"形势，宣传相关政策，制作并送达《告知书》，最终当事人同意拆除违法建筑并签署了《违章建筑助拆协议书》。

（四）责任引领

黄浦区以责任引领城市更新工作。全区干部深入学习贯彻习近平总书记关于“不忘初心、牢记使命”的重要论述，以无私无我的奉献精神、昂扬向上的拼搏劲头、重若泰山的责任坚守，完成城市更新任务。小东门街道是老城厢，是旧区改造重点地区。小东门街道党工委书记周诚在接手小东门街道的改造任务后感同身受地指出，旧区改造不能一拆了之，要尊重居民的意愿和需求。周诚说：“面对新时代的要求，面对老百姓的期待，我们没有退路。”在接下来的三年内，周诚的身影出现在老城厢里、出现在办公桌前、出现在设计院中，在以周诚为代表的基层干部的兢兢业业的工作之下，小东门街道改建居民厨房和卫生间近千间，拆除违法建筑 5 万余平方米，直管公房聚奎新村改造工程成为上海市“留改拆”并举推进旧区改造的典型。周诚说：“留在老城厢的老人，同样应该拥有更好的品质生活。”而以区委书记为首的区领导更是抓住机遇、积极作为，对城市更新及旧区改造工作进行合理谋划，统筹协调。早在 2015 年，黄浦就率先成立全市首个区级历保委，区领导挂帅，同步组建了由规划、建筑、人文等领域知名专家组成的专家委员会。2017 年黄浦又专门成立城市更新留改工作领导小组，兼顾历史保护、城市更新与城市发展，抓紧推进外滩历史风貌区、衡复风貌区等区域性保留保护项目。上下一条心、上下一盘棋。盘活城市更新这盘大局的正是上下的责任担当。由上的政治责任传递到下的行政责任、社会责任。使命在、责任在，工作就实，局面就活。

有了以上各方面的引领，黄浦的城市更新工作就思路对、步子快、成绩大。一是设立区级专项资金，通过区级土地出让收入、公有住房出售的净归集资金及其增值收益、直管公有住房征收补偿款中政府收入等多渠道筹集成立专项资金，强化支撑保障。二是明确资金使用范围，专项资金主要用于历史风貌保护及城区更新方面的相关支出，包括经认定的历史风貌保护地块相关支出、重点旧改地块改造相关支出、重点旧改项目和更新改造项目的贷款贴息支持，以及经认定的历史文化街区、历史文化风貌区、风貌保护街坊、优秀历史建筑、不可移动文物等保留保护性开发项目的补贴。三是规范资金补贴程序，对历史风貌保护地块和重点旧改地块的公建配套等基础设施、公益性项目投入，以及经认定的历史文化街区、历史文化风貌区、风貌保护街坊、优秀历史建筑、不可移动文物等保护性开发和修缮改造项目的区级专项资金补贴，通过一事一议予以确定；对社会资本参与的重点城市更新项目、重点旧改项目以及重要历史建筑修缮保护项目等涉及的贷款资金，给予一定比例的贴息支持，每年结算一次或项目结束后集中结算。

三　黄浦样板与时俱进

在区委、区政府的领导下，在全体黄浦人民的共同努力下，法治黄浦这一名片越擦越闪亮，法治黄浦下的城市更新迎来一个又一个的高光时刻。开拓进取的黄浦区始终坚持以人民为中心，始终瞄准国际最高标准、最好水平，不断推动黄浦样板与时俱进，勇立潮头。

（一）提升标准目标

黄浦样板要与时俱进，首先要提升标准和目标。2018 年 8 月 12 日，上海市南京东路一店铺招牌掉落，造成路过行人三死六伤。南京路店牌掉落事件引发了人们对城市中店牌的治理，尤其是城市核心城区的店牌治理的思考。事实上，店牌、广告牌等的安全隐患并非个案。在像黄浦区这样的老城区，由于原先技术标准落后、年久失修等，店牌、广告牌安全隐患明显，而且黄浦区是市中心城区，商业发达、人口稠密，店牌、广告牌非常多。

目前，在管理店牌、广告牌方面，黄浦区适用《上海市户外招牌设置管理办法》（沪绿容〔2013〕201 号）、《上海市户外招牌设置技术规范》（SR9—2009）、《上海市户外广告设施设置技术规范》（沪质技监标〔2002〕369 号）、《上海市流动户外广告设置管理规定》等。由于社会变化太快，这些文件和规章有时不能很好地解决实际问题，不能有效解决海量广告牌安全隐患问题。面对现实需求，黄浦区可以在法律法规和上级文件精神的指导下，制定和执行更加严格且管用的技术标准。

黄浦区要在整个城市更新中提高标准目标。这个“提高”包括标准在范围上的扩大和在质上的提升。前者是指以前不是标准或者看似标准但完全不落实。不少人认为店牌的设计属于私权范围，需不需要美观、怎样才算美观等由店牌主人说了算，这引发了严重的店牌“危、破、差、乱”现象。上海提出了建设卓越全球城市的目标，黄浦区正沿着这个精神建设卓越全球城市的中心城区，就必须整治店牌、广告牌的上述问题。不但要提出和重视美观这一标准，还要在此基础上，形成景致标准，即在一定的区域内，如传统商业街区内，使各家店牌、广告牌相加后形成美丽景致，从而大大增强城市色彩和魅力。在改造外滩“第二立面”时，应该把景致目标放在突出地位。

（二）改革体制机制

黄浦样板不仅要与时俱进，还要改革体制机制。黄浦区可以组建城市更新局，专门负责城市更新工作。与其他区相比，黄浦区城市更新任务更为繁重、更为持久，与其他工作相比，城市更新工作千头万绪，牵涉面广，利益纠葛杂而深。比如架空线入地工作，就涉及规划、土地、城建、市容、交通等部门和管线单位、居民等。面对这种复杂局面，需要一个振臂一挥就能解决大部分问题的机构专心处理，这个机构就是城市更新局。城市更新局的定位是区委、区政府领导下的负责城市更新工作的职能部门，具有城市更新工作的绝大部分权责。为此，区委、区政府需要为该局设计“三定”方案，并经人大审议通过。

黄浦区要激发各方自治意识，拓展共治机制。城市更新牵涉面广、利益主体多元，在此构建各方积极参与、主动贡献力量的机制非常有意义。如环复－南昌路跨界自治会开展“南昌路景观社区营造”工作坊，共议“南昌路店招店牌导则”等。当下，黄浦区拓展共治机制可着重从两个方面入手：一是重视专业性技术性人员在共治主体中的作用；二是开好议事会，要保障场所、时间和良好氛围。

黄浦区要建立健全吸引更多社会资本参与城市更新的机制。市场化、社会化是城市更新可持续的重要路径，社会资本参与意义重大。黄浦区可以进一步拓宽融资渠道，如通过保险资金投资股权计划等渠道，建立历史建筑保护利用的股权投资基金；对承担城市更新的项目公司优先安排发行企业债券或中期票据，采取股权转让、拍卖、租赁等方式筹集资金。

（三）强化责任担当

黄浦区政府及其职能部门要有作为、有担当。《上海市城市更新实施办法》是一部有关职责的规范性文件，区政府和相关职能部门都有很大的行政责任。要避免南京路店牌掉落事故重演，绿化市容、城管执法等部门就更要绷紧弦，不懈怠。田子坊景区内房屋密集、人流量大、道路狭窄，消防形势十分严峻。对此，消防部门配备了高水平的消防设备，建立了应急体制，实施了许多预防措施，对居民和游客也进行了充分的消防教育。但归根到底还是要靠责任心，田子坊的管理部门、消防部门等要将防火救火作为第一要务。

黄埔区委、区政府和主要领导要增强政治责任感。领导要掌握实际情况，把握时代趋势，依法依规决策；体察民情，工作做细，避免发生大型群体事件，尤其是伤亡性群体事件；要敢于碰硬，积极与上级、同级机关或组织沟通，形成工作合力；出现问题应主动迎战，不躲避，不逃责；做忠诚、干净、担当的表率。

黄浦区的企事业单位和组织要增强社会责任感。市场经济、现代企业都包含社会责任之意，市场主体并非只唯利是图，还要积极履行社会责任。

B.18
后　记

《上海法治发展报告（2020）》面世了。为了使本书的数据更完整、更科学，争取使本书更具权威性、科学性、创新型和可读性，蓝皮书编委会向各方“求援”，得到了来自社会各界的大力支持和帮助。作为资讯类的皮书，我们一如既往重点介绍了上海市2019年法治建设情况，并对2020年上海法治建设做了展望。

出版之际，编委会由衷地感谢在本书编撰的各个环节得到上海市全面依法治市委员会、上海市人大常委会法制工作委员会、上海市政府法制办、上海市政协社会和法制委员会、上海市法学会、上海市高级人民法院研究室、上海市人民检察院办公室及研究室、上海市公安局法制办、上海立法研究所、上海行政法治研究所、上海市律师协会、华东政法大学、上海交通大学凯原法学院等单位的领导和工作人员的大力支持、指导和帮助。

上海社会科学院法学研究所组建了专业的团队从事本书的调研和编撰工作。主编、副主编及本书编委会对本书架构、内容等进行了认真讨论，通过统稿会完成本书的编撰工作。出于今年疫情防控的需要，编委会全体成员对全书的统校工作、定稿工作等都在线上完成，在此也特别感谢编委会全体老师的辛苦付出。上海社会科学院法学所彭辉研究员翻译、王海峰研究员和孙敏校对了摘要和目录的英文部分。上海社会科学院法学研究所张晓栋老师对全书做了审校、编辑等非常认真细致的工作。研究生谢佳文、张咏莹、陈超、邢政、韩哲、杜相宜、储君佩、华东政法大学的孙波老师参与了本书部分内容的讨论、调研、撰写和校对工作。社会科学文献出版社的编辑对保证本书质量起了重要作用。

本书专家委员会的十多位专家、领导应邀参加了本书编委会组织的专家论证会，论证会上他们对本书的架构布局、重点内容、写作风格等提出了很多建设性意见和建议，他们的真知灼见为本书写作的顺利完成做出了重大贡献。

对上述单位和个人的指导、支持和帮助，我们表示衷心的感谢。本书在立项、选题、调研和撰写过程中，得到上海社会科学院院长张道根教授、党委书记于信汇教授、华东政法大学校长叶青教授的关心、支持和指导。他们的意见和建议使本书的编撰和写作方向更明确、路径更清晰，在此向他们表示诚挚的谢意。

《上海法治发展报告》走过了九个春秋，见证了上海这座国际大都市法治发展的前进历程。我们热切期待社会各界继续关心和关注法治蓝皮书的成长，明年是《上海法治发展报告》连续出版十周年，期盼以此为契机，《上海法治发展报告》的社会声誉和学术影响力再上新台阶。

虽竭尽所能，但疏漏不当难免，敬祈读者批评指正。

上海社会科学院法学研究所
上海法治发展报告编委会
2020 年 7 月

Abstract

Annual Report on the Development of the Rule of Law in Shanghai (*2020*) provides a comprehensive review of Shanghai's rule of law construction in 2019 from three aspects: the work of the local people's congress, the rule of law government, and the comprehensive supporting reform of the judicial system. On this basis, we are looking forward to the grand blueprint for Shanghai's rule of law construction in 2020.

The book consists ofthe following five parts:

The general report focuses on the comprehensive analysis of the highlights of the construction of the rule of law in Shanghai in 2019: based on the modernization of the governance system, strengthening the supply of legal institution, focusing on the construction of the government under the rule of law, improving the quality and efficiency of administration under the rule of law, serving the implementation of national strategics, and promoting the modernization of urban governance, grasping the position of responsibilities and creating a new situation of governing the city under rule of law, and making a prospect for the construction of the rule of law in Shanghai in 2020.

TheEvaluation Report is to evaluate the academic activity of legal talents in Shanghai. Taking Jingan District as an example, it analyzes and evaluates the comprehensive situation of the district governed by law.

TheSpecial Reports is about the legislation of the local people's congress, the operation of the judicial power, the penetrating supervision of the prosecutor system, and the new development and direction of the judicial safeguard. There are also special articles on the topics such as the construction of a "center", domestic waste management, P2P finance, and the rule of law system.

TheDiscussion Reports focus on the construction of the Shanghai International Financial Center and the financial legal environment in the Shanghai Free Trade

Zone. The legal issues of informal employment service management under the "Internet +" model are also interpreted by some experts.

The Case Reports include community governance, "small accommodation" standard management and other discussion articles, all starting from the classic case of Shanghai; there is also a discussion of the urban renewal rule of law in the Huangpu District as an example.

Contents

I General Report

Abstract: The construction of the rule of law in Shanghai in 2019 has made significant progress in three aspects: the work of the National People's Congress, the government under the rule of law, and comprehensive reform of the judicial system. Shanghai National People's Congress serves in an overall and innovative method to strive to achieve a foresightful legislation, problem-orientation, accessibility, and system innovation, to optimize the business environment, and build Shanghai "1 +2 +X" model; to focus on " aged services, children caring, transformation of old districts and income level and quality of life of farmers in the outskirts" to improve people's well-being; to reach innovative ecological monitoring methods and strengthening of domestic waste classification. The construction of the government under the rule of law is steadily advancing, where the government functions are fully fulfilled, and the construction of the government under the rule of law is vigorously strengthened. Optimizing the business environment under rule of law focuses on connecting with the international track. Focused on social needs, legislative processes are solidly advanced. Shanghai is now continuously optimizing the law enforcement system by strictly regulating fair and civilized law enforcement. Shanghai strengthens administrative power constraints to comprehensively improve the relief mechanism. Shanghai carries out comprehensive inspections in key areas such as food and drug safety, ecological environmental protection, and business environment under rule of law, and highlight national strategies such as the integrated development of the Yangtze River Delta region, Shanghai Free Trade Zone Lin'gang area, and the Expo. Courts and Procuratorates coordinate in deepening comprehensive supporting reform of judicial system. Courts actively promote the modernization of the judicial system, strictly perform judicial functions, improve service guarantee mechanism, innovate judicial convenience measures, strengthen the construction of a high-quality talent team, consciously accept the supervision of all parties, and establish Shanghai Bankruptcy Court, create new case distribution methods, fully promote "Relocation to online cloud" work and other tasks. Playing the role in supervision functions,, the Public Prosecutor's has focused on people's livelihood procuratorial work, promoted the protection of public interests, strengthened its procuratorial supervision functions and professional capabilities, and vigorously promoted the integration of procuratorial cooperation in the Yangtze River Delta region, the system for restricting the employment of sexual assault criminals, and established of the Shanghai Financial Prosecution Research Center. In 2020, Shanghai's rule of law construction will reach a new height. Based on the modernization of the governance system, Shanghai will strengthen rule of law system, focus on the construction of the rule of law government, improve the quality and efficiency of administration according to law, service the implementation of national strategies, promote the modernization of city governance, firmly grasp the position of responsibility, and create governance by law. On the basis of reviewing the highlights of the construction of the rule of law in 2019, this article looks forward to the grand blueprint for the construction of the rule of law in 2020.

Keywords: the Work of the People's Congress; the Construction of a Government under Rule of Law; Coordination in Deepening Comprehensive Supporting Reform of Judicial System

Ⅱ Evaluation Reports

Abstract: Academic activity refers to the frequency and level of academic research activities legal scholars participating in, as well as publication of academic works and scientific research results within a certain period of time. It is an important indicator system that characterizes academic popularity and professional influence. Shanghai constructs an evaluation index of the academic activity of legal talents to sort out the scope of the evaluation objectives and determine data sources. With big data technology, Shanghai extracts the overall index indicator of legal talents, distribution of job titles and organizations. Measuring the activity of the top 100 legal talents, Shanghai establishes a model of research positioning, and distribution of gender, job titles and organizations. Shanghai also performs special evaluations of hot research areas such as finance, artificial intelligence big data, free trade zone construction and judicial reform.

Keywords: Legal Scholars in Shanghai; Academic Activity; Research Role Positioning Model

Abstract: As the prerequisite for evaluation activities, rule of law evaluation index system measures the level of rule of law construction, and has functions of description, prediction monitoring and constraint. An independent and objective third-party evaluation of rule of law construction carried out in Jing'an District in 2019 accurately recorded important events in the course of law in this year. And evaluation focused on the construction of the government ruled by law, judicial reform, grass-roots social governance, power operation supervision and other dimensions in order to provide more feasible goals and directions for the construction of rule of law in Jing'an District.

Keywords: Jing'an District; Rule by Law; Rule of Law Evaluation

Ⅲ Special Reports

B.4 Judicial Service Guarantee for the Integrated Development of the Yangtze River Delta Provided by Shanghai Courts

Shanghai High People's Court Research Group / 093

Abstract: In the integration construction of the Yangtze River Delta, it is necessary to further eliminate systematic obstacles, build an open and coordinated regional spatial pattern, and actively create a new engine for regional economic development. The functional positioning of the integration construction in the Yangtze River Delta is a system innovation demonstration zone, a deepening reform and opening up demonstration zone, a coordinated development demonstration zone and a platform mechanism demonstration zone. The courts of Shanghai, Jiangsu, Zhejiang and Anhui have carried out assistance in enforcement, litigation services, informationization construction, unification of law application, exchanges of reform of the judicial department, overall service guarantee, etc. This has played a positive role in promoting the integration of the Yangtze River Delta.

Keywords: Shanghai Court; Integration of the Yangtze River Delta; Judicial Service Guarantee

Abstract: Based on the administrative procuratorial supervision cases of the Third Branch of Shanghai People's Procuratorate in 2019, the empirical study makes an overall evaluation of the administrative procuratorial supervision work, types of the cases, classification of respondents and the basic characteristics of the cases. It also elaborates main methods and effectiveness of the penetrating supervision of administrative inspection, and elaborates how to promote regional and departmental collaboration, improvement of the system, reasonable supervision and guarantee of entities and procedures against supervision shortcomings. On the basis of theoretical innovation and practical development, it explains how to further deepen and construct the implementation path of penetrating supervision of administrative inspection by enriching the form of supervision through procedural mechanisms, strengthening the effectiveness of supervision modes by suggesting case types, and improving the efficiency of supervision through communication mechanisms, etc.

Keywords: Administrative Prosecution; Penetrating Supervision; Suggested Cases; Administrative Defects; Idling of Procedures

Abstract: The deployment of the 19thNational Congress of the Communist

Party of China on "deepening comprehensive supporting reform of judicial system and fulfilling the judicial accountability system in all respects" puts forward new and higher requirements for the establishment of a new trial power operation mechanism where judges judge and judges are charged. With the deepening of the reform of the judicial accountability system, risks in the operation of trial power have gradually emerged. The previous practice of the reform of the operation mechanism of trial power has played a role in to a certain extent preventing and mitigating the operational risk of trial power. However, due to lack of systematic and overall risk prevention and control system, the development of the operation mechanism of trial power tends to be a fragmentation which needs to be reorganized and optimized. Focusing on the new proposition of constructing a risk prevention and control system of trial power operation, the article is mainly divided into four parts: first, the analysis of risk points in the trial power operation; second, the constituent elements of the trial power operation mechanism; third, the construction of risk prevention and control system for trial power operation; fourth, the practical application of the trial power operation risk prevention and control system.

Keywords: Trial Power; Prevention and Control System; Judicial Reform

B. 7 Path Selection of P2P Financial Supervision

He Yanmin, Mao Wenjing and Liu Yanqi / 148

Abstract: Online P2P loan platform problems which occur frequently, seriously endanger economic and social stability. At present, the P2P administrative supervision system has the dilemma of inferior legal hierarchy, decentralized supervision bodies, supervision neglection on market access and transaction links, and backward supervision methods. As one of the "four major prosecutions" which has a comprehensive and forward-looking advantage, administrative prosecution can summarize financial supervision loopholes exposed in cases, promote the administrative supervision department to perform its duties according to law, fill shortcomings of P2P financial supervision, make up for defects of criminal prosecution, improve the modernization of social governance system and capabilities, and promote the orderly development of P2P financial work.

Keywords: P2P; Administrative Inspection; Financial Supervision

Abstract: Private economy is an important force for the development of Shanghai's economy. Under the new situation, private enterprises look forward to procuratorate's efforts in cracking down on enterprise-related crimes, strengthening litigation supervision, assisting compliance management, and providing legal services. Shanghai Procuratorates actively played its procuratorial functions by strengthening system support, and carrying out a number of judicial special activities to strengthen judicial protection of corporate property rights . However, the concepts, systems, mechanisms, and capabilities of "service to guarantee the development of the private economy" still need to be improved. Shanghai procuratorial organs should strictly grasp the legal boundaries of enterprise-related cases, apply coercive measures cautiously, and correctly handle the historical issues of enterprise operations. They should promote the improvement of the relevant laws in the "establishment and abolition", refine the standards of the criminal policy of leniency and strictness, and crack down on crimes that violate the legitimate rights and interests of private enterprises and operators in accordance with the law. They also should explore innovative service guarantee mechanisms, strengthen civil administrative supervision involving enterprises, strengthen collaboration with judicial and administrative agencies in this city and the Yangtze River Delta region, and improve the judicial capacity to serve the healthy development of private economy

Keywords: Shanghai Procuratorate; Private Economy; Service Guarantee; Change of Judicial Ideas

B. 9 The System and Practice of Record Review of Normative Documents of the Standing Committee of the Shanghai Municipal People's Congress

Abstract: The Constitution, laws, and local regulations constitute the legal basis for the local people's congress standing committee's right of record review. Record review can ensure that the local normative documents are consistent with the higher-level laws, that the national legal system is unified, and the rights of citizens are protected. The record review work of the Shanghai Municipal People's Congress Standing Committee has the characteristics of focused and cutting-edge, appropriate scope of the examination object, diverse examination benchmarks , and open examination procedures. Relevant work has achieved significant results and achievements since the Shanghai Municipal People's Congress Standing Committee's started record review 20 years ago. However, there are still many difficulties in the implementation of the system needed to be overcome in time.

Keywords: Standing Committee of Shanghai Municipal People's Congress; Regulatory Documents; Record Review; NPC Supervision

B. 10 The Legislative Guarantee for the Construction of "Five Centers" in Shanghai

Abstract: Since 2009, Shanghai has successively promulgated the "

Regulations of Shanghai Municipality on Promoting the Construction of the InternationalFinancial Center", "Regulations of Shanghai Municipality on Promoting the Construction of the International Trade Center" and "Regulations on Pushing Forward the Development of Shanghai International Shipping Hub", which has promoted the "four centers" construction. At the beginning of this year, the "Regulations of Shanghai Municipality on Promoting the Construction of Science and Technology Innovation Center" was issued, which clarified the requirements and measures for stimulating the vitality of innovation subjects, improving scientific and technological innovation capabilities, and improving the construction of bearing areas, talent environment, financial environment, intellectual property protection, and social environment. The construction of Shanghai's "Five Centers" is now vigorously promoted under the guarantee of the rule of law.

Keywords: Science and Technology Innovation Center; Legislation; "Five Centers" Construction

Abstract: The good practical effect of the "Regulations on the Management of Domestic Waste in Shanghai Municipality" is attributed to its management concept and good legislative techniques that meet the requirements of the times. The "Regulations" focuses on promoting ecological civilization with the power of a formal system, leading social behaviors to form social habits; The timing of legislation is appropriate. The "Regulations" embodies the concept of leniency and strictness and a relatively complete legal responsibility system. The Regulations pays attention to governance in whole process and all-round participation, reflecting comprehensive governance and systematic governance. The Regulations focuses on coordinating with other laws and with other social norms. The Regulations has a high adaptability to the society.

Keywords: "Regulations on the Management of Domestic Waste in Shanghai Municipality"; Legislative Technique; Management Concept

Abstract: Guided by the innovative theory of the public legal service supply mechanism, combined with the Yangpu government's practice of purchasing social organization services, this article analyzed Yangpu District's innovative methods and major achievements of the community rule of law commissioners team-building, legal sense cultivation, community self-regulation, experience sharing and intellectualized platform construction and analyzed the shortcomings in reality. This article suggests open source and increase efficiency in the use of funds and focused on its standardization, publicity increase to community residents, quality improvement of the rule of law commissioners, and form perfection of service.

Keywords: Yangpu District; Community Rule of Law Commissioner; Public Legal Services

Ⅳ Reports on Hot Issues

Abstract: In order to ensure that Shanghai will basically become an international financial center by the end of 2020 and enter the forefront of global financial centers, Shanghai has always adhered to the goal of creating a regulated, efficient and fair financial environment in recent years. The reform and innovation in various aspects such as the improvement of the financial dispute resolution mechanism aim to construct Shanghai International Financial Center in a favorable legal environment.

Keywords: International Financial Center; Legal Environment; Financial Innovation

Abstract: The rapid development of the "Internet +" new business model hasspawned some new service industries. The increasing sharing economy which uses the Internet platform as a medium further stimulates market vitality, expands employment, promotes economic transformation and upgrading, and improves urban life services. However, it also causes difficulties in guarantee of labor rights and interests and against potential safety risks for informal economy employment group, which has a certain impact on social security and the people's sense of security. In order to build a higher level of safety and the rule of law, focusing on both promoting the sustainable and healthy development of the new "Internet +" format and strengthening the standardized management of informal employment groups on the Internet, Changning District is attempting to build an innovative and effective mechanism to attain a higher level of urban governance.

Keywords: "Internet +"; Informal Employment; Social Governance; Legal Countermeasures

V Reports on Case Studies

B. 15 "Pastoral Model" in Shanghai Grassroots Community Governance

Sun Dawei, Shan Shan / 263

Abstract: The pastoral model originated from the practice of policing the community in the pastoral area of Zhuanqiao Town, Minhang District, Shanghai.

It is a collaborative governance mechanism led by the comprehensive governance department, based on the community party building, strengthened administrative guidance by multiple departments, and participated by multiple committees such as residents' committees . Under the statutory power and responsibility mechanism, the pastoral model grasps the root cause of the dilemma of community governance and realizes effective community governance in three stages. Negotiation governance under interlinked community organizations is the core principle of the pastoral model, which is of reference significance for further optimization of China's urban and rural governance model. The pastoral model also has certain deficiencies, and there is still room for further improvement in the future.

Keywords: Rural Model; Community Governance; Autonomy; Collaborative Governance Mechanism

B. 16 Study on the Standardized Management of "Small Accommodation" in Shanghai

Shen Yinghan, Qiu Nan / 282

Abstract: The rental industry of "small accommodation facilities" has developed rapidly in Shanghai. However, many governance difficulties appeared in standard-setting, supervision and disposal procedure. Shanghai government has made gradual progress on "small accommodation" governance model by promoting policy guidelines, implementing real-name certification, strengthening post-event supervision and adopting innovative working methods. At the same time, "small accommodation industry" is developing rapidly, and new governance problems are constantly emerging. The "small accommodation" governance model needs continual improvement.

Keywords: Small Accommodation; Rule of Law First; Afterwards Visit; Information Communication

Abstract: Huangpu District is always playing a leading role in the rule of law in urban renewal work. It has continuously exerted its strength in terms of value, norms, procedures, and responsibilities to promote the urban renewal in a standardized and orderly manner. Huangpu District is now the highlight of Shanghai due to its achievements. However, in order to move with the times, it is necessary to set higher standards and goals for the future work, reform the system and mechanism, and strengthen the responsibility bearing.

Keywords: Huangpu District; Urban Renewal; Rule of Law

皮书

智库报告的主要形式
同一主题智库报告的聚合

皮书定义

皮书是对中国与世界发展状况和热点问题进行年度监测，以专业的角度、专家的视野和实证研究方法，针对某一领域或区域现状与发展态势展开分析和预测，具备前沿性、原创性、实证性、连续性、时效性等特点的公开出版物，由一系列权威研究报告组成。

皮书作者

皮书系列报告作者以国内外一流研究机构、知名高校等重点智库的研究人员为主，多为相关领域一流专家学者，他们的观点代表了当下学界对中国与世界的现实和未来最高水平的解读与分析。截至 2020 年，皮书研创机构有近千家，报告作者累计超过 7 万人。

皮书荣誉

皮书系列已成为社会科学文献出版社的著名图书品牌和中国社会科学院的知名学术品牌。2016 年皮书系列正式列入“十三五”国家重点出版规划项目；2013~2020 年，重点皮书列入中国社会科学院承担的国家哲学社会科学创新工程项目。

S 基本子库
SUB DATABASE

中国社会发展数据库（下设 12 个子库）

整合国内外中国社会发展研究成果，汇聚独家统计数据、深度分析报告，涉及社会、人口、政治、教育、法律等 12 个领域，为了解中国社会发展动态、跟踪社会核心热点、分析社会发展趋势提供一站式资源搜索和数据服务。

中国经济发展数据库（下设 12 个子库）

围绕国内外中国经济发展主题研究报告、学术资讯、基础数据等资料构建，内容涵盖宏观经济、农业经济、工业经济、产业经济等 12 个重点经济领域，为实时掌控经济运行态势、把握经济发展规律、洞察经济形势、进行经济决策提供参考和依据。

中国行业发展数据库（下设 17 个子库）

以中国国民经济行业分类为依据，覆盖金融业、旅游、医疗卫生、交通运输、能源矿产等 100 多个行业，跟踪分析国民经济相关行业市场运行状况和政策导向，汇集行业发展前沿资讯，为投资、从业及各种经济决策提供理论基础和实践指导。

中国区域发展数据库（下设 6 个子库）

对中国特定区域内的经济、社会、文化等领域现状与发展情况进行深度分析和预测，研究层级至县及县以下行政区，涉及地区、区域经济体、城市、农村等不同维度，为地方经济社会宏观态势研究、发展经验研究、案例分析提供数据服务。

中国文化传媒数据库（下设 18 个子库）

汇聚文化传媒领域专家观点、热点资讯，梳理国内外中国文化发展相关学术研究成果、一手统计数据，涵盖文化产业、新闻传播、电影娱乐、文学艺术、群众文化等 18 个重点研究领域。为文化传媒研究提供相关数据、研究报告和综合分析服务。

世界经济与国际关系数据库（下设 6 个子库）

立足“皮书系列”世界经济、国际关系相关学术资源，整合世界经济、国际政治、世界文化与科技、全球性问题、国际组织与国际法、区域研究 6 大领域研究成果，为世界经济与国际关系研究提供全方位数据分析，为决策和形势研判提供参考。

法律声明